谨以此书献给福建省厦门双十中学九十华诞

杏 坛 匠 意

福建省厦门双十中学教师文丛

陈文强 黄友供 主编

成长中的五项修炼

——新课程背景下的高中化学教学实践

刘艳丽 著

厦门大学出版社
XIAMEN UNIVERSITY PRESS

总　序

厦门双十中学校长　陈文强

　　由我校 10 位学者型、专家型教师撰写的《杏坛匠意——福建省厦门双十中学教师文丛》就要出版了，这是一件可喜可贺的事情。

　　四年前，我校教研室提出培养学者型专家型、教师的构想，获得原校长陈江汉（现任厦门市教育局副局长）的首肯，经与北京师范大学教育学院（现合并到教育学部）商议，达成学者型、专家型教师"一对一"培养协议，由该院指定石中英、丛立新、刘复兴、王本陆、朱旭东、李家勇、刘淑兰、马健生、康永久、张东娇 10 位著名专家学者，对我校 10 位中青年骨干教师实施为期三年的"一对一"专业指导，并于 2006 年 3 月在北京师范大学举行培养启动仪式。当时，我作为代校长，参加了仪式，自此担负起这一重大培养项目的责任，时时刻刻地关注着培养的进程。现在，三年过去了，10 位教师也学有所成了，摆在面前的这套文丛，就是他们沉甸甸的学习成果。

　　中小学有没有必要培养学者型、专家型教师，传统观念是否定大于肯定的。理由很简单，中小学教师能够教好书就不错了，没必要成为学者和专家，也不可能成为学者和专家。但事实上，中小学产生过自己的专家、学者，如大家熟悉的斯霞、霍懋征、崔峦、于漪、魏书生、孙维刚等。他们都取得独特的建树，作出卓越的贡献，成为基础教育的专家、学者，成为一个学科、一所学校乃至一个时代的教学品牌和教育标志，成为全国中小学教学的榜样。这表明，中小学很需要也有可能产生属于自己的专家、学者，成为引导教师前

1

进的领军人物。从今天来看,没有领军人物的教师团队,是很难适应校本教师专业整体发展的要求,很难形成校本教学特色品牌的。尤其是在课程改革不断深化,素质教育不断推进的今天,培养中小学学者型、专家型教师,更有着深远的理论意义和实践意义。这是我们的认识,也是当今基础教育必须担当的要务。

中小学教师能否在教好书的同时,也成为学者型、专家型教师,传统观念也是持怀疑态度的。道理也很简单,中小学教师教学任务繁重,升学压力很大,哪有时间完成艰巨的学习和科研任务。事实是最好的回答,我校接受培养的10位教师,大多是高三的现任教师,有的还担任教研组长、备课组长、班主任等,教育教学任务繁重。但令人敬佩的是,他们排除了方方面面的干扰,克服了大大小小的困难,取得了教学业绩和学术成果双丰收。这表明,中小学教师完全可以在成为教学能手的同时,也成为学者型、专家型教师。关键是如何正确处理好工作与学习的关系;如何在优质完成教学任务,达成教学目标的同时,也实现自身专业发展的追求。他们的成功,是教师的真正成功,不但打破了中小学教师难以成为学者型、专家型教师的神话,而且揭示了中小学教师迈向真正成功的可行之路,其启示意义是发人深省的。他们,是双十教师的缩影;他们的精神,是双十精神的集中体现。

这套丛书,是他们的专著集合,内容涉及教师成长修炼、教师专业发展、学校文化建设与学生健康人格养成、有效教学、写作思维教学、快乐语文、天文教育、生物教学研究等等方面。其突出特点有三:

第一,理论与实践结合,具有鲜明的校本特色。这些教师长期奋战在教学第一线,经过三年的理论培训和专题研究,不仅具有一定的理论功底,而且对校本探索实践有了新的思考,故他们的专著,突出的特征就是理论与实践结合,有鲜明的校本特色。如蔡芝禾老师的《高中新课程背景下的教师专业发展》，从当代学校教育和高中新课程改革对教师专业发展要求的高度，阐述了教师专业发展的目的、任务、途径和作用，并以本校为研究个案，对本校教师的专业发展进行了深入调查和细致的分析，总结出教师专业发展的学校个案经验，有针对性地提出在高中新课程背景下学校促进教师专业发展的策略和措施。又如张秀琴老师的《校园文化建设与高中生健康人格的养成》，立足本校校园文化建设的历程，结合国内外校园文化建设的情况，对校园文化建设进行了多角度、多层次的探讨，阐述了优良的校园文化对提高教育质量、健全学生人格、促进学生全面发展的作用，提出了在新课程改革的理念下，校园文化建设的新内涵、新思路和新发展。这样，理论阐述便有了归依，学校特色便有了依傍。无论叙述，无论分析，无论归结，无论升华，在这套丛书里都理据充分，理法彰著，呈现较大的思辨张力和浓厚的校本气息。

第二，执著与创新并举，闪烁双十精神的光辉。当前的课程改革，有的地方，有的学校，有的教师，丢掉了自己经年形成的优秀传统和经验，一味搬用外来的理念和做法，使课程改革缺失深厚的根基和鲜明的特色。我们的教师不是这样，而是从实际出发，尊重我校的文化传承和精神传承，尊重自我的经验和创新。如郑敏玲老师的《快乐语文教学对话录》、林婉卿老师的《中学写作思维教学研究及训练》，其选题都是人们早已冷落的，但她们能够基于自己长年不懈的探索，从新的角度、新的层次，去赋予快乐语文和写作思维训练新的内涵、新的特色、新的作用、新的意义。或于生动细致、翔实丰富的语文课内外教学中引导学生快乐，有效地学语文，激发学习语文的兴趣，交给学习语文的方法，培养综合的语文学习素养；或于科学有序、严谨扎实的写作思维训练中培养学生良好的写作思维品质，拓展学生作文的自由广阔天地,让学生爱写作文、会写作文、写好作文。充分体现独特的实践和创新思维。陈聪颖老师的《校园的星空》,更是执著古老的天文科学,坚守天文教育的冷僻角落,穷尽 20 年的艰难探究,闯出一条校园式的天文教育之路。

第三,个性与共性相融,彰显课改的普适意义。个性与共性是既对立又相融的,互为影响、互为促进的统一体。在个性恣意张扬的今天,这一常识被有意或无意地颠覆了。我校的老师们则显得很清醒、很理性。刘艳丽老师的《成长中的五项修炼》,把教师个性成长的修炼置于新课程改革中的教师更新教学角色、更新教学计划、更新教学行为、更新教学方式和更新学习评价的策略探索中去观察,去思考,去砥砺和磨炼;王守琼老师的《让你的教学更有效》,从个性化的典型问题和案例入手,展开常规性的教学逻辑线索,进行有效教学的校本分析研究,为老师提高教学有效性提供共性化建议;郑昭琳老师的《数码显微生物教学研究》,于具体实用、操作性很强的个性化教学案例中,阐明新兴的、快速发展的数码显微镜及其网络技术生物教学的宽广前景。这些都彰显了课改的普适意义,对如何处理个性与共性的关系,推进课改的科学探索,都有着现实而深刻的启示。

这 10 位教师成长的三年,正是我省高中新课程改革实施的三年。他们能在导师的指导下,结合高中新课程改革进行专题研究,取得可资教师实施高中新课程参考的成果,是难能可贵的。从这个角度来说,他们的成果也是教师与高中新课程一起成长的成果。

衷心感谢北京师范大学原教育学院张斌贤院长、王雁副院长和各位导师们。

2009 年 8 月 8 日

序

　　与刘艳丽老师相识那还在三年前。这本来是一项导师制培训的一部分，但最终却成了今天这种亦师亦友的关系。这不能不归功于刘老师的扎实与勤勉。刘艳丽老师是厦门市双十中学的化学特级教师。对特级教师，我向来有一种崇敬之心。读书的时候没碰到过特级教师，但中师的学习生涯使我有幸见到几位特级教师的教学录像。心目中特级教师的形象就在那个时候扎了根。没想到到北师大没几年，就有了为特级教师之师的机会。但由此也可见我当时内心之忐忑。没想到特级教师的老师还真好当。几个回合下来，我们事实上就达成了一种共识：既然最终的成果需要用一本著作来体现——这是被学校器重的直接代价，那我们就好好坐下来规划这本著作。了解到她们当时正要步入新课程改革的大门，我希望她和她所带领的教学团队能好好利用这一研究契机，记录下自己在新课程改革中的喜怒哀乐。她显然没想到写书和教学可以以这种方式结合，而且可以这样群策群力。等她明白过来，已惊喜地发现目标竟然是那样触手可及。中间的过程几乎没有什么传奇色彩。她给我讲述自己对化学教学的理解，讲述自己的教研经历，讲述自己的教学"绝招"，我则跟她谈论自己与高中化学教学的几次"亲密接触"，同时帮她进一步挑选材料、梳理思路、明确视角,提醒她千万不要忘了自己的经验优势。几次下来,我发现我们每次的交流似乎都比别人拖得更久。当然她也开始在我面前感到了压力,以至于我很少遇到她没有完成"家庭作业"的时候。就这样,我们慢慢起步,但一步一个脚印地走了下来。她的同事(也是她同期的"学友")也慢慢地开始对我们刮目相看。呵呵,没想到特级教师作笨鸟先飞之状时,也会有这样戏剧化的效果。虽然最终的著作不是完全以叙事的方式写下的,但很显然她和她的团队用自己的方式记录了自己成长的心得,其中包括了他们大量的亲身体验和第一手材料。我这做导师的终于熬到了可以"交差"的时候。真该谢谢她的认真,谢谢她的团队的精诚合作。当然也得谢谢我们教育学院(现在已成了教育学部的一部分)给了我这样一个从近处观察特级教师的机会。未来的路还很长,而且像以往一样,大部分都要靠自己的努力才能走出。我只希望刘老师和她的团队能走出真正属于自己的一片天。是为序。

康永久

2009 年 8 月 3 日

目 录

研究的缘起与发展

第一节　研究的引发剂：
山东新课改考察报告

　　2006 年我省将全面进入新课程，新课程即将走进我们校园，走进师生的生活。课程改革究竟怎么改，课程改革后的课堂教学是什么样？专家和学者是怎样看待课改的，老师、学生和家长又是怎样看待课改的？为了新课程的顺利实施，我们该做些什么准备？……带着问题，带着我们的热情与期望，2005 年 5 月 18 日—22 日由福建省中学化学学科带头人培养对象组成的考察团一行赴山东课改试验区考察、取经，通过座谈交流、随堂听课、实地参观，了解实验区当前的课改动态、具体做法、经验成果等。下面是我们那次考察学习的所见所闻、所思所感。

一、一线的情况

　　我们首先参观了位于济南的山东师大一附中并听了该校化学老师李艳给高一学生上的一节习题课，课的主题是"烃的组成、结构和性质"。李老师显然是个教学经验丰富、教学基本功相当不错的教师，课上得如流水行云，但这是给高一学生上的课吗？我怎么觉得像是在进行高三总复习呢？翻开旁边学生的笔记，就更不得了了，部分内容简直就是准备参加中学生奥林匹克化学竞赛者的学习笔记。怎么会是这样的呢？翻开他们使用的鲁科版的化学选修教材，不难发现，这些内容都是以小字体出现的选学部分，是知识的拓展内容，虽然很多是大学教材中的知识，但因为不放心，怕高考万一要考，老师们不得不全盘"端"给了学生，而相应的配套习题也应运而生。为了完成这些任务，该校高一的化学课每周有四节（包含周六的一节补课），新教材必修内容的绝大多数早在高一上学期就已教完，高一下半学期就开始分"文科"和"理科"。新课程改革是这样的吗？如此课改，学生的负担岂不是越改越重吗？新课程的理念体现在哪里呢？这种做法是否仅仅是该校独创，难道我们在盲人摸象？后来，我们了解到在山东像他们这样的做法比比皆是，不仅如此，为了操作上的方便，全省还规定文科学生统一选《化学与生活》模块。理科学生统一先选《有机化学基础》模块。选修选修，就是学校选，学生修。老师们坦言凡此种种，最本质的原因还是一切为了学生的高考，为了高考学生的一切，为了一切高考的学生。课程改了，教材改了，高考怎么考、考什么还没有最后确定，换谁都只能这样，否则高考要是考砸了，学生不答应，家长不答应，社会不答应，不是吗？

二、专家的说法

山东教育学院的专家们对山东课改试验的介绍，让我们进一步了解到课改实验区的学校在新课改的实践中的确存在着种种的困难和困惑：与新课程教学改革配套的高考方案还没有出台（最终确定），如何把握教学的方向和深广度？学生学习的评价标准如何划定、教师工作的评价标准又如何界定？匆匆编出的课外辅助丛书和所谓的配套练习基本上仍是"难、繁、偏、旧"，难于适合新课改的要求；新课程所用新教材科与科之间没有合理的整合，导致"学生学习物理，部分必备的数学知识还没学；学习化学，部分必备的物理知识还没学"等等。学校和教师普遍认为，新课改纵然理念新，但具体操作难，特别是在新课改的评价标准还未明朗的情况下，操作上存在很大的盲目性。专家们则认为，新课改最大困难来自教师，"教师的课程观念没有更新或没有彻底的更新，没有吃透课改的特点"、"大部分教师用原有的课程观念进行'模块教学'，导致产生'内容与时间'的严重矛盾,给下一阶段的课改带来了困难"、"学生缺乏自主学习能力,教师也不具备引领学生进行自主学习、探究学习和合作学习的能力"、"教师的专业发展不够、专业知识比较欠缺,专业素养不足"等等。但令我们感动的是,尽管困难重重,山东的专家和老师们依然看好新课程;依然认为道路是曲折的,但前途是光明的;依然为新课程的推进而不懈地努力着。不仅如此,山东的专家们还对我省即将开始的新课改提出很好的建议:要有全面而充分的前期准备工作,要组织力量培训教师,更新教师的理念和知识结构;要加强集体备课,备课应为一个模块的整体备课,而不是只备一节课;要组织力量研究新课标和各个模块;要组织力量编写适合新课程的校本教辅丛书等等。

三、我们的思考

山东考察之行让我们更清楚地看到目前新课程的实施遇到了许多"跟不上":与新课程相应的教育教学评价体系跟不上、对新课标和各个模块的研究跟不上、与新课标相配套的教材的编写跟不上、与新教材配套的课外辅助丛书和练习跟不上、教师教育理念的更新和知识结构的更新跟不上、学生自主学习能力的提高跟不上……这一个个的"跟不上"减慢了新课程行进的脚步。新课改不能仅仅停留在理念上,为了不让那一个个的"跟不上"拖新课程在福建省实施的后腿,必须拿出我们的行动来。山东之行引发了我们对新课改更深入、更具体的思考:

1.各级教育行政部门

(1)要加强对高中新课程实验的领导,要有切实的措施为新课程的实施排忧解难;(2)要大力开展教学评价改革的研究和实验,及早制订各种考试改革方案,尤其是高考的方案;(3)要加强对高中各学科教材和各类课程资源的建设和管理,减少教材的各种错漏,提高编制的质量,及时提供给学校和教师进行研究;(4)要组织力量深入研究新课标和新教材,努力开发有益的课程资源,编写教参、示范性教案、配套练习等适合新课程的教辅材料,防止"难、繁、偏、旧"教辅材料继续"横行";(5)要组织课题组对新课程的实施进行科学研究;(6)要经常组织区域性教研,相互借鉴,资源共享,促进发展;(7)对教师培训不能停留在理念上,还要有行动指导。

2.实践新课程的教师

①要有积极的行动,不要坐等新课程的到来,要主动"洗脑"—更新理念、主动"充电"—更新知识;②要有超前的意识,要提前研究新课标和新教材,研究各模块教学的整体安排,课时分配,进行知识点及重难点的分析,以便今后更好地把握和驾驭它们;③要有创新的精神,努力探索新教法,由重传授向重引导转变、由重教师的"教"向重学生的"学"转变、由重结果向重过程转变;④要有改革的勇气,放开胆子处理新教材,不要老是"兼顾"旧教材,以免无谓地加重学生的负担;⑤要有必胜的信心,不要老是不放心高考,要相信高考也在改革,新课程培养出来的学生,发展会更全面,能力会更强,必定会比应试教育下的考生更能适应新高考。

我们作为省中学学科带头人的培养对象,更应该主动出击,力求与新课程共同发展,做新课改的先行者,为新课程在福建省的顺利实施做一些更有价值的事,如分工合作,率先研究新课程标准、研究各种版本的新教材、制作新课程视频案例、开发基于网络环境下的自主学习课程资源单元……我们的山东之行没有白走,山东人勇为人先、不懈努力的精神感染着我们,融入新课程,积极参与化解那一个个的"跟不上",我们大有可为。

第二节　在研究中成长

苏霍姆林斯基说过这样一句话:"如果你想让教师的劳动能够给教师带来乐趣,使天天上课不至于变成一种单调乏味的义务,那你就应当引导每一位教师走上从事研究这条幸福的道路上来。"山东归来,递交考察报告的同时,我萌生了带领教研组老师,研究新课程化学教学策略的念头,经过近一年的反复论证和准备,向厦门市教育局递交了"新课程背景下的高中化学教学策略"课题申请报告,并很快得到了批准。课改之路漫漫兮,吾将上下而求索。我们要探索课改的奥秘,我们要开辟课改的航道,我们要寻找课改的真谛,我们要在新课程实施中实现自身发展,我们要与新课程同成长。我们有力量、我们有条件、我们有信心使化学新课程在"双十"的实施成功而又精彩。

一、值得骄傲的研究团队

我们的研究团队——双十中学化学组人才济济,目前共有 26 位教师,其中特级教师 2 人(刘艳丽、肖培林),厦门教育学会化学教学专业委员会第六届理事会副理事长(苏伯群)及常务理事(刘艳丽)、高级教师 11 人、省市级学科带头人、骨干教师 5 人(刘艳丽、蔡前兵、杨兴郭、阙锦南、包秀英),市级劳模 2 人(蔡前兵、李康),30%的老师具有研究生学历,青年教师成长迅速,有的入校工作不久就成为独当一面的备课组长、竞赛指导教师。

化学组不仅是个人才辈出的教研组,也是个团结奋进、硕果累累的教研组,在中考、高考(连续多年名列省、市前茅)、化学竞赛(2000全国一等奖并进入国家集训队、2001 年国际金牌、2002 全国二等奖、2003 省一等奖 5 人、2004 全国一等奖并进入国家集训队、2005 全国一等奖、2006 全国一等奖、2007 全国二等奖、2008 全国二等奖、2009全国二等奖)、教学改革、教育科研都取得优异的成绩,有许多老师在各级、各类比赛(论文、创新课、教学设计、说课比赛、课件制作等)中获奖,有许多老师参与编写多种学科的教辅书籍,在全国、全省出版发行,为深化教育教学改革做出了突出的贡献。

在"追求极善、勇为最先"的双十精神的鼓舞下,化学组人与时俱进,不断创新,积极参与新课程改革,积极参与的国家级、省级、市级课题的研究,取得了许多宝贵的经验,不少老师的教学论文在全国、全省各种刊物上发表,有的还是在全国的核心刊物上发表。"与新课程同成长"在我们这里绝不是一句空话,新课改已然成为我们建设有"双十"特色教研组的催化剂。

二、令人羡慕的研究条件

2006 年 3 月,就在递交了"新课程背景下的高中化学教学策略"申请报告的同时,我有幸成为厦门双十中学委托北京师范大学教育学院培养的十名"学者型专家型教师"之一。一方面我们的研究直接获得北京师范大学教育学院的专家的指导,尤其是康永久教授一次次及时、精辟的点拨;另一方面十个北京师范大学专家的讲座——刘复兴教授的《走向研究型、反思型教师》、石中英教授的《人性结构与教育目的》、李家永教授的《高中课程改革》、刘淑兰教授的《人力资源开发与教师专业发展》、从立新教授的《课程类型与改革》、朱旭东教授的《学术规范》、马健生教授的《研究问题的选择与确定》、康永久教授的《教师知识与教师制度》、张东娇副教授的《教师的语言沟通与非语言沟通技巧及应用》、王本陆教授的《课程教学改革的理论论争》，还有裴娣娜教授的《关于课堂教学改革的几点思考》、檀传宝教授的《学校德育中的几个问题》、张莉莉副教授的《校本研修与行动研究》等，以及与这些大师们面对面的对话，使我的理论水平得到显著提升，给我们的课题研究注入了活力。每一位专家、教授热情洋溢的讲授，犹如新课改路上的一盏盏指明灯，照亮了我们的研究之路。

2006 年夏天，高中新课程在福建正式启动，我校成为福建省高中新课程实验省级样本校。各级各类的新课程培训给我们的教学研究团队创造许多学习、提升的机会，我们不失时机地把握住这些机会，迅速更新教学理念，加快角色转变，拓展专业知识，提高教学水平，提高问题解决及行动研究的能力，提高创新思维与实践的能力，提高批判性反思与自我发展的能力，自觉研究教育理论和教学实践，主动探索理论转化为实践的可行途径，努力把成功的教学经验上升为教学理论。

与此同时，市教育局为了加强厦门市普通高中新课程实验的专业指导力量，保证高中新课程工作的顺利开展，成立了厦门市普通高中新课程实验专家工作组和学科教学指导组。团体智慧高于个人智慧。教师要实现专业发展就必须加强合作。而学校要实现共同愿景，就必须通过深度会谈来发挥团体智慧。在教师群体中让每个人自由交谈，在思想碰撞中发现别人的远见，发现有碍团体发展的消极因素，并发挥教师集体的智慧优势来加以解决。教学指导组成为大家交流课改经验、互相学习的平台，我们资源共享，在为广大教师服务的同时，也提升了自身的教科研水平。这个团体让我受益匪浅、让我们的课题研究受益匪浅。

三、研究中的那些人和事

三年的研究，我们辛苦并幸福着。

每年我们中的大多数人都要开研究课或公开课或观摩课，有的老师每个模块都开课。我们组织同上一节课，在对比中探索、在对比中研究、在对比中提高、在对比中创新;我们组织特级教师、学科带头人、骨干教师上示范课,发挥辐射作用,做好传、帮、带,促使青年教师迅速成长。我们的努力已经初见成效,2007 年于飞老师在福建省高中新课程化学选修模块教学评比中获得省三等奖,陈荣地老师参加厦门市第三届中学课堂教学改革创新大赛并获一等奖;于飞老师在第四届全国高中化学新课程教学观摩比赛中获得一等奖;陈荣地、叶德标、窦卓、佘晓敏代表化学组参加本学年我校新课程教学比赛,分别获得一、二等奖。

每年我们中的大多数人都要完成"四个一",即每学年一篇以课程改革为主题的教育教学论文,一篇具有创意的教学设计,制作一个具有较好质量的教学课件(含实验改进、教学积件、教具等)推荐一个优秀的教学资源(如一本好书、一篇好文章、一个好的教学课件、一个好的网站、一个好的音像资料等)。研究团队中全体教师积极参加课程改革、不断学习和更新知识,了解学科改革与发展动向,使自身的素质不断的提升。三年来我们我们已经制作完成了一整套高中化学新课程教学课件(包括必修 1、必修 2、有机化学基础、化学反应原理、物质结构、化学与生活等模块);制作了许多观摩课录像。

每年我们都有老师在省、市学科教研中,与大家分享我们的研究成果,发挥引领作用、辐射作用。如:刘艳丽老师在 2007 年 10 月为厦门市新上岗化学教师讲《提升实验教学能力》,2008 年 3 月为厦门市化学教师开特级教师新课程示范课《强电解质和弱电解质》,2008 年 4 月为厦门市高一化学教师讲《新课标有机化学教学》,2008 年 7 月在福建省高三教师新课程培训会上发言,介绍元素化合物复习教学设想,2008 年 9 月为厦门市高三化学教师讲《元素化合物复习教学》,2009 年 2 月为厦门市高三化学教师讲《关于 2009 福建高考化学试题的思考》,2009 年 4 月为第六届"激活课堂"全国高中新课程教学研讨活动化学公开课做点评。陈荣地老师在 2008 年 4 月为厦门市高二化学教师讲《物质结构模块教学》……

每年我们都主动承担数次市级教研活动,在市教科院老师的指导下,热情为厦门的老师、学生服务,加强与兄弟学校老师的交流,广泛吸取优秀的教育教学经验。如协办厦门市教师岗位大练兵化学教师的实验技能竞赛(在我校举行)、厦门市新上岗化学教师实验培训、各年级的观摩教学……

我们的老师在研究中成长。在厦门市化学教师的实验技能竞赛中叶德标、冯岩、郭璐琳获一等奖、苏芹、刘青凤获二等奖；刘艳丽、叶德标、于飞、陈荣地、段浩波、阚锦南等老师合作编写了福建省素质教育丛书——《物质结构模块》一书；叶德标、冯岩、刘青凤、苏芹、窦卓为本书提供了部分原稿；叶德标、于飞、陈荣地、阚锦南、冯岩等老师已经成为我市、我校组织、指导学生参加高中化学竞赛的中坚力量。

我们教研组在研究中成长。在第四届全国高中化学新课程研讨会上我校（化学组）获得全国新课程改革先进单位称号。

教育必须着眼于学生潜能的唤醒、开掘与提升，促进学生的自主发展；必须着眼于学生的全面成长，促进学生认知、情感、态度与技能等方面的和谐发展；必须关注学生的生活世界和学生的独特需要，促进学生有特色的发展；必须关注学生的终身学习的愿望和能力的形成，促进学生的可持续发展。本次课程改革的重点之一是如何促进学生学习方式的变革。这也是实施新课程最为核心和最为关键的环节。所以我们优化教学策略的研究方向是：促进学生新的学习方式（自主学习、合作学习、探究学习）的形成；我们课题组研究的重点是：新学习方式下的有效教学策略。

第一项修炼:备课
——为"生成"预约精彩

既然课堂是生成的,新课程改革后是否应该简化备课,甚至不要备课? 要知道,没有备课的全面考虑与周密设计,哪有课堂上的有效引导与动态生成;没有上课前的胸有成竹,哪有课堂上的游刃有余。我们认为教师备课时,如果注重对教学过程的设计,注重对不同教学思路的追问,注重学生之间的交流与质疑,注重创造性地使用教材,就能预约出课堂的精彩。因此我们的第一项修炼是——探索出一条符合新课改要求的"有效备课"新路。

第一节 集体备与个人备

一、新课改使集体备成为必需

俗话说:"三个臭皮匠,顶个诸葛亮"。在新课改如火如荼的今天,传统的"单兵作战"的备课方式早已跟不上课程改革的要求,而在个人初备基础上的集体备课模式为充分挖掘集体智慧,将个人才智转化为集体优势,促进课堂教学质量的整体提高提供了条件。那么如何开展有效的集体备课呢?

（一）集体备的组织

以备课组为单位,由备课组长主持进行。

（二）集体备课原则

坚持"四定"、"五备"、"四统一"。即:定时间、定地点、定内容、定中心发言人;备教材、备大纲、备教法、备学法、备教学手段;统一教学目标要求、统一教学重点、统一双基训练、统一教学进度。

（三）集体备课制度

1.坚持"以新课标、教材为基础,以学生的发展为宗旨"的指导思想,树立正确的备课观,体现新课改理念。

2.依据"模块备课——单元备课——课时备课"的思路,通览教材,明确本课(本章节)在本模块中的地位和作用,掌握知识间的内在联系。准确确定教学目标、教学重点和难点。

3.了解学生的知识、能力基础、心理特点,实事求是,因材施教,着力于学生的自身发展。

4.建立全面备课的观念,备教案,备教具制作和演示,备课外知识,切实做好上课前的所有准备工作。

5.发挥集体备课的作用,要集思广益,研究出最佳教学方案。

(1)发挥集体备课的优势:互相借鉴,共同提高。做到六统一:统一进度;统一教学目的;统一每一节课授课的共性内容;统一重难点;统一作业;统一考查。但教学的方法可以不同。教师可以根据自己的教学风格、不同的教学对象,自己对教学理论、教学方法、教学内容的理解,在集体备课的基础上,进行二次备课,使教案具有个性化特征。

(2)备课组按照教材内容将重点备课任务合理分解,落实到人,排出一学期的分工一览表,便于教师明确任务,提前准备,提高备课质量。每一位教师在集体备课中都应当积极参与讨论,发表自己的独到见解,别人的教案上必须有自己的圈点。

(3)根据学校教务处的工作安排,每周固定时间进行研讨,由备课组长主持,确保活动时间和活动实效,做好活动记录,记录每一课时的共性内容,讨论课题。期末交教导处存档,并保存给下一年度同年级的备课组参考。

6.精心设计板书,增强板书的针对性、概括性、科学性、艺术性和实效性。

二、集体备与个人备的关系

(一)光集体备还不行

时下,提倡合作,合作就是大家互相配合,相互交流。比如拿备课来说,大家教师互相合作,同模块的教师,你备一篇文章,我备一篇文章,把各自备课集中并刻录在教学光盘中,然后,大家共享校本教学资源,于是在一个学段、一个学期或者一个学年之中,所教的同模块的教师,就可利用同一个教学设计或同一个教学多媒体平台。这就是所谓的集体备课或者称之为教学中的合作。

我们认为,集体备课应该是一件好事,但是处理不当也可能成为一件坏事。因为集体备课是大家互相讨论,利用众人的智慧,而不是对合作的误解:工作合作就是分工合作,这在备课来说那就是误解了,有的人因为对合作的误解,结果导致分工备课,也认为这也是真正的合作了。然而我们认为的合作并非这样,真正的合作是交流,是取长补短,是互相帮助,是同时进步。在新的课程标准下,教学中的合作,必须是集体备课与个人备课要相结合,就是大家都要全部备好自己所教的内容,而不是所谓的分工合作:每个人备课多少节或多少章。

我们知道,教学虽然有一个共同的目标,但是没有规定共同的格式。所以在教学上,教师就应该根据自己的教学风格和教学特长去组织教学,而不是大家共同采用同一个教案,要是那样,在教学中就没有体现出各自的教学风格了,而在从因材施教这个角度来论,那就更加离谱了。

再说从教师的教学风度和性格来说,所有同模块的教师使用同一个教案,也会让教师在真正的课堂上失去自己的风度或教学性格。因为一个教师的教学风格是他长期的教学实践中慢慢形成的,当一个教师的教学风格形成之后,那么他就不会随便改变自己的教学风格或教学个性了,从这个角度来说教师同时使用一个教案去上课,那是非常错误的教学思路和教学方法。

另外,从教师的工作积极性角度来说,同级同科同模块同时使用同一个教案,会让教师的工作积极性丧失。因为已经有现成的教案了,科任教师就不用担心备课的事情了,反正上课时,有东西跟学生讲或者有材料展示给学生看了。于是,就逐渐助长了教师的惰性,试想教师不用备课,同样可以走上讲台上课,何乐不为? 但是如此长年累月之后,在教师的身上会发生什么事情呢? 我们可想而知:也许教师对课本陌生就会越来越陌生,教师也将慢慢地远离教材,一个远离教材的老师,不管是在他的教研方面,或者在教学的成果方面,在一般的情况下,肯定是不令人乐观的。

再者,从教师的教学研究的角度来说,一个老师照本宣科,不研究教材,那么对他的教研来说,那是无源之水,要是他想研究出什么课题或者写出优秀的教学论文,那也许是空谈。一个真正在教研有很大成就的教师,除了钻研新课程标准、教材和关注新的教学信息等教学资源之外,就是多多斟酌课本中内容、教法、学法,以及学生的学习情况如何。

除此之外,教师只有互相研究教材,互相研究教法,互相研究学法等,这样方能适应新的课程的教学了。

鉴于此,我们认为:在新的课程标准下,教师的备课应该是集体备课与个人备课相互结合。教师的备课合作就是互相交流,互相进步,互相提高。

(二)我们如何集体备

作为一名教师,课堂教学是展现其专业水平的最佳场所,要上好一节课的前提是备课。每个人有每个人备课的方式、方法、技巧,但是一些实践性的,无法预见的而又对学生的学习方法和习惯形成起着重要作用的处理问题的技能,由于教师本身素质存在这样那样的差异,就要求教师对教学内容进行讨论研究发挥集体智慧,以期在思维的碰撞中产生更多的火花,帮助教师加深对教材的理解,拓展教学思路,可见集体备课是教师共同研讨、团体作战、相互提高的好方式。但是现在集体备课往往流于形式、浮于表面、停于独白。那么应该如何集体备课? 怎样处理好集体备课和个人备课的关系?

集体备课目的是为了提高备课质量,充分发挥集体智慧,其前提条件是有一个团结、和谐的备课组,有一个或几个教学业务能力强、有较高威信的领头人! 这样整个小组才能坚定团结在一起,分配工作,处理问题,交流思想才会成为可能。实践证明凡是备课组成员积极性高,人心齐,备课组长高度负责,组织得力,则集体研讨就充分,分工协作就默契,教学质量就高,由此带来的教学效果就好。

现在我校高中部各年级化学备课组都有七～八个人,一般有两至三位带过多年的毕业班、经验丰富的老教师作为业务骨干和带头人,另有两至三位人至少带过一次毕业班,且年富力强,干劲正足,只有一个至两个是没带过高三的新教师,但都想出好成绩,因此从整体结构上都比较合理。集体备课务必要分工明确,平时复习时,主要是备课组长出谋划策,统筹计划整体情况,如教学的大体思路、方向。几位带过高三的帮忙找资料、审稿等,而其余则主要负责录入、剪贴、印刷等任务。这样每个人都能做一些力所能及的工作,而且要互相合作才能最终完成整体工作,整个团队气氛空前融洽。对于集体备课过程,我们大体上划分为三个阶段:个人初备、集体统备和个人复备。

首先根据分工,某个人负责哪一部分,自己就要全面负责找资料、出题。我们从不固定哪一本资料,因为这本资料再好,也有不足的地方,也不一定适合自己的学生,而是根据学生的情况,从各种资料里面寻找,自己剪贴然后印出来。寻找题目主要分为四大块:第一块为知识纲要,主要目的是让学生先对学习的知识大概了解;第二块为考点分析,精选一些典型的题目,每一例题就要包含每节课的一个知识点,通过题目讲解复习知识点,避免讲知识的盲目性;第三块为基础训练,选题务必要简单基础,一般要课前练习,通过学生练老师改,了解学生掌握的情况,据此准备详细复习的内容;第四块为拔高训练,可适当提高难度,以使学生巩固提高。题量不要太大,一般十道选择题,四道大题,选好以后,排好版,印出来每个老师一份,进行个人初备。主讲人要围绕自己如何上好这一节课,梳理出教学内容的知识点和教学目标,确定好教学难点,并就教学难点的突破作深入思考然后形成交流意见,其他人也要理清知识体系,研究一下主讲人设计的课是否合理,自己有何改进。集体备课并不是只听主讲人其他人不做任何工作,只有在主讲人的基础上,大家各抒己见,可以是一个课堂的导入,可以是一题的求解思路剖析,可以是自己的思想之花,但是,如果没有个人的钻研,大家拿什么去交流,去启发,去争论,去碰撞?只有主讲人准备,其他教师不准备,不钻研,也就没有观点,没有见解和看法,集体备课中只能当"看客"和"听众",这能算是集体备课吗?岂不是一个人的备课结果的展示?如果事先都没有进行钻研准备,只是临时讨论,那效果之差更是可想而知。因此在集体备课之前,每位教师都要就备课内容认真钻研,充分准备。形成个人钻研前提下的集体备课,发起于个人钻研,升华于个人钻研(反思)。集体研讨的过程中,只有协调者和组织者,没有主次角色之分,没有旁观者,人人参与,各自发表自己的见解,组长主要是进行组织、总结、归纳和强调,充分集中每个人的智慧,在交流、商榷和碰撞中得到集体提升。

经充分的初备后再进行集体备课,但是如果一部分教师在集体备课中就不愿意采纳别人的意见,认为别人的那一套不适合自己,他们也不想将自己的经验和方法透露给别人,因为他们认为自己无法从别人那里获得等价的东西。加之又恐一旦将自己的那些"宝典"拱手送人,自己的固有优势就将受到挑战,得不偿失。而一些迫切需要学习成功经验的新教师,如果在活动中多次得不到"真经",且自认为没有什么值得与别人交换的。加之"文人相轻"的思想在作怪,就逐渐对集体备课失去了兴趣。一位名人说过,你有一个苹果,我有一个苹果,交换后每人还是一个苹果;你有一种思想,我有一种思想,交换后每人有两种思想,这深刻地体现了保持集体备课的优点。害怕别人超过自己,害怕自己不如别人,这是不少教师的心理状态,虽然你在这个地方有好的方法、技巧,但不会所有的知识点处理得都精彩。老教师有经验,但新知识有些欠缺,年轻教师虽然新知识丰富,但对问题把握不好,尤其一些知识点的理解上,在一些问题的看法上各有各的观点,各有各的理由,怎么办? 唯一的办法就是讨论! 所以有时我们办公室讨论得热火朝天,外人还以为我们在吵架,虽然往往因为某个问题吵得面红耳赤,怒目相对,当问题解决后,大家一笑了之。相互之间又接近了许多,这才是真正的学术讨论。如果担心和老教师意见不同会不会让他们感到不光彩,指出某个同事的存在问题会不会使他反感? 或者因为有人反对你的意见,提出你存在的问题而讨厌他,如果这样做,你也失去了提高的机会。

经过讨论该注意的问题,学生易混的知识、经常考查的重点、难点都分析清楚了但真正的教学设计还需要执教者在集体备课的基础上来一次归纳,提升和再创造,这样才能更好地体现自己的教学个性,更好地适应学生的情况。集体备课最主要的目的是以集体研讨提高课堂教学效率。每一位教师的水平和特点不同,即使拿同一份教案上课,效率也不会相同。集体备课并不在于大家写成同一份教案,而是通过集体备课,研讨知识或方法上的最有价值的问题,从而排除教学中的障碍,丰富课堂信息,提升教学艺术,我们的课堂就会使学生学得高效,学得轻松,也减轻了教师的负担。集体备课是一种合作活动,为教师的交流、互动、共同提高、共同发展提供了舞台,活动中集结了教师的思想精华,在研讨中互相提醒,互相启发,互相提高,大家在集体研讨,传递思想、影响别人的同时更会收获很多的灵感。把集体备课的成果分析综合而汲取对自己有利的、适合自己的方法、技巧。而且要充分考虑学生的实际情况以及每个班级的具体情况,这些就需要我们在集体备课的基础上,结合自己的实际进行个人复备。个人复备不是对集体统课的全盘否定,而是适度调整,只有这样才能把集体备课的智慧变成课堂教学的精彩。

如此,就要对时间合理分配,才可能完成集体备课。一般情况下我们都是提前准备下一周的内容,每周固定在周三上午集体备课,周四到周六个人复备、准备下周上课,同时准备下次集体备课材料,周六印发给大家,下周一、周二、周三白天进行个人初备,如此循环,平时遇到问题随时讨论及时解决,自己上课时的一个闪光点、一个新见解,一个好观点,课下就告诉大家讨论,并会因得到同事的认可而兴高采烈,上课的劲头更足了。试想在这种环境下,在这种氛围中,你想不提高,想不进步都不可能,我们历次统考、高考的成绩一直名列前茅,并得到多方的认可和鼓励也就很正常了。

所以集体备课优点很多也有实效,但要落实到位不能流于形式,个人备课也很重要,是集体备课能正常进行的前提和课堂效果的保证。只有处理好集体备课和个人备课的关系把它落于实处,充分发挥集体优势和个人能力,才能达到共赢的局面。

(三)集体备后的个人备

在平时的教学中常发现一种现象:有几位教师上交检查的是统一打印好的内容完全一致的备课。也有几位教师的备课本上,有的是自己手写的独立备课,也有与同事一模一样的打印备课夹在其中。事后交流中,有的同事说:"新课程不是提倡教师集体备课吗?我们这是集体备课。"我认为这是一种借着集体备课的幌子,自己不备课,用别人教案上课的现象。

"集体备课"是指在备课组长的组织下,备课组内同行根据教学进度按时就一定的教学内容进行集体研讨,形成科学实效的教学方案,教师个人又结合班级实际和自己的教学风格对其适当修改的备课行为。在这个过程中,别人的信息为自己所吸收,自己的经验被别人所学习,每个人的认识都有了新的提高,每个人都获得了新的意义的"学习共同体。"发挥教师群体智慧,认真吃透教材,解决备课中遇到的困难,本是一件好事。但是在集体备课中也出现了一些不和谐的节拍:有的集体备课为了尊重备课组长的权威而异化为一人备课集体使用,有的集体备课为了"减轻"教师的备课压力和负担而异化为大家分工备课。

"一种思想与另一种思想交换,可以形成两种思想。"集体备课是新课程改革校本教研的主要方式之一。新课程改革倡导教师合作探究,形成研讨氛围,集体备课作为教师合作研讨的一种有效形式,可以避免教师个体研究势单力薄的情况,发挥集体智慧的作用,最大限度地减少教学中的不足和失误。它是培训教师特别是青年教师的有效途径,对于发挥教师团队合作精神,集思广益,取长补短,具有不可或缺的作用。

集体备课以教师个人钻研前提为基础。它是在教师个人独立钻研教材的基础上集体交流的备课活动。在新课程所倡导的集体备课中只有组织者和协调者之分,而没有主人和旁观者之分的。如果没有教师个人的钻研,拿什么去交流,去启发,去争论,去碰撞?如果只有主备课人,其他教师不准备,不钻研,也就没有观点,没有见解和看法,集体备课时只能当看客和听众。因此,集体备课首先应该是人人备课,个个钻研,接着是相互交流,相互切磋,相互碰撞,最后达成共识。

教师在集体备课的基础上还要进行自己的二次备课。集体备课坚持的是求同存异的原则,考虑较多的是年级学生的共性而忽略了班级学生的个性。"教学有法,而无定法",由于各班学生都有其各自的特殊性,教师也各有自己个性化的教学风格和特长。因此教师在集体备课的基础上进行二次备课,要结合本班实际和自己的教学风格,认真修改,批判吸收,合理取舍,关注个性化的教学设计,使之更贴近自己的教学实际。克服集体备课中忽视了学生的个体差异,忽视了教师自身的教学特点的弊端。从而使自己的课堂远离预设和浮躁,飞扬教师自己的思想和激情。

第二节　备模块与备章节

一、备模块——我们的假期修炼

《普通高中课程方案(实验)》指出:普通高中新课程应适应社会需求的多样化和学生全面而有个性的发展,构建重基础、多样化、有层次、综合性的课程结构。新的高中课程结构分三个层次,最上层为学习领域,学习领域下设学科科目,科目下设模块。学习领域、科目和模块构成了新的高中课程的基本结构。新课程化学教材是在高中整个课程框架下建构的,是科学领域之下的一个学科,由8个课程模块构成,分必修、选修两类。其中必修包括2个模块;选修包括6个模块,是必修课程的进一步拓展和延伸。各学科课程的模块化是为了兼顾学生志趣、潜能差异和发展需要,拓展课程的选择空间,体现各学科的基础性和学生的个性发展。高中化学课程标准要求每个学生在学完必修化学1、化学2之后,至少再从选修课程中选学一个模块。我省规定:文科倾向的学生从《化学与生活》和《化学与技术》中选学一个模块,以修满6个学分,达到高中化学课程学习的毕业水平。我省还规定:理科倾向的学生还应选学《化学反应原理》、《物质结构》和《有机化学基础》等模块,即理科倾向的学生化学课程应学完5个模块修满10个学分。因此,教师要兼顾学生学习的阶段性和认知水平,在化学1、化学2的教学中不要拓展太多,因为有些知识在学生选修课程中还要重现加深,有些内容比原来使用过的化学教材要求更高、知识更难。

基于此,教师必须熟悉课程标准,了解化学教材的知识结构和知识体系,了解化学课程8个模块之间的关联,弄清哪些知识要求学生现在必须掌握,哪些知识需要作适当拓宽,哪些知识暂不作要求。只有准确把握教学内容的深广度,才能既不加重学生的学业负担,又能调动学生的学习积极性、激发学生的学习兴趣,以利开发学生的智能潜质。教师如何应对陌生的化学模块以及选修模块中不少在过去的旧版本教材和过渡教材必修中较少出现的教学内容？面临着许多困难和挑战,我们该怎么办？我们深知由于原有的知识系统被打破,熟悉教材成了新老教师共同的功课,只有对整个模块的知识点分布了如指掌,处理教材才能游刃有余。为此我们给自己布置了假期作业——备模块。那么,我们给自己布置了什么样的假期作业呢？

对于备模块,针对老师们自身的特点,加上参照试验区老师们的实践,我们重点解决的是以下几个问题：

1.熟悉高中化学新教材的结构

高中化学新课程的新教材较之老人教版教材出现了很大的变化：从整个教材来看,新课程的新教材改变旧教材过于强调学科知识本位、学科间缺乏整合的面貌,以知识与技能、过程与方法、情感态度与价值观三个维度目标统领构建教科书体系,着眼于提高全体学生的科学素养和终身学习能力的培养从而突出培养学生的整体聪明；以"化学学科的基本知识和基本技能","科学探究和化学学科的思想观念、研究方法和学习策略","反映化学与个人、社会、环境以及其他科学技术的广泛联系、相互作用和影响的 STSE 内容",作为三条内容线索贯穿始终,富于整体联系。新教材更加注重学生生活经验和社会、科技的发展,遵循儿童身心发展规律,很好地体现了师生、生生和课本之间的交流对话,在表现形式和陈述方式上都是学生们所乐于接受的。

2.掌握新教材知识内容及课时分配的特点

高中化学课程由若干课程模块构成,分为必修、选修两类。其中,必修包括 2 个模块；选修包括 6 个模块,是必修课程的进一步拓展和延伸。每个课程模块 2 学分,36 学时。化学 1、化学 2：认识常见的化学物质,学习重要的化学概念,形成基本的化学观念和科学探究能力,认识化学对人类生活和社会发展的重要作用及其相互影响,进一步提高学生的科学素养。学习内容主题包括"认识化学科学"、"化学实验基础"、"常见无机物及其应用"、"物质结构基础"、"化学反应与能量"、"化学与可持续发展"等。选修的六个模块分别为 化学与生活、化学与技术、物质结构与性质、化学反应原理、有机化学基础、实验化学。而这些知识点又有少部分分散在化学 1、化学 2 的必修教材中。在教学中,我们要对教材进行切合学生生活化的处理。高中化学教材,一个专题、一个单元、一个章节甚至一个"模块"是教学设计的主要对象，基本上是一个章节一个课时，少数章节例外。明确课时分配后就要充分顾及教材内容自身的特点。

3. 关注不同模块的"模块"特点

"模块"特点是教学设计的首要依据，因为每一个模块反映的内容不同，它有着自身的构成要素和不同内容、规律，与实际的生活关系角度不一样，采用的章法技巧也不一样，形成了迥然不同的特点，显示了独特的组合规律。如对化学与生活有关内容教学设计时，就要注意与实验化学、化学反应原理等模块区别开来。再如必修模块的教学设计问题，必修模块根据它承担的功能，肯定不能涉及大量比较深的内容，它只能根据基础的要求，根据课时的要求，安排具体内容。新课程是注重选择性的，我们是在原来的基础上，一个向高走，一个向低走。过去是不分层次的，而现在分层次了。将来不从事化学专业的学生只是学习普通公民科学素养的化学，那么要求肯定跟过去就不一样。基础性的判断不能局限于看知识点的多与少，而应该关注学生的认识是否得到发展，应该看全面的基础性。关于新课程课程内容结构性的探讨，不应站在老师原有的知识体系的基础上，而是要在新课程的视角下看课程结构、课程内容的结构性。思考结构性改变的原因和教育价值。同时，关注课程内容的系统性不仅需要关注知识结构的改变，还需要关注过程方法、态度情感价值观维度的系统性问题。总之，每个模块都有其定位和鲜明的功能和特点，我们应该全面认识高中化学新课程的课程结构，理解每个模块的功能定位。针对不同学生的特点和需要，发挥不同模块的独特教育教学价值。

4. 明确各模块中，哪些知识应该交给学生

新教材的编写依据课标，又不拘泥于课标，这也正是新课程多样化、选择性的体现。三种教材由于编写线索、切入方式、侧重点的不同，教材的深度、广度也不相同，探究课题的设计方式和应用的素材也有差别。因此在教学中不管选用那种版本的教材，都不能仅以教材为本，都不可认为把教材上的内容教给学生，就是达到课标的要求了。要防止这也想要，那也不想丢的以知识为本的教学思路，应从整体上把握课程结构，转变教学观念，构建"知识与技能"、"过程与方法"、"情感态度与价值观"相融合的教学目标体系。那么那些内容是应该交给学生的？主要有两个依据：一是依据我省出台的《福建省普

通高中新课程化学学科教学要求》,该教学要求以教育部颁布的《普通高中化学课程标准(实验)》为依据。针对我省普通高中化学学科教学实际,对课程标准各模块的"内容标准"提出较明确、具体的学习要求以及相应的教学建议。二是依据学生实际,哪些知识是学生所能够接受的。例如,在物质结构与性质的教学过程中,对"认识共价分子结构的多样性和复杂性,能根据有关理论判断简单分子或离子的构型",我们就根据学生实际,进行选择性处理(科技班学生必须掌握,普通班学生作为了解,中澳班学生不要求)。

我们认为,每个模块的教学时间为36学时,教学时间是有限的,而要让学生学习的内容却较多,如何在有限的时间内达成教学目标,是教师所必须面对的挑战。因此,教学中要依据课程内容标准和《福建省普通高中新课程化学学科教学要求》,事先制定周密的计划,做好充分的教学准备,精选教学内容,把学习目标用适当的方式传达给学生。不要一字不漏地讲解教材的内容,不能按传统的教学要求随意补充教学内容,提高教学要求,不适当地引伸和挖掘。尤其是必修模块的教学,要以提高全体学生科学素养为宗旨进行化学教学活动,强调"过程与方法"的培养,淡化学科意识,在鼓励有志于继续深入学习化学知识的学生学好化学的同时,防止以后不想选学化学的学生过早分化而远离化学。

5. 研究怎样进行选修模块中"大学下放内容"的教学

我们了解到,新课改实验区遭遇到的难题之一是:怎样进行选修模块中"大学下放内容"的教学?对于原教材中就有的内容,实验区老师们在教学过程中还比较容易选择合适的处理方法。但对原教材中没有的所谓"大学下放内容",老师们就显得束手无策。有的老师照本宣科,教材怎样说,老师就怎样讲,没有自己的思考和加工;有的老师完全按照大学教材进行教学。这实际上是老师把内容讲难了,从内容上还是从学习过程上都增加了学生的负担。经过研究与交流,我们认为,所谓的"大学下放内容"的学习,关键是怎样根据建构主义理论,结合高中学生已有知识和思维习惯,帮助学生学习这些知识。因此,教学过程中,首先要明确知识本体的前后脉络,然后根据本知识本体学生已有的基础,充分利用生活中的各种资源创设情境,理清课堂问题线索,实现知识与技能、过程与方法、情感态度与价值观三维目标的有机结合。

【案例】

对鲁科版高中化学教材的备课

一、研究鲁科版高中化学各模块教材结构、功能与特点

1.三条内容线索融合贯穿,全套教材形成富于内在联系的有机整体。鲁科版高中化学教材注重促进学生发展、提高每个学生的科学素养,围绕知识技能、过程方法、情感态度价值观三个维度的课程目标,选择和组织各个模块教材的内容,以三条基本的内容线索组织编排:(1)化学学科的基本知识线索;(2)科学探究和化学学科的思想观念、研究方法和学习策略;(3)反映化学与社会、环境、个人生活实际以及其他科学和技术的广泛联系、相互作用和影响的,具有STS教育价值的内容主题和学习素材。各个模块虽然功能各异、层次不同,但是都根据三个内容线索精心选择具体内容、精心进行组织编排的。

不同课程模块的功能定位和风格特点各不相同,三条内容线索的处理也不同。例如,《必修化学1、2》是将三条内容线索并列作为教材的主要组织线索;《物质结构与性质》、《化学反应原理》和《有机化学基础》是以化学学科的核心主题和基本内容作为主要的和显性的内容线索和组织框架,其他两类内容线索作为副线和栏目内容线索;《化学与生活》、《化学与技术》是以具有STS教育价值的内容主题和学习素材作为教材内容的主要组织线索,突出反映化学与社会、环境、个人生活实际以及其他科学和技术的广泛联系、相互作用和影响,同时精心选择编排相关的化学基础知识和基本技能与之融合。《实验化学》则是以化学科学活动和化学实验方法的核心领域形成教材的主题和课题系统,进而选择能够综合承载化学基本知识和基本技能、具体实验技术和方法、STS教育内涵的实验任务,由此建构起教材的三级内容体系。

这样的教材整体设计,充分反映了教材编写者希望保证每一位学生的化学科学素养都能得到应有的发展,确保高中化学教育的基础性,也保证全套教材各模块之间富于内在联系,成为有机整体。

2.融合多种课程设计取向、体现多种水平层次,适应不同学生的发展需要。众所周知,不同的课程设计取向各有其独特的优势和特点,也都有其局限和不足。国内传统教材长期存在的缺陷和问题之一就是课程设计取向单一,过分强调学科中心;与国外高中化学教材相比,教材内容和水平要求"高不成低不就"。鲁科版高中化学教材充分利用新高中课程方案和高中化学课程结构、课程标准搭建起的课程模块的新框架,采用多种课程设计取向,发挥多种课程设计取向的优势,设置多种水平层次,提供多样选择性,满足不同学生的发展需要,适应不同地区和学校的条件。

例如,对于《必修化学 1、2》,鲁科版采取了学科中心、认知过程中心、社会生活问题中心相融合的多元课程设计取向,这从教材的章节框架中就可看出。目的是为了更好地适应全体高中生科学素养得到全面的提高,体现出是在义务教育化学课程基础之上的高一阶段的化学课程的特点,同时为后续的多样化的高中化学选修课程建立发展"通道"。

《物质结构与性质》、《化学反应原理》和《有机化学基础》三个模块教材,旗帜鲜明地采用学科中心为主的课程设计取向,他们突出化学学科的核心观念、基本概念、基本原理和基本的思想方法,并以此作为教材体系结构的主要线索,其他课程设计取向作为辅助线索。

《化学与生活》和《化学与技术》两个模块教材,则大胆凸显社会生活问题中心、技术问题中心的课程设计取向,使学生直面个人生活、工农业生产、技术进步和社会发展中的重要问题,学习化学、应用化学。为学生构建起更加灵活、实用的化学科学素养,提高学生分析和解决实际问题的探究能力、培养创新精神和实践能力。

《实验化学》模块教材首次探索性地采用以过程方法中心和实验活动中心为主的课程设计取向,向学生展示化学是一门以实验为基础的科学的丰富内涵和独特魅力,激发学生的学习兴趣、体会实验对于认识和解决问题、进行科学探究和化学研究的重要意义,发展学生的创新精神和实践能力。对于那些对化学特别有兴趣的学生,则有利于提高他们化学实验的综合能力、为他们将来学习化学、从事化学科学事业奠定良好基础。

整套教材设置了多种水平层次,为不同水平和不同需要的学校和学生提供了多样的选择性。首先,从总体上,必修化学与选修化学之间的层次不同;从化学学科知识的学术性水平上,《物质结构与性质》、《化学反应原理》与其他模块教材的层次不同;从同一模块教材的内容来说,正文中内容和活动性栏目的内容是基本要求,其他如

"知识点击""追根寻源""拓展视野"等资料性栏目中内容的学习属于提高性要求,而在《化学反应原理》和《物质结构与性质》模块教材中还设置了"学海无涯"栏目,面向对化学特别感兴趣的少数学生,属于扩展性要求等;从学习活动栏目来看,不同栏目的学习内容和学习要求也不相同,比如,"活动探究"、"迁移应用"的要求高于"观察思考"和"交流研讨"等;从化学实验角度讲,第一,教材中"活动探究"中的实验要求就比"观察思考"或"动手空间"中的实验要求高。第二,《实验化学》中每个主题中的综合实验任务的学习水平和要求就高于其他实验任务。《化学与生活》、《化学与技术》和《实验化学》等模块教材,采用主题——课题式的编写体例,更加方便学生根据课标要求、当地和学校的实际条件,以及学生的兴趣需要进行自主选择。从某种意义上说,全套教材中的实验都具有选择性和可替代性。教材为了方便学生任意自主地选择学习6个选修模块,特别通过"联想质疑""知识支持"等栏目,加强与必修化学的联系,以及各模块之间的关系,以例在知识系统上的"基础建设",减少模块选择性学习给学生带来的困难。

3. 各模块教材的风格和独特的功能。依据高中化学课程标准,本套高中化学教材分为《必修化学1》、《必修化学2》、《化学与生活》、《化学与技术》、《物质结构与性质》、《化学反应原理》、《有机化学基础》和《实验化学》8个模块教材。这套教材在确保拥有共同理念、执行共同准则、重视内在联系的基础之上,赋予每个模块教材鲜明的风格、独特的功能,生动诠释高中化学新课程。

《化学1》和《化学2》将3条内容线索作为教材的主要组织线索,教材从"元素在自然界中的存在、转化和循环"、"元素大家族"、"元素与材料世界"多条线索向学生介绍氮、硫、硅、铁、铝、铜等典型的非金属和金属元素及其化合物,"从自然到化学,从化学到社会","从自然界到实验室,从实验室到社会生活",将学生对自然界的认识、对社会生活实际的了解与化学实验室的科学探究三者之间紧密联系在一起,开阔学生认识元素与物质的视野、建构更加富于应用迁移价值的认知框架。这样的编排和处理是对传统和现行教材的一大突破。《必修化学1》和《必修化学2》形式上是独立的,但实质上是一个整体。它从"认识化学科学"、"元素与物质"、"自然界中的元素"、"元素与材料世界"、"原子结构与元素周期律"、"化学键化学反应与能量"、

"重要的有机化合物"等方面,由感性到理性,由具体到一般,由事实到本质,进一步提升全体高中生基本的化学科学素养。同时为相应的选修模块预留接口,搭建平台,奠定良好基础。

《化学与生活》、《化学与技术》和《实验化学》三个选修模块都采用大主题导向、具体课题驱动的编写模式,具有很强的综合性、实践性和开放性,具有适度的学科性和各自的系统性,具有层次性和一定的选择性。既适合于专门独立开设,又适合于穿插渗透实施,也适合于作为校本和地方课程的重要学习资源,还可以与研究性学习整合。

《化学与生活》教材将课标规定的环境、健康、材料三大内容领域具体化为五大主题,在每个主题下面精心选择了18个与主题密切相关、又内含具有核心价值的化学知识,学生感兴趣、教学方式多样化代表性强的课题,以点带面、面点结合,完成和落实这个选修模块的功能。《化学与生活》模块教材直面生活问题,旨在使学生了解与生活密切相关的化学知识、更科学地理解和认识生活,体会化学科学对提高生活质量的重要价值;了解更多的与化学有关的生活知识,树立更科学的生活观念和态度、能够比原来更科学地面对和处理生活问题,养成科学健康的生活方式。以生活问题为主线和明线,将化学知识和分析问题解决问题的能力以及正确、科学的生活态度和生活方式的培养融入其中。使学生不仅懂生活,而且会生活、不仅理解生活,而且能更科学地生活。

《化学与技术》以资源——技术——产品为基本线索,设有六大主题17个具体课题,直面社会发展和工业生产中的技术问题,旨在使学生了解与化学及化学工业生产技术密切相关的知识,在生产和社会发展重要领域中得到广泛应用的化学知识,认识化学科学与技术的关系,及其对社会发展和工农业生产的重要作用;更深刻地体会化学知识是如何被应用到实际生产中的,了解化学知识的应用形态——与化学相关的技术。形成基本的技术意识,树立科学发展的技术观。

《实验化学》以实验活动和实验方法为课程取向,旨在使学生学习化学实验的基本方法,了解化学实验的基本知识;引导学生通过实验学习化学、研究化学;还要认识和体会实验及化学在解决实际问题和进行科学研究中的重要应用;培养学生化学实验素养和实验能力,锻炼学生分析和解决实验问题的基本思路和能力;同时还要拓宽学生对化学实验的认识视野。

《有机化学基础》、《物质结构与性质》和《化学反应原理》这三个选修模块分别对应化学科学的三大核心领域:物质(有机化合物)、反应和结构;也对应着化学的三个重要的学科分支:有机化学、物理化学和结构化学。所以这三个选修模块是集中体现化学学科素养的课程内容,特别针对理科倾向比较强烈和对化学相关专业感兴趣的学生。对于《有机化学基础》,是理论与物质性质相结合;对于《化学反应原理》,是定性与定量、现象与本质相统一;对于《物质结构与性质》,是宏观与微观、结构与性质相结合。

这三个模块教材采用大章大节式编排体例,以突显学科内涵、学科知识体系的逻辑性和系统性。现代性、科学性、逻辑性是这三个模块的基本水准。着力挖掘和体现化学学科的核心观念、本质结构、思想方法,并设计更加合理的教材体系和呈现方式将其表现出来。这三个模块的教材都定位为学术性课程取向,但是三个模块教材仍然都设有三条内容线索:以化学科学主题和核心学术问题为主线和明线,将重要的学术思想和基本研究方法以及这些化学核心知识在生产、生活和生命科学领域、技术进步等方面的应用融合其中。非常关注学生认识方式的转变和认识结构的建构。以及对化学科学问题的本质的理解力的发展。重视运用多样化的科学学习方式和策略。尊重学习规律,促进科学有效的学习和培养学生的高级思维能力。

教材构建了贯穿始终的问题线索,大大增强了对话的功能和启发性,突出了知识的来龙去脉和这些知识的功能和价值。另外,教材改变了以往教材忽视对问题的分析和阐述,简单化地给出结论的做法,以增加教材的可读性,使其能够成为学生阅读学习的重要资源。

二、研究如何使用鲁科版教材

1. 注意初中与高中、模块与模块间化学相关知识的衔接,准确把握教学内容的深广度。例如,《化学 1》是高中化学的起始部分,它既是初中化学学习的概括和总结,又必须为高中化学的学习打下新的基础,这是该模块教学中要把握的一条重要思路。所以教师在教学内容的选择安排上,要从学生的经验和生活现实出发,举例要适当、典型,不宜选用学生不太熟悉的反应实例;在教学实施中,要注意以旧引新,点到为止。"超前"、"超标"、"一竿子插到底"地进行教学,都只能把学生的学习带入困境,是不可取的。事实上,教材对大部分概念知识的要求是螺旋上升的,教师要深刻理解课标和教材对内容的深广度要求,注意化学基本概念学习要求的层次。

2.改进并优化习题教学。由于教材中个别习题的表述和问点与教材正文内容之间的跨度偏大,市场上的习题教辅资源普遍偏难、偏繁、偏旧,教师如果不改变原来的习题处理方式,就会重蹈实验区出现的学生"学得高兴,做题痛苦"。面对这种情形,我们的做法是:

首先,关注习题教学,努力避免将习题课简单处理成练习课,而是将典型的习题进行剖析,培养学生将新知识运用到习题的分析和解答中的迁移能力。其次,将习题的处理和新知识的教学结合起来,尤其是,将运用新知识的重要习题放在新知识获得后处理,作为新知识的应用巩固,及时培养学生将新知识运用于分析问题和解决问题中的能力。

再者,分工合作对习题教辅资源进行筛选,选择难度适合、考查点适合的题目,不让习题牵绊教师的教学。对于质量较差,挂着新课程配套资源的字样,内容却是原来教辅资料的简单重组、新课程中不要求的教辅习题,坚决予以删除。

最后,对习题做分层次水平的处理。例如,关于物质的量的计算,有的教师仍然按照原来的经验,从学生接触到相关计算的时候,就让学生达到高考的要求,即复杂的计算。新课程的教学进度较快,在较短的时间内,很难达到原来要用一个月的教学时间达到的水平和难度。如果仍按照原来的处理,会导致学生连基本的计算都没有掌握(实验区的事实证明)。

3.创造性地使用教材中的栏目。化学《必修1》设置了活动性栏目,资料性栏目和工具性栏目超过120个,这些栏目的设置,蕴含着教与学的方法,体现了新课程的理念,有助于教师驾驭教学过程,也为教师的教学设计提供了支持。

教师在教学中首先要体会各种栏目的功能和教育价值,在设计教学过程中,对课本中的栏目不可置之不理,也不能照单全收,而应根据学生的具体情况,选择性地利用这些教材资源。如各栏目对应的活动,课本上留待思考的问题等等。创造性地使用这些栏目,有效地开展教学活动,促使学生主动学习,培养学生独立获取知识解决问题的能力,补充的内容也应围绕教学重点而展开。

4.依靠而不脱离教材。当我们选用了一种教材实际上就是选择了一种价值观,在一种价值观下不要见异思迁。每一种系统设计的教材都是经过试验和修改并经过严格的审定通过的。一个在教学实践一线的教师是没有能力和精力来进行这样的系统设计的。系统设计的教材都遵循了学科的逻辑顺序和学生的心理发展的顺序,所以擅自脱离教材自干一套是比较轻率的行为。据说有的教师和学校要"教课标"而不是教教材,这真是有点不自量力了。我们认为正确的做法是依靠教材,用好它、开发它、在整个知识体系上遵循它的内在的逻辑,这样就能够好好地享受教材所蕴含的聪明和系统设计的优势。好好的使用一遍下来,就能逐渐的进入到其内在的逻辑体系之中,体会到教材的独特魅力。

5.对教材进行二次开发。任何一种教材都不是完美无缺的,针对不同的学校和不同的学生,所需要的教材实际上都是不一样的,任何一本教材都不可能适用于所有的学生。实际上教材只是提供了一个蓝本、框架和线索,针对自己的学生要对教材进行二次开发,使之更适合自己的学生和更能够体现出教材设计者的初衷以及使之能够进一步增强现实生命力,所有这些才是真正意义上的对新课程负责任的态度,也唯有如此才能真正的使新课程得到有效的推进。

"凡事预则立,不预则废"。无论要完成什么工作,都需要做好充分准备,否则就会事倍功半,收效甚微,劳而无功,教学亦然。为使化学新课程顺利实施,我们必须认真、充分、精心地准备,超前修炼,让"陌生的化学模块"不再陌生。

二、备章节——教师的周末修炼

有经验的教师都懂得将整个高中的化学课程作为一个整体,每个单元作为一个小整体,进行单元备课,把单元的整体目标,有机地渗透在每一节课中去,使每一课的具体目标和单元的整体目标鱼水相融,有计划地分解难点、重点,提前埋设地雷,为以后教学扫清障碍,一步一个脚印地迈向成功。

【案例】

《化学反应中的热量变化》教学设计

【教学背景】

学生中初中已经从燃料的角度初步学习了"化学与能源"的一些

知识,在选修模块"化学反应原理"中,还将从科学概念的层面和定量的角度比较系统深入地学习化学反应与能量。本单元内容既是对初中化学相关内容的提升与拓展,又是为选修"化学反应原理"奠定必要的基础。

学生在日常生活和化学实验已经接触过的许多的吸热反应和放热反应,对"化学反应有吸热和放热之分"有初步的认识,在上一专题又学习了相关的化学键知识,故"化学反应中的热量变化"这一课题中,正是教师引导学生将理论与实际联系起来进行探究的好素材。

从化学方程式到热化学方程式的书写是学生化学用语学习的一次提升,也是让学生了解如何准确表述科学知识的一个机会。

依据课程目标的标准,主要的学习目标是:

1.知道化学键断裂和形成是化学反应中能量变化的主要原因。

2.通过生产、生活中的实例,了解化学能与热能的相互转化。认识合理利用化学反应的热量的重要性。

3.了解吸热反应和放热反应,通过与普通方程式对比的方法来学习热化学反应方程式的书写。

4.通过热化学反应方程式书写格式的规范,培养严谨求实的科学态度。

【教学设计】

设计思路

从一个典型的案例"热敷袋"出发,充分利用日常生活中的事例、化学实验及教材提供的各种素材,认真组织和指导学生进行合作学习、探究学习、自主学习,采用"悬念设疑──→联想质疑──→实验探究──→交流讨论──→释疑归纳──→练习应用"的方法展开教学。在教学中培养观察能力、实验操作能力、分析推理能力,培养严谨求实的科学态度及探究意识。

设计中注意处理好有关概念的科学性和教学的深广度问题:

1.让学生认识化学反应中的能量变化不等同于化学反应中热量的释放与吸收。化学反应中的能量变化,可以以不同的能量形式呈现,如热、光的释放和吸收,电能、电磁波的释放与吸收等。许多化学反应伴有热量释放或吸收,在这些反应中,能量的变化也不一定全都以热量的形式呈现。

2.要引导学生从微观的角度进行分析,理解化学反应的热效应与化学键的键能大小之间的关系,巩固对"破坏化学键需要吸热、形成化学键需要放热"的理解;并帮助学生区分吸热反应与需要加热引发的化学反应;认识可逆反应的正反应与逆反应在能量变化上的区别。但不要涉及燃烧热、中和热、焓变等概念。

3.热化学方程式的教学是一个重要的内容。引导学生认识热化学方程式与一般化学方程式在含义上、形式上的区别是很必要的,因为,有关的计算与热化学方程式是联系在一起的。但是必修阶段的教学仅要求学生会判断热化学方程式的正误、会根据题目所给的热化学方程式进行简单的计算,不涉及盖斯定律及其应用。

教学过程

第一课时

[创设情景]

展示市场出售的"热敷袋",告诉学生其主要成分是铁屑、炭粉、木屑与少量氯化钠、水等,它在使用之前需用塑料袋与空气隔绝。请学生代表开启塑料袋的小气孔,轻轻揉搓,然后在学生间传递,使学生感受其放出的热量,观察生成的铁锈。

[交流讨论]

1."热敷袋"的热量是怎样产生的呢?

2.化学能能够转化为哪些形式的能量?举例说明?

[视频片段](或投影图片)

①镁条燃烧、②石油气的燃烧、③高温冶炼铁、④原电池放电、⑤闪电时产生氮氧化物、⑥水的电解

[交流讨论]

1.请说出上述反应中能量的转化方式?

2.请说一说其他应用能量转化的实例。

[合作探究]

是否所有的化学反应都将释放能量?请大家分别利用桌上的实验用品设计一个"探究化学反应中能量变化的实验"加以体验。实验后,每个小组派代表汇报实验设计、现象、解释及结论。

第一组:向一支试管中放入用砂纸打磨光亮的镁条,加入 5 mL

$2 \text{ mol} \cdot \text{L}^{-1}$ 的盐酸,用手触摸试管外壁。

第二组:向一盛有鹌鹑蛋的烧杯中加入适量的生石灰覆盖鹌鹑蛋,观察现象,一段时间后将鹌鹑蛋取出,切开。

第三组:向完好的塑料薄膜袋中加入约 7 g $Ca(OH)_2$,再加入约 10 g NH_4Cl 晶体,排出空气,扎紧袋口,将固体混合使之反应充分,用手触摸。

第四组:在一小烧杯里,加入 20g $Ba(OH)_2 \cdot 8H_2O$ 粉末,将小烧杯放在事先已滴有 3～4 滴水的玻璃片上,然后加入 10g NH_4Cl 晶体,并用玻璃棒迅速搅拌,用手触摸烧杯外壁;一段时间后将烧杯轻轻拿起。

[归纳小结]

1.化学反应总会伴随着能量的变化。

2.化学上把有热量放出的化学反应称为放热反应,把吸收热量的化学反应称为吸热反应。

[投影]化学反应过程中能量变化示意图

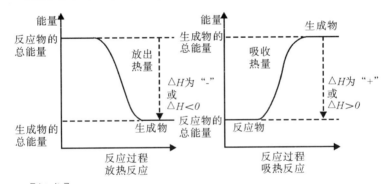

[板书]:

化学反应中的能量变化

一、反应热

(一)定义:化学反应中放出或吸收的能量

(二)符号:$\triangle H$

1. 当 $\triangle H$ 为"—"或 $\triangle H < 0$ 时,为放热反应

2. 当 $\triangle H$ 为"＋"或 $\triangle H > 0$ 时,为吸热反应

(三)单位:kJ/mol

(四)数值:$\triangle H =$ 生成物总能量—反应物总能量

反应物的总能量＝生成物的总能量＋放出的热量
生成物的总能量＝反应物的总能量＋吸收的热量

[联想质疑]

1. 为什么有的反应释放能量,有的反应吸收能量? 能量变化的实质是什么?

2. 化学反应的本质是什么?

3. 旧键什么情况下会断裂?

4. 为什么 CO 和 N_2 参加反应往往需要高温条件?

5. 为什么有的放热反应仍然需要高温条件,如合成氨?

6. 为什么很多工业生产点火反应后要连续进行下去?

[视频片段]

氢气在氯气中燃烧(温故知新)。

[引导探究]

氢气和氯气化合时,化学键怎么变? 化学键的变化与能量的变化有什么关系?

[投影]反应的能量变化示意图

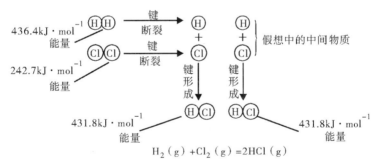

$$H_2(g) + Cl_2(g) = 2HCl(g)$$

[归纳小结]

化学反应的本质是旧键断裂、新键形成。在化学反应中,旧化学键断裂时,需要克服原子间的相互作用而吸收能量;当原子重新组合,形成新化学键生成新物质时,又要释放能量。而消耗的总能量不等于释放的总能量,按照能量守恒规律,在化学反应中,必然伴随着能量的变化。若断裂旧化学键吸收的热量＞形成新化学键放出的热量,则该反应是吸热反应;反之,若断裂旧化学键吸收的热量＜形成新化学键放出的热量,则该反应是放热反应。

[板书]:

二、化学反应热效应的实质

拆开化学键:吸收能量

形成化学键:放出能量

$\triangle H$ ＝反应物键能总和－生成物键能总和

[问题解决]

1.判断下列反应是放热反应还是吸热反应。

①镁条燃烧、②高温下木炭燃烧、③电解水、④酸碱中和反应、⑤高温下木炭与 CO_2 反应生成 CO、⑥氧化钙与水反应、⑦食物因氧化而腐败、⑧炸药爆炸、⑨煅烧石灰石制生石灰、⑩用消石灰和氯化铵制氨气

2.已知断开 1 mol H_2 中的 H—H 键需要吸收 436.4kJ 能量,断开 1 mol Cl_2 中的 Cl—Cl 键需要吸收 242.7kJ 能量,生成 1 mol HCl 中的 H—Cl 键放出 431.8kJ 能量。试说明反应 2HCl ＝H_2＋Cl_2 是放热反应还是吸热反应?

[归纳小结]

①大多数分解反应吸热;②大多数化合反应放热;③燃烧、中和反应放热;④活泼金属与酸反应放热

[自主探究](课后进行)

你能否将化学方程式改造一下,使之能够同时表明化学反应中的物质变化和能量变化? 若能,请用简要的文字和化学用语表明你的设想。若不能,请通过预习教材,对比化学方程式与热化学方程式的异同。

第二课时

[交流讨论]

以氢气在氯气中燃烧的反应为例,讨论如何改造化学方程式,使之能够同时表明化学反应中的物质变化和能量变化?(已知:1 mol 气态 H_2 与 1 mol 气态 Cl_2 反应生成 2 mol 气态 HCl,放出了 184.6 kJ 的热量。)

[板书]

三、热化学方程式

(一)定义:表明反应所放出或吸收的热量的化学方程式,叫热化学方程式。

(二)与一般化学方程式的主要区别

[投影]

在 200℃、101KPa 时,1molH$_2$ 与碘蒸气作用生成 HI 的反应,科学文献上表示为:

H$_2$(g) + I$_2$(g) = 2HI(g);$\triangle H$ = −14kJ/mol 当在 200℃、101KPa 时。

[交流讨论]

1.热化学方程式在书写上与化学方程式有什么不同?

2.为什么不仅要用 $\triangle H$ 表明热量的数值和符号,还要注明反应物和生成物的聚集状态、注明反应的温度和压强?

[点拨思维]

1.化学变化会有能量变化,物理变化有没有能量变化?

2.化学变化一般都伴随着物理变化,表示反应热时要不要考虑物理变化中的能量变化?

[观察思考]

为什么下列 4 个由氢气和氧气化合成水的热化学方程式中 ΔH 值各不相同?

2H$_2$(g) + O$_2$(g) = 2H$_2$O(g);ΔH = −483.6kJ/mol

2H$_2$(g) + O$_2$(g) = 2H$_2$O(l);ΔH = −571.6kJ/mol

H$_2$(g) + 1/2 O$_2$(g) = H$_2$O(g);ΔH = −241.8kJ/mol

H$_2$(g) + 1/2O$_2$(g) = H$_2$O(l);ΔH = −285.8kJ/mol

[投影]

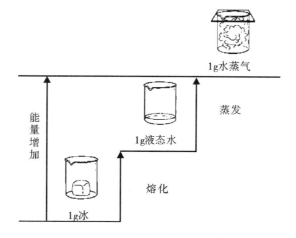

[归纳小结]

(二)热化学方程式与一般化学方程式的主要区别：

1.含义不同(读法)

①不仅表明化学反应中的物质变化,也表明化学反应中的能量变化。

②化学计量数只表示物质的量不表示微粒数目。

2.形式不同(书写)

①要注明反应的温度和压强,若为 298K 、101325Pa 可以不注明。

②要注明反应物和生成物的聚集状态,常用 s、l、g 分别表示固体、液体和气体。

③右边用 △H 表明热量的数值和符号,并用";"隔开。

④放热反应 △H 为"－",吸热反应 △H 为"＋"。

⑤△H 与方程式的化学计量数有关,化学计量数以"mol"为单位,可以是小数或分数。

[问题解决]

已知在 25℃、101 kPa 下,1 g C_8H_{18}(辛烷)燃烧生成二氧化碳和液态水时放出 48.40 kJ 热量。表示上述反应的热化学方程式正确的是

A. $C_8H_{18}(l) + 12.5O_2(g) = 8CO_2(g) + 9H_2O(g)$;$\Delta H = -48.40$ kJ·mol^{-1}

B. $C_8H_{18}(l) + 12.5O_2(g) = 8CO_2(g) + 9H_2O(l)$;$\Delta H = -5518$ kJ·mol^{-1}

C. $C_8H_{18}(l) + 12.5O_2(g) = 8CO_2(g) + 9H_2O(l)$;$\Delta H = +5518$ kJ·mol^{-1}

D. $C_8H_{18}(l) + 12.5O_2(g) = 8CO_2(g) + 9H_2O(l)$;$\Delta H = +48.40$ kJ·mol^{-1}

[观察思考]

比较下列 4 个热化学方程式,你能够发现什么规律？

$1/2H_2(g) + 1/2Cl_2(g) = HCl(g)$;$\Delta H = -92.3$ kJ/mol

$H_2(g) + Cl_2(g) = 2HCl(g)$;$\Delta H = -184.6$ kJ/mol

$HCl(g) = 1/2H_2(g) + 1/2Cl_2(g)$;$\Delta H = 92.3$ kJ/mol

$2HCl(g) = H_2(g) + Cl_2(g)$;$\Delta H = 184.6$ kJ/mol

[归纳小结]

1.逆反应与正反应的反应热数值相等,符号相反

2.$\Delta + H$的数值与同一物质中化学计量数成正比

[问题解决]

C、C_8H_{18}、CH_4、C_2H_5OH 完全燃烧的热化学方程式可以分别表示为:

$C(s) + O_2(g) = CO_2(g)$；$\Delta H = -393.5$ kJ·mol^{-1}

$C_8H_{18}(l) + 12.5O_2(g) = 8CO_2(g) + 9H_2O(l)$；$\Delta H = -5518$ kJ·mol^{-1}

$CH_4(g) + 2O_2(g) = CO_2(g) + 2H_2O(l)$；$\Delta H = -890$ kJ·mol^{-1}

$C_2H_5OH(l) + 3O_2(g) = 2CO_2(g) + 3H_2O(l)$；$\Delta H = -1366.8$ kJ·mol^{-1}

完全燃烧相等质量的上述物质,放出热量的大小顺序为

_____。

[自主探究](课后进行)

为什么质量相同的不同的燃料完全燃烧放出的热量不同?燃料燃烧放出的热量从哪里来?

从以上案例可以看出:有效备课要求教师对教材的把握必须更有深度、宽度和广度。由于新教材采用了以专题整合内容的编排方法,教师在备课时要注意不同模块、不同专题、不同章节在内容上的联系,从整体上把握教材内容,设计教学方案。讲什么?怎样讲?事先都要周密考虑,精心设计。模块教学、章节教学、课时教学好比一出连续剧,教师好比导演,如果对剧本不了如指掌,对演员不彻底了解,也就不会导演出内容生动、剧情感人的好戏来。教师只有通过模块备课、章节备课、课时备课,对教材内容、教学对象、教学方法有过深思熟虑,了然于胸,写教案时才可能胸有成竹,讲课时才可能突出重点,突破难点,游刃有余,妙趣横生、引人入胜。

第三节　备教材与备学生

人们常说订计划要吃透两头，要有针对性，备课也是一样，一头是教材，一头就是学生；针对教材的实际情况，针对学生的实际情况，备课才能备在点子上。备课决不能只备"课"不备"人"，只备"形"不备"神"，只备"结果"不备"过程"。

一、备教材——发挥教师的能动性和创造性

备课是教学的重要准备活动，对教材的分析和处理是备课活动中要完成的中心工作之一。传统观念下，许多教师把教材视为金科玉律，认为：教学就是传授教材上的知识。因而备课中迷信教材，拘泥教材，照本宣科，极大地影响了教学质量的提高。新课程标准的实施，也带来了新教材观的变化。新课程标准要求广大教师树立课程意识，指出：教材是重要的课程资源，但不是唯一的课程资源。要求教师树立"教学活动是'用教材教'，而不是'教教材'的意识，创造性地使用教材，以发挥教材的最大功能"。新的课程标准对教师备课中对教材的分析、把握和处理（俗称"备教材"）提出了更高的要求。那么：新课程标准下如何备教材呢？

1. 既要"钻得进去"还要"钻得出来"

教材是无数专家用心血与经验编写而成，是课堂教学的一个载体，因此吃透教材是上好课的一个关键因素。一是要充分把握教材编写意图、深刻理解教材"钻进去"，二是要创造地使用教材"钻出来"。

所谓"钻进去"就是深入钻研教材，详细理清教材内容的逻辑顺序和编写特点，把握知识点之间衔接的脉络，将散布在教材中的知识点串联成一条一条有趣有序的链条，理清各链条之间的内在联系，掌握教材的要求、重点、难点，由易到难，由特殊到一般，由具体到抽象，层层深入、巧妙合理地预设教学问题，预设调动学生主动思维与创新思维积极性的方法，较好的把知识传授给学生。

所谓"钻出来",就是创造地使用教材。教师结合本地区、本校和本人的实际情况,特别是联系学生生活实际和学习实际对教材内容进行灵活处理,及时调整教学活动。对课程资源如教材配套练习、教具、视频、实验等一定要自主开发,合理利用,即有效地利用一切可利用的资源等。

2. 准确解读《新课标》和《教学要求》

新课程有新"课标"(我省还有《福建省普通高中新课程化学学科教学要求》),教师备课的真正目标就是如何达到新"课标"和《福建省普通高中新课程化学学科教学要求》的要求。为此我们必须深入研究《新课标》、《教学要求》和教材,准确解读《新课标》和《教学要求》,正确把握新教材,尤其要很好地领会教材编写意图,科学地确定教学目的,把握重点和难点,科学地构建课堂教学的知识结构,合理整合三维目标,适当调整教科书的知识结构内容,在《新课标》和《教学要求》要求的前提下,以教材中最基本的概念、原理为中心,从纵、横两方面对教材进行处理,其中"纵"指知识的"线",即知识的内在联系,"横"指知识的"块",即横向联系。这样便于学生将知识联系起来,避免前学后忘。

3. 变"学习型备课"为"研究型备课"

"学习型备课"是仅仅将教材、教学参考书或者现成的教案复制到自己的备课本上,然后在课堂上将它们搬运和装载给学生,这样的备课是平面的,拿着这样的教案去讲课,就不可能有深度、宽度和广度,也不可能调控好课堂,处理临时性问题,只能凭借经验。因此,我们提倡"研究型备课",即教师不仅要全面、准确地掌握学科知识,而且要做到融会贯通,从整体上把握学科知识体系,创造性地组织教材,使用教材。要知道教材不是经典,只是教与学的蓝本。教材内容不等于教学内容,教材编写的逻辑结构不等于教学过程的逻辑程序,要把教材内容加工、处理成符合学生认知水平和有利于学生全面发展的学习内容。新课程所主张的开发课程资源,首先是对教材的开发、加工和处理。新课程用的新教材应用了大量现实材料,设计了大量探究活动,但并不是教案、学案,仍需要结合本地、本校学生的实际进行加工处理。一定要改变过去教材写什么就教什么、教材怎么写就怎么教的现象。总之,要变"教科书是学生的世界"为"世界是学生的教科书",引导学生打通书本世界和生活世界的界限,使课堂教学显示出灵性和活力。

总之,备教材时既要尊重教材,又不局限于教材;既要灵活运用教材,又要根据学校、学生实际情况对教材进行创造性的理解,切实发挥新教材的作用。同时。教师也不能局限于手中的一本教材,可以参照别的版本教材对本节课的内容是怎样编排的,有没有可取之处;也可以查一查其他资料中关于本课内容的相关叙述,有没有可以借鉴的地方;还可以收集现实生活中对本课教学有用的资源等等。

二、备学生——为学生准备好"成功的阶梯"

备课的核心是备学生。衡量教学质量的高低,主要不是看教师教了多少书,而是看学生的"双基"掌握得如何,能力增长了多少,所以备课不能只考虑一堂课讲几点内容,先讲什么,后讲什么,更重要的是应考虑学生的智能水平、知识水平及理解能力;考虑对不同层次的学生如何准确、公正地评价;考虑如何使学生掌握知识,增长才干。要知道学生是双边活动的主体,教师必须了解学生的思想状况、知识基础、生活经验、认识能力及兴趣爱好等。充分预想"导"课过程中的种种"障碍",再结合教材特点、知识结构等设置一定的知识"阶梯"来突出重点、突破难点,以使学生积极主动地逐步提高。既要调动层次较低学生主动学习的积极性,又要鼓励思维活跃的同学大胆创新不断进取,同时教师还要遵循认识规律,由浅入深,针对不同层次的学生设置问题。

根据教学研究,中学生思维的特点是抽象逻辑思维。中学生的记忆力强,敏感好动,注意力不高度集中。在学习化学时,往往有一种倾向,做实验看"热闹",重推理、轻实际、重理论,烦记忆。这些特点和倾向在备课时都要考虑到。要全面了解学生实际,可从以下几点了解。例如:

1. 与班主任交谈,了解学生的学习习惯、思想状态;

2. 叫学生回答问题,评阅学生的课堂练习、课后作业和各种试卷,以发现其学习上的弱点,分析其产生的原因;

3. 定期召开学生代表参加的座谈会,了解学生对教学的意见;

4. 课外做学生的思想工作,谈心,了解学生的学习态度、兴趣爱好及生活状况等;

5. 进行家访或开家长会,了解家庭或周边环境对学生的影响等,把了解的情况记录下来,建立起每个学生的学习"档案"。

充分地备好学生情况,对每个学生的情况都了如指掌,才能做到心中有数、有的放矢,并对学生的每一次"进步"及时、准确地评价和鼓励,使他们获得成功的喜悦并拥有成就感,激活他们的潜能,在更大范围内,营造主动学习、自主探索的学习氛围,真正体现学生的主体作用。为学生"学会知识"打下坚实基础。突出重点,突破难点,运用自如,生动活泼。备学生,就是关注学生的起点;备学生,就是为每个学生准备好"成功的阶梯",备学生,就是要给每个学生放飞教师的期望。

第四节　课前备与课后备

一、教案在教学之后完成

如果把教学前、教学中、教学后三阶段备课的关系比喻成播种、耕耘、收获之间的关系。教学前的备课更多表现为一种教学的预设,还没有落实到实际课堂教学中去,因此,这是播种阶段。教学中的备课已经把教学预设运用于课堂教学中,在这个过程中会出现很多与教学前的预设不相符的情况,也会发现教学前备课所忽略的东西。因此,教师应根据教学的生成情况,发挥教学机智,不断地调整教学思路、教学策略,从而把教学活动不断地推向前进。这个阶段是耕耘阶段。经过了辛勤的播种、耕耘后就到了收获阶段。这就是教学后的备课,也是教学行为结束后的反思阶段。这个阶段的反思往往带有批判性,具有个性化,教师可以思考教学预案的得失、课堂上采用的教学机智、化学实验探究中出现的问题、因知识储备不足而引起的尴尬等。教学后的备课是为了修正以后的教学行为,是教学经验的理论化,也是第二次教学的预案。因此,称这个阶段为收获阶段,它也是提高教师教学能力的必经阶段。我们知道做好课后反思,力争"每课必有所得",是提升自身教学水平最有效的途径。如果只重视教学前的备课,对教学中和教学后的备课往往重视不够,这样不仅不利于教师个人的专业成长,也不利于提高教学质量。可以说:新课程的教案在教学之后完成!

二、用一生来备课

苏霍姆林斯基在《给教师的建议》一书中提到了教师如何备课的问题。他举例说,一个有三十年教龄的历史教师上了一节非常出色的课,连听课的教师和指导员都完全被课吸引住了,就跟自己也变成了学生一样。课是怎样备出来的呢? 一个听课教师问这位老师:"您用了多少时间来备这节课? 不止一个小时吧?"这位教师这样回答:"对这节课,我准备了一辈子,而且总的来说,对每一节课,我都是用终生的时间来备课的。不过对这个课题的直接准备或者说现场准备,只用了大约十五分钟。"这才是教育技巧的奥秘所在,这才是真正的备课。怎样进行这种准备呢? 苏霍姆林斯基告诉大家:要读书,每天不间断地读书,跟书籍结下终生的友谊。一些优秀的教师的教育技巧不断提高,正是由于他们持之以恒的读书,不断地补充他们知识的大海,使得他们在课堂上讲解教材(叙述,演讲)时就能更加自如地分配自己的注意。他们不仅在教书,而且在教书过程中,给学生心智上的训练。根据苏霍姆林斯基的论述,按照我们的理解,"备课"应具有狭义和广义两重内涵。"狭义的备课"是教师认真研究当前学生的水平特点和即将进行的教学内容,以及如何让学生掌握所学内容,得到应有发展的教法和学法问题,目的是上好现在的课。"广义的备课"是教师不断地学习,不断增加自己的知识储备,不断总结反思教学中的得与失。也就是苏霍姆林斯基提出的"终生备课,形成教师自己的知识海洋。"——上好未来的课。以上我们探讨的主要都是"狭义的备课"。但是我们更应该重视"广义的备课",不断提升自己的教育教学水平,努力从"教书匠"走向"教育专家",才能适应新课程的需要。新课程呼唤——"广义的备课"。

学无止境,备课也无止境。优秀教师很多都是用一生来备课的。

总之,新课程备课应该,多看看(看教材,看教参),多想想(想想背后的用意,想想变化的地方),多问问(问问其他教师的教学处理,问问学生的感受),多议议(议议如何处理教材内容,议议处理后的感觉),多写写(写出教后感,写出新旧关系),多变变(根据教材结构、知识体系改变自己对知识的理解,根据新课程理念、新教学要求改变自己的课堂教学),多学习(广泛学习掌握本门课程乃至本专业的发展动态及相关知识,不断增加自己的知识储备)。

第二项修炼：教法
——为"生成"研制秘籍

第一节 教学方式与学习方式

教学方式与学习方式有着非常密切的联系,但基点和侧重点不同,教学方式主要是针对教师的教学设计及其教学实践而言,要求教师根据教学内容和学生的具体情况选择合理的教学策略,使学生快捷有效地获得知识(技能),立足点是解决教师的"如何教"。学习方式主要是针对学生获取知识(技能)的方法与途径,学生在教师的指导下运用有效的学习方式自主地获取知识(技能),立足点是解决学生的"如何学"。

"转变学生的学习方式是课程改革的基本要求",亦是教学实践的核心。如果说备课是教师的自身"修炼",那么教学方法与学习方法的设计与选取,就不单单仅依靠教师就能够完成的。建构主义哲学认为,学习是一个积极主动的构建过程,学习者不是被动地接受外在的信息,而根据先前认知结构主动地有选择地知觉外在信息,构建当前事物的意义。"由此可见,学生在实现教学目的的过程中应该是处于主体地位的。而如何帮助指导学生充分地发挥出自身在学习上的动力,就需要教师掌握运用各种教学手法，因时制宜、因材施教，发挥教师"催化剂"的作用，进而迸发出学生无限的创造性，让教学方式与学习方式相得益彰。常言道，"教学有法，教无定法"。在教学改革的进程中，教学方式的重点就应在立足教学相长的基础上，突出学生学习行为的中心地位，把课堂还给学生，在教与学中体现学生的主体性。

据《基础教育课程改革纲要（试行）》已然明确地指出，在教学过程中，应培养学生的独立性和自主性，引导学生质疑、调查、探究，在实践中学习，以改变教学过程中过分依赖教材、过于强调接受学习、死记硬背、机械训练的现状，倡导学生主动参与、乐于探究、勤于动手，鼓励学生对书本的质疑和对教师的超越，赞赏学生独特和富有个性化的理解与表达，爱护学生的批判意识和怀疑精神，培养学生收集和处理信息的能力、获取新知识的能力、分析和解决问题的能力以及交流与合作的能力，大力开展探究学习。这就要求教师由"示范者"的角色转变为"指引者"。这种观念上的转变同样对教学组织方式有着十分深远的影响。它颠覆了传统的教师主导课堂的教学模式，而是把学生置于课堂进程推动者的地位。在新课程的理念中，其重点强调培养学生一种全新的学习方式，即自主、合作与探究式学习。它要求在关注知识与技能的同时，要使学生能够体会到学习的乐趣，注重在学习过程的身心体验，进而培养学生积极的学习态度和情感，在结合化学教学学科特点的基础上，不仅使学生获得相关的学科知识，而且得到全面的发展。

根据《基础教育课程改革纲要（试行）》的要求我们可以看出，突出与协调好自主学习、合作学习和探究性学习的应用，是教师在教学过程中需要有效解决的问题。想要准确把握这些问题，就必须首先弄清楚上述三者之间的关系。实际上严格来讲，自主学习、合作学习和探究性学习，并不是同一维度上的三种学习方式，它们反映了三种不同的价值取向。在学生认知过程的不同阶段，这三种学习方式的地位与作用也各不相同。简要地说，三种学习方式各有优势，它们之间的关系如下图所示：

　　需要补充说明的是,上图中反映的仅仅是理论上学生面对新的知识体系与教学内容在不同阶段所采取的不同学习方式。在实际的教学工作中,真正能够自觉自愿、合理高效地完成图示学习过程的学生是凤毛麟角。对于绝大多数的学生而言,往往在整个学习过程的每个阶段都会发生这样那样的问题,这时候就需要教师在其中扮演引导者的角色。其所运用的教学方式,也就成为学生实现和完善学习方式的辅具,而把学生学习方式的地位列于教师教学方式之上,应该说也是教学改革中最重要的亮点之一。因此,充分调动与发挥学生的主观能动性,就成为教师在设计与运用教学方式时应首先考虑的目标。即在教学过程中应当首先鼓励学生对学习内容进行自主学习;如果自主学习过程中产生疑问,就鼓励个体开展探究性学习;如果个体研究还不足以解决问题,就开展小组或集体合作的探究学习,直到把问题解决。

　　显而易见,这三种学习方式中,自主学习是主要部分和前提条件。只有积极的自主学习,产生问题,才能进一步的探究性学习及合作学习。没有自主学习存在基础上所谓的探究性学习与合作学习,只能是无源之水,空中楼阁,达不到教育教学所期待的效果。另一方面,良好有效的自主学习,往往能使学习的效率大大提高,从本质上对繁重学习压力下的学生进行减负与松绑。因此,教师在对学生自主学习能力的引导就被放在一个突出的关键位置。最后需要指出的是,教育教学的核心目的是培养学生自主学习的能力。对学生进行探究性学习与合作学习的训练,其目的也是培养学生在自主学习的过程中能有效利用好探究与合作这两个有效工具,进而推广到更广义的学习过程中去。

一、新课程学习方式之一——以学生为中心的自主学习

（一）关于以学生为中心的自主学习

　　"自主学习"（Autonomous Learning）这个词的最早提出是就侧重与学习的内在品质而言,与其相对的概念是被动学习与机械学习。目前国外学者对于"自主学习"的定义主要包括以下几个方面:

　　1.学习者对学习自我负责的能力,具体表现为能够根据实际情况确立自己的学习目标、决定学习内容和进度、选择学习方法和技巧、合理监控学习步骤（学习节奏、时间、地点等）以及评估已掌握的

学习内容;

2.学习者能对学习过程进行批判性的反思,能建立一套自己的评估标准来衡量自己的学习情况,能独立地发现问题和及时地解决问题;

3.学习者在学习过程中始终是积极的参与者,而不是消极地依赖教师、等待来自教师的知识传授。

认知构建主义学派认为,自主学习实际上是元认知监控的学习,是学习者根据自己的学习能力与学习任务的要求,积极主动的调整自己的学习策略和努力程度的过程。自主学习要求个体对为什么学习、能否学习、学习什么和如何学习等问题有自觉的意识和反应。自主学习是学生在学习活动中自我决定、自我选择、自我调控、自我评价反思,发展自身主体性的过程。自主学习具有能动性,独立性和异步性三个基本特点:

1.自主学习的能动性。自主性学习是把学习建立在人的能动性基础上,它以尊重、信任、发挥人的能动性为前提。能动性的表现形式有:自觉(自律)与主动(积极)。自主学习是一种自律学习,一种主动学习,这一转,转出了学生无可推诿的主体责任,也转出了原来处于压抑状态时的那种不能自己决定、自己判断的智慧。自主学习使学生的学习状态发生了根本变化:从他律到自律、从被动到主动、从消极到积极,不仅开发出了学生的潜能,而且培养了学生学习的责任心。

2.自主学习的独立性。自主学习把学习建立在人的独立性基础上,自主学习的实质就是独立学习,独立性是自主学习的灵魂,要求学生能够不依赖教师和别人,自主独立地开展教学活动。

3.自主学习的异步性。自主学习尊重学生的个别差异,学生在充分了解自身的客观条件,并进行综合评估的基础上,根据自身的需要,制定出具体的学习目标,选择相关的学习内容,并对学习结果做出自我评估。学习的异步性;使不少学生脱颖而出,使暂时落后的学生能够在教师的指导和帮助下尽快赶上来。

由上述分析可以看出,自主学习不仅要求学生把自己至于主人的地位,更要求学生自觉自愿地发挥这种主人的义务与责任。众所周知,学习积极性的根源在于学生内部学习动机,而这种积极性一旦被调动起来,学生将主动参与到学习活动中去,学习也将是高效的。

一方面,教师要放手给学生必要的个人空间,为学生创造、发现、表现,提供更多的机会,特别是为不同个性特点的学生提供必要的发展空间。另外一方面,调动起学生自主学习的积极性也就成为实现有效自主学习的重中之重。只有调动起学生的主观能动性,所有后续教学方案的展开才会有较好的效果。同时,教师必须把一部分教学方式的侧重点放在激发学生自主学习兴趣上,因势利导,尽可能减小在推进学生学习方式转变过程中面临的阻力。总之,可以说自主学习不仅能开发出学生潜在的能力,而且能激活、诱导出学生学习的积极性,养成良好的学习态度和学习习惯。"一切天赋和诺言都不如习惯更有力量"。

自主学习最大的特点就是改变了以往以教师为中心,教师在讲台上孤立地讲,而学生在下面被动地听、被动地记的教学方式,而是使学生完全参与到知识的形成过程中,使学生成为课堂的中心。但是自主学习也是一个相对意义上的概念,自主不同于"自学"。自学往往局限于为实现某一目标而进行学习,有时一旦达到目的,学习便会终止。而自主学习却是一个长期的、动态的过程。另外,自学是在完全没有教师干预的情况下完成的,自主学习作为一种能力,则必须通过教师的指导、培养才能形成。一般认为学习者从有意识地完成某项学习任务到完全自主地学习必须经历三个阶段。第一阶段是模仿阶段,反复练习,全神贯注于学习内容和学习任务。在第二阶段,学习者开始对学习做些反思,但他们所关注的重点仍然是学习任务本身。第三阶段则是学习者需要将关注的重点转移到学习过程上来,而这才是达到自我组织和管理的关键所在。多数学习者认为以他们自身的力量要达到第三阶段的状态是极其困难的,换言之,学习者在没有教师帮助的情况下是很难发展自主学习的能力的。由此可见在培养学习者的自主学习能力过程中教师的重要作用。

同时,自主学习也不是否定课堂教学。首先,虽然自主学习强调学习者的独立性,但它不等于孤立地学习,并不是指不听教师讲课,自己去学其他东西,而是指在课堂上不盲目地听课,能发挥主观能动性,主动识别教学目的,以期最大限度的吸收输入。目前在少数教学案例中,完全将课堂给学生,有观点认为这是一种典型的只赋权而不增效的不负责任的教学行为。提出离开了教师的正确导向和有效引领,自主学习就蜕变为一种随意性学习、自由性学习,严重影响学生的发展,是自主学习的实践误区。

笔者的观点是,将课堂完全交给学生,片面地弱化教师在课堂上发挥的作用,这显然容易使得课堂的方向发生偏差,甚至误入歧途。另外,由于教学学时与教学内容之间固有存在的矛盾,而完全放手的教学方式需要耗费和占用更多的课堂时间,这就会对教学进度的安排造成一定的影响。因此,教师在自主学习课堂中的地位是不可忽略的,教师在教学过程中的参与程度需要根据学生自主学习能力水平的变化进行不断的修订与调整。随着学生自主学习能力的持续提高,教师才适度地为学生把课堂的"经营权"下放,而对教学过程的"控制权"则应该始终抓紧在教师的掌控范围之内。换而言之,提倡和实施自主学习,仍然要强调教师的主导性,因为教学是学生自主建构和教师有效引领相统一的过程。

在具体的教学实践中,教师应该根据学生遇到的具体问题给予及时有效的帮助与指导。当学生遇到疑惑时,教师要引导他们去思考;当学生的思路狭窄时,教师要启发他们拓宽思维;当学生思想误入歧途时,教师要将他们引上正路。例如,在实验教学中,难度系数不大又危险比较小的实验,不妨放手让学生独自地进行实验,而操作比较复杂且又有一定危险性的实验,教师必须给学生必要的提醒,并时刻注意学生的操作,及时加以指点;对于基础扎实、动手能力强的学生,可放手让他们去做实验,鼓励他们自主设计和改进实验方法,对于基础较差、动手能力一般的学生,教师要耐心地指导和示范。

另外需要注意的是,自主学习应该与合作学习、探究性学习结合起来。合作学习是指学生在小组和团队中为了完成任务有责任分工的互助学习。维果斯认为,人的高级心理技能是在社会的交互作用中发展起来的。教师提供的合作学习的内容必须明确,必须适合每位学生参与,使学生能围绕实质性的内容有一定的探索性。合作学习不仅使学生自己找出问题的解决方法,而且在探求知识的过程中加深了他们对知识的理解、对知识保持的强度,使他们的思维得到相互启发和训练,提高了语言表达能力、自学能力、分析问题解决问题能力和团结协作能力。合作也改变了单一的师生交流形式,以小组教学为重点,将教师的学习指导、学生的个体自主学习、群体合作学习三要素进行动态优化组合,形成师生之间、生生之间多向交流,多边协作,有效互动的课堂教学格局。

（二）引导学生自主学习的有效策略——让学生成为主角

1.学案让学生编写

"学案教学"是时下流行的一种教学方法。随着新课程标准的实施，"学案教学"以其特有的新颖性、实用性、高效性和易操作性受到越来越多人的关注。学案，顾名思义，就是学生学习的方案。"学案教学"的普遍做法是教师提前备课，精心设计学案，预先把学案发给学生，让学生进行课前预习。通过预习，使学生明确学习的目标、要学的内容、教师的授课意图、教师要提的问题、自己不懂的地方以及听课的重点等。让学生带着问题上课。在教学时，教师参照教案，按照学案授课。学生在教师指导下按照学案进行学习、练习、复习、作业，甚至自我检测。这样做大大提高了学生的学习效率。教师能否将学案的"经营权"进一步下放，这样学生学习的"自主度"是否更高，更有利于培养学生自主学习的能力。为此我们进行了一种全新的尝试——学案让学生编写。

那么，如何引导学生编写学案？教师首先给出"学案范例"，并采用"学案范例"进行教学，同时让学生掌握学案编写的格式，不同课型给出不同的"学案范例"，当学生适应"学案教学"后，开始放手让学生自己编写学案。让学生自己编写学案，教师必须提前一周给出课题及编写提示，正式上课之前 2～3 天将学生编写的学案收上来批阅，并张贴其中的"优秀学案"，促使学生主动修改自己的学案。授课时，教师应根据"课标"和"教学要求"充分行使自己的"控制权"，对学生普遍提出的问题给予"特别关照"，对学案中的不足给予补充完善，同时指导学生课后如何使用学案复习巩固所学知识。

【案例】

《水的电离　溶液的 pH 值》学案

［学习目标］水的离子积与 pH 值

［学习重点］水的电离和水的离子积；溶液的酸碱性与 C(H$^+$)、C(OH$^-$)和 pH 值的关系；有关 pH 的简单计算。

［学习过程］

一、水的电离与溶液的 pH 值

1.水的电离

$$H_2O \rightleftharpoons H^+ OH^- \qquad K_w = C(H^+) \cdot C(OH^-)$$

常温下纯水中:C(H$^+$)=C(OH$^-$)=_____;K_w=_____。

2.水的离子积常数

3.影响 K_w 大小的因素

4.溶液的 pH 值

(1)定义(2)意义(3)pH 适用范围

	C(H$^+$)、C(OH$^-$)的关系	C(H$^+$)的值	pH	C(H$^+$)·C(OH$^-$)
中性溶液				
酸性溶液				
碱性溶液				
判据适用条件	无条件的,任何温度、浓度均适用	是有条件的,适用温度为常温		

(4)溶液 pH 的测定方法

[联想质疑]

1.向 25℃时的纯水中分别加入盐酸、氢氧化钠、氯化铵、碳酸钠、金属钠或升温时,K_w、水的电离程度、C(H+)、C(OH−)、pH 变化情况分别如何?

2.相同温度下,PH 值相同的盐酸、醋酸和硫酸溶液中水的电离程度大小关系如何?

3.下列说法是否正确?

(1)pH=6 的溶液一定是酸溶液

(2)pH=7 溶液一定是中性溶液

(3)pH 越大,酸性越强

[重点难点]

1.影响水电离平衡的因素

(1)酸、碱(2)温度(3)易水解的盐(4)其他

2.关于 pH 值的计算类型及计算方法(实例略去)

(1)单一 pH 值的计算类型及计算方法(2)酸碱混合的 pH 值计算

[针对性训练](略)

[学后反思](学生完成)

"学案让学生编写"使学生能够通过编写、完善、使用学案,顺利走进教材,自主进行知识构建、发展思维。并最终走出教材,形成学习经

验,掌握学习方法,养成学习习惯,培养自学能力,提升学科素养。"学案让学生编写"符合因材施教的原则。每一名学生本身的知识结构基础、认知水平、学习态度、学习习惯等均存在差异,甚至原本存在两极分化现象,而学案让学生编写实现了学案的层次性、针对性,有利于不同的学生实现不同的发展。

"学案让学生编写"充分体现了学生是主体,自学、自练、自悟、自得为课堂教学主线。教师真正成为学生学习的组织者、引导者、帮助者、整个活动过程的调节者和局部障碍的排除者。整个课堂,任务交给学生,时间放给学生,方法告诉学生,过程让学生亲身经历,结论让学生自己得出,困难让学生设法攻克,规律让学生自己发现,精彩让学生充分展示,课堂呈现为一种开放、民主的状态,学生全员动了起来,课堂活了起来,效果好了起来。使学生的学习方式从"接受学习"彻底转变为"自主学习",让我们的新课程真正达到"'教'是为了'不教'"的境界。

2. 问题让学生发现

科学家爱因斯坦说:"我没有什么特殊的才能,不过喜欢寻根刨底地穷追问题罢了。"我国著名教育家陶行知先生也说过:"发明千千万万,起点是一问"。人的思维活动往往是在实践中因要解决问题而产生的。智慧就是体现在不断发现问题和解决问题之中,并在其中得到发展。怀疑是思考的动力,创新的前提。问题是思维活动的起点,也是探求真理、创造发明的起点。有了问题才能引起思维,才能进行探索,科学研究如此,学生学习、掌握知识也同样如此。学习,无疑是带着问题而来,带着问题而去的活动。爱因斯坦说得好:提出一个问题往往比解决一个问题更为重要。可见,启发学生发现疑点,揭示矛盾,提出问题,要比学生按教师的思路去解决难题更为可贵。通过引导学生发现问题,使学生明确自主学习目标,确定思维方式,并产生强烈的探究欲望,激发学生对新知识学习的积极性。让学生自觉地通过实验、查资料、讨论等方法去找到答案,在恰当的时候检查学生的研究情况,并提出自己的意见。通过这些形式,培养学生的探究性,提高学生自主学习能力。教育教学应以激发学生产生问题始,以产生新的问题终,从而培养学生的问题意识,怀疑精神和创新精神。因此,我们提倡:问题让学生发现。

3. 释疑让学生主讲

前苏联教育家沙塔洛夫指出："掌握知识的标志之一，是学生能用自己的语言将所学材料转述出来，并能找到适应的例子说明相应的原理"。可见教学的目标就在于："通过创设情景，善导问题，引导学生积极主动地在自主、合作、探究的学习过程中努力地发现问题，提出问题，探寻解决问题的途径和方法，获得终身学习所必备的基础知识和基本技能，学会学习并形成正确的价值观"。因此，我们认为问题不仅要让学生发现，也要让学生解答。对于学生能够发现的问题，应引导学生自己发现，对于学生能够解答的问题，应引导学生自己分析、解决，不要急于追问答案，更不要自问自答。如果在合理时间后学生还不能作答时，也要适当给出进一步的提示，耐心引导，直到学生能解答后，还应及时作出有效的评价或鼓励。

教师要转变教育教学观念，"学生对知识的掌握，是自己学会的，而不是教师教会的；学生能力的提高，是自己在实践逐步完成的，而不是老师手把手地教所完成的"。在新课程实施的课堂教学中，通过指导预习时依据课程标准和具体教学内容及要求，结合学生实际情况创设引领学生自主进入文本学习的引领性问题，引导学生在自主、合作、探究的学习过程中积极主动地发现、提出并互相探讨学习中自然生成的疑难性问题，设置应用知识强化能力的应用性问题，以及经过总结反思再进一步研究拓展、深化的新的探究性问题，将问题作为一根主线贯穿于教学全过程，指导学生在文本学习、掌握"双基"、知识应用、总结反思等学习进程中学会学习，在知识与技能、过程与方法、情感态度与价值观等方面达到全面发展。教师作为一个研究者，作为课堂教学的组织者、指导者、参与者，要以先进的教育思想为指导，注重指导学生"主动参与、乐于探究、勤于动手"，注重培养和提高学生的学习能力、创新精神和实践能力，从而实现师生"积极互动、共同发展"的新课改理念就得到了全面的贯彻和体现。

德国著名的教育学家第斯多惠曾说："教学的艺术不在传授本领，而在于激励、呼唤。"在高中化学探究教学过程中，教师的职责不在于传授给学生多少化学知识，教师要回归一个激励思考的引导者、交换意见的参与者、组织活动的协调者的角色。因此，我们提倡：释疑让学生主讲。

4.实验让学生设计

化学是一门以实验为基础的学科。加强实验教学是提高化学教学质量的重要一环。《普通高中化学课程标准》第5条特别强调:"通过以化学实验为主的多种探究活动,使学生体验科学探究的过程,激发学习化学的兴趣,强化科学探究的意识,促进学习方式的转变,培养学生的创新精神和实践能力。

化学实验有助于激发学生学习化学的兴趣,创设生动活泼的教学情景,帮助学生理解和掌握化学知识和技能,启迪学生的科学思维,训练学生的科学方法,培养学生的科学态度和价值观,对全面提高学生的科学素养有着极为重要的作用。但是,传统的"教师中心论"导致多数教师认为:教师是实验教学的组织者和管理者,管好了纪律,实验就成功了一半,因此教师在实验课前和实验课上不惜花费大量时间,设计本该让学生自己完成的实验步骤、顺序,使学生思维了受到局限,使学生成了教师教鞭下的"陀螺",从而束缚扼杀了学生的尝试欲望,这种"接受学习"使得学生服从意识有余,创新意识不足。显然要让实验为新课程服务,发挥培养学生自主学习的功能,我们的实验教学就得"变一变":变"演示实验"为"学生动手做实验"、变"验证性实验"为"探究性实验"、变"课内实验转变"为"课内外结合实验"。更重要的是变"实验由教师设计"为"实验让学生设计"。

【案例】

《强电解质和弱电解质》教学设计

1. 教学内容分析

《强电解质和弱电解质》是江苏版《化学反应原理》专题3溶液中的离子反应第一单元弱电解质的电离平衡第1课时。本单元共包括三个部分。第一部分"强电解质和弱电解质"起着承上启下的作用,该课题从生活中常见的酸、碱入手,通过醋酸和盐酸酸性比较的活动探究,让学生认识强电解质和弱电解质电离程度的差别,学习实验方案的设计思路和方法,并以此探究结果为依据,介绍强、弱电解质的概念;对学生学习第二部分"弱电解质的电离平衡"和第三部分"常见的弱电解质"奠定重要的基础。

2. 学生学习情况分析

本课时是在学生进行过中和热测量、原电池设计、溶液导电性、反应速率的测量、影响化学反应速率的因素(浓度、温度)等探究实验,知道电解质溶液导电的本质是自由移动离子的定向移动的基础上进行的,故引导学生探究"醋酸和盐酸的电离程度是否相同"是水到渠成的事。本课题有丰富的实验教学资源,教师在充分利用实验激发学生的学习兴趣、通过"实验探究"引导学生形成强电解质和弱电解质的概念同时,还要注意培养学生的观察能力、实验操作能力、分析推理能力,培养学生严谨求实的科学态度及探究意识。

3.设计思想

本案例采用"实验"、"对比"、"联想"的教学方式,以"提出问题————实验探究————分析、推理————得出结论"等环节组织教学活动,通过醋酸和盐酸电离能力比较的活动探究,让学生认识强电解质和弱电解质电离程度的差别,学习实验方案的设计思路和方法,并以此探究结果为依据,介绍强、弱电解质的概念。

4.教学目标

知识与技能

使学生了解强、弱电解质在水溶液中电离程度的差异及原因,了解强、弱电解质与物质结构的关系,掌握强电解质和弱电解质的概念以及它们的电离特点。

过程与方法

(1)通过实验方法和运用计算机软件,将微观与宏观有机地结合起来;应用比较的方法形成概念,培养学生由表及里地分析问题的能力。

(2)使学生通过强、弱电解质概念的学习,掌握学习概念性知识的常用方法:归纳法和演绎法。

情感、态度与价值观

(1)通过强弱电解质概念的建立,渗透"透过现象看本质"的辩证唯物主义的思想。

(2)让学生通过活动与探究,学习科学探究的一般方法,培养提出问题、探究问题和解决问题的能力,激发学生的学习兴趣和探究欲望,提高学生的合作与分享能力。

5.教学重点和难点

重点:醋酸和盐酸电离能力的比较与强、弱电解质概念的建立。

难点:探究实验方案的设计与实施。

6.教学过程设计

[学习情景创设]

图片一：潮湿的手触摸正在工作的电器,发生触电事故。

图片二：电解水制 H_2、O_2 时,向水中加入少量的 NaOH 或 H_2SO_4。

[联想质疑]

1.为什么潮湿的手触摸正在工作的电器,可能会发生触电事故?

2.为什么电解水制 H_2、O_2 时,需要向水中加入少量的 NaOH 或 H_2SO_4?

3.为何不选择氨水或醋酸代替 NaOH 或 H_2SO_4 呢?

4.盐酸和醋酸是生活常用的两种酸。前者常用于卫生洁具的清洁或去除水垢。我们知道后者的腐蚀性比前者小,比较安全,为什么不用醋酸代替盐酸?

[提出假设]

醋酸和盐酸的电离程度存在差异。

[实验探究]

将学生分成 7 个探究小组,让学生按自己课前预习时设计、教师批准的方案进行实验,并将实验现象和对实验现象的解释填入课本表 3-1 中。

[分析推理]

请各个探究小组派代表汇报所设计的实验、实验现象、对实验现象的解释及得出的结论。通过充分交流、讨论,做如下归纳:

	醋酸	盐酸	对实验现象的解释
测溶液(0.1 mol/L)的 pH	3	1	盐酸的 pH 小,说明同浓度时,盐酸中氢离子浓度大
与镁条的反应	较慢	较快	盐酸与镁反应速率快,说明同浓度时,盐酸中氢离子浓度大。
与 Al 片、Cu 片构成原电池	I 较小	I 较大	盐酸的构成的电池电流较大,说明同浓度时,盐酸中自由移动离子浓度大。
比较溶液的导电性	较弱	较强	盐酸的导电能力比较强,说明同浓度时,盐酸中自由移动离子浓度大。

[归纳小结]

1.盐酸完全电离,醋酸部分电离。

2.为了区分完全电离的电解质与不完全电离的电解质,化学上又把电解质分为强电解质和弱电解质(引出强电解质和弱电解质的概念)。

[联想质疑]

1. 能导电的物质都是电解质吗？

2. 不是电解质的物质就是非电解质吗？

3. 电解质一定就能导电吗？

4. 强电解质溶液的导电能力一定强于弱电解质吗？

[交流讨论]

下列物质中：(1)该条件下能导电的是_____;(2)属于强电解质的是_____,(3)属于弱电解质的是_____;(4)属于非电解质的是_____。

a.铜丝 b.金刚石 c.石墨 d.氯化钠 e.盐酸 f.蔗糖 g.二氧化碳 h.氧化钠 i.酒精 j.冰醋酸 k.亚硫酸 l.碳酸氢铵 m.氢氧化钙 n.氯气 o.硫酸钡 p.氨水

2. $CaCO_3$、$Fe(OH)_3$ 的溶解度都很小，$CaCO_3$ 属于强电解质，而 $Fe(OH)_3$ 属于弱电解质；CH_3COOH、HCl 的溶解度都很大，HCl 属于强电解质，而 CH_3COOH 属于弱电解质。电解质的强弱与其溶解性有没有关系？怎样区分强弱电解质？

[归纳小结]

强弱电解质的区分依据不是看该物质溶解度的大小,也不是看其水溶液导电能力的强弱,而是看其是否能完全电离。

[归纳整理]

列表比较强电解质和弱电解质：

	强电解质	弱电解质
定义	在水溶液里或熔融状态下全部电离的电解质。	在水溶液里只有一部分电离成离子的电解质。
电离程度	全部电离	部分电离
溶液中存在微粒	阴、阳水合离子(无电解质分子)	阴、阳水合离子、弱电解质分子
表示方法	电离方程式用等号	电离方程式用可逆符号
物质类别	强酸、强碱、大多数盐、活泼金属的氧化物等	弱酸、弱碱、水、两性氢氧化物

[课外作业]

1. 自主归纳常见的"电解质与非电解质"、"强电解质与弱电解质"。

2. 试写出下列物质的电离方程式：

①Na_2SO_4 ②CH_3COOH ③$Ca(OH)_2$ ④$NH_3 \cdot H_2O$ ⑤$NaHCO_3$

3. 设计实验证明：相同浓度的氢氧化钠溶液与氨水的电离程度不同。

[板书计划]

专题三 溶液中的离子反应

第一单元 弱电解质的电离平衡

§3.1.1 强电解质和弱电解质

一、证明电解质有强弱之分

二、强电解质与弱电解质的概念

三、比较强电解质与弱电解质

7. 附：学生设计的 8 种典型实验方案

[方案一]

测量物质的量浓度均为 0.1 mol L^{-1} 的醋酸和盐酸的 pH。

[方案二]

在两只锥形瓶中分别加入等体积(10 mL)、物质的量浓度均为 1 mol·L^{-1} 的醋酸和盐酸，在两个气球中分别加入经砂纸打磨过的长度相同的镁条(3 条、稍过量)，然后将气球套在锥形瓶口，同时将气球中的镁条送入锥形瓶中，观察、比较气球鼓起的快慢等现象。

[方案三]

在圆底烧瓶中放入经砂纸打磨过的长度相同的镁条(3 条、稍过量)，加入 10 mL 物质的量浓度为 1 mol·L^{-1} 的醋酸，用排水量气法测定一定时间内产生 H_2 的体积(或产生一定体积 H_2 的时间)。将醋酸改为盐酸重复实验，并将所得结果进行比较。

[方案四]

将连接导线和电流计(或 μA 表)的铝片和铜片平行插入 1 mol·L^{-1} 的醋酸中，观察电流计指针的偏转并记录其示数。将醋酸改为同物质的量浓度的盐酸重复实验，并将所得结果进行比较。(本方案用 μA 表效果最佳)

[方案五]

采用物质的量浓度均为 1 mol·L⁻¹ 的醋酸和盐酸进行导电性实验,比较灯泡的亮度或二极管的亮度或电流计指针偏转的幅度。(本方案采用 6V 的学生电源,灯泡不亮,用二极管最佳)

[方案六]

用量热计测的盐酸(50 mL 0.5 mol·L⁻¹)和氢氧化钠溶液反应的反应热(50 mL 0.5 mol·L⁻¹)。将盐酸改为同物质的量浓度的醋酸重复实验,并将所得结果进行比较。(本方案耗时长,现象不明显,未被采纳)

[方案七]

在两只锥形瓶中分别加入等体积(20 mL)、物质的量浓度均为 0.5mol·L⁻¹ 的醋酸和盐酸,在两个气球中各放 2.0g 碳酸氢钠粉末,然后将气球套在锥形瓶口,同时将气球中的碳酸氢钠粉末送入锥形瓶中,观察、比较气球鼓起的快慢等现象。(本方案气球鼓起的速率太快,现象无明显区别,未被采纳)

[方案八]

在圆底烧瓶中放入 2.0 g 形状、密度完全相同的石灰石,加入 50 mL 物质的量浓度为 1 mol·L⁻¹ 的醋酸,用排水量气法测定一定时间内产生 CO_2 的体积(或产生一定体积 CO_2 的时间),将醋酸改为盐酸重复实验,并将所得结果进行比较。(本方案难于做到石灰石的形状、密度完全相同且速率太慢,未被采纳)

8. 教学反思

我在本节课的设计及教学中均努力遵循新课标的要求,以引导探究为主旋律开展教与学的活动,具有如下亮点:

①从生活走进化学。从日常生活"潮湿的手触摸正在工作的电器,发生触电事故"、"生活常用的两种酸盐酸和醋酸"制造悬疑,引起学生的好奇、困惑和矛盾,从而激发学生的探索热情,形成探究问题的情境,促使学生热情高涨地参与到学习中来,让学生体会到我们的生活处处蕴涵着化学知识。

②用实验引导探究。课前安排学生自主设计实验,并充分交流,最后在教材的基础上又增加了多个探究实验,充分发挥实验在激发学生的学习兴趣、提高学生的合作与分享能力及培养学生的探究能力与动手能力中的作用。

③变"教教材"为"用教材"。注重体现新课程理念,没有照本宣科地教教材,而是在充分分析学生的认知水平与认知特点的基础上进行设计,使学生学得更主动。如将"探究相同浓度的氢氧化钠溶液与氨水电离程度的不同"设计成课后的再探究,使学生的学习得到了合理的延伸。

④更新教与学的方式。无论是课堂上的[交流讨论]、[合作探究]、[观察思考]、[联想质疑]、[问题解决],还是课前课后的[自主探究],本节为学生预设的学习方式都是新课标提倡的自主学习、合作学习和探究学习。

⑤合理借助计算机为辅助,扩充教学容量,拓展学生的视野,加深学生对知识的理解,提高教学效率。

"实验让学生设计"要求教师从"权威"、"主宰"的神坛走下来,从促进学生科学素养的全面发展的角度重新审视自己的行为,找到自己的位置。要求教师在实验教学中要努力营造民主、宽松、和谐的课堂气氛,放手让学生参与,认真听取学生的分析、建议,鼓励学生大胆发表自己的意见,以唤醒学生的主体意识,激发和发挥学生的主动性和创造性。"实验让学生设计"促进了师生之间、生与生之间的讨论与交流,真正把教师由实验教学的管理者、监督者变成实验的引导者和参与者、促进者,教师要不断提供信息、点拨方法,帮助学生解决实验中疑难或疏漏之处,始终起着指导、促进的作用。让学生成为实验的主人,学生能自主完成的,教师决不越俎代庖,对学生的不同见解、不同实验方案,只要能达到实验目的,都应该给予充分鼓励和肯定,即使是错误的,也要帮助其分析错误原因,以免挫伤学生的主动性。

"实验让学生设计"不仅有助于引导学生变"接受学习"为"自主学习",也让学生在设计实验和动手做实验的过程中受到科学过程和科学方法的训练,从而养成科学的态度、科学的情感和科学的价值观。

5.结论让学生总结

在传统的教学中,教师总是不厌其烦的讲解、强调,或多或少地将学生置于被动听讲的课堂环境中。这种长期的灌输式学习将使学生变得内向、被动、缺少自信、恭顺……这自然也就窒息了人的创造性。学习方式的改善是以教师教学行为的变化为前提的,因而教师教学行为和思想观念的变化以及学生学习方式的改善是新课程改革的主要目的。记得一本美国的教科书中有这样的一句名言："You hear, you forget; You see, you remember; you do, you learn."翻译成中文就是："你听，你忘记；你看，你记住；你做，你学会"。总的意思就是教育家们所倡导的"做中学"，在学习中探究的乐趣和收获只有学习者自己知道。我们应当引导每一位学生大胆尝试，充分相信学生，尽可能让学生自己动手实践，让学生主动地获取知识，让学生体味到学习的快乐和在学习中探究的快乐。因此课堂上教师不要急于小结，而是放给学生总结，得出结论，这样做让学生很有成就感，似乎整个世界的真理都是他们发现的，越学越能找到感觉；教师不要过度指导，而要留给学生充分思考和学习的空间，让学生做决定，真正的做自己学习的主人，这样才能使学生的学习能力不断得到提高。我们提倡：结论让学生总结。

实施新课程，教师角色的转变是刻不容缓的，教师应该由居高临下的"权威"转化为教与学平等中的"首席"，由"传授者"、"讲演者"、"永远正确的指导者"，转变为"组织者"、"合作者"、"引导者"、"参与者"、"鉴赏者"；教学活动应坚决抛弃填鸭式、满堂灌，变"教"师为"导"师，变"教"课为"导"课，问题让学生发现、学案让学生编写、实验让学生设计、释疑让学生主讲、结论让学生总结，让学生走到前台，让学生去体验去感悟。

二、新课程学习方式之二——以学生发展为本的合作学习

合作学习(cooperative learning)是 20 世纪 70 年代初兴起于美国，并在 70 年代中期至 80 年代中期取得实质性进展的一种富有创意的教学理论与策略体系。由于它在改善课堂内的社会心理气氛、大面积提高学生的学业成绩、促进学生形成良好的非认知心理品质等方面实效显著，很快引起了世界各国的关注，被人们誉为是近十几年来最重要和最成功的教学改革，成为当代主流教学的理论与策略之一。

2001 年，国务院颁发的《关于基础教育改革与发展的决定》中专门提及合作学习，指出："鼓励合作学习，促进学生之间的相互交流、共同发展，促进师生教学相长。"新一轮国家基础教育课程改革的重点之一是促进学生学习方式的变革，而自主学习、探究学习、合作学习是新课程所大力倡导的三种主要学习方式。合作学习是指学生在小组或团队中为了完成共同的任务，有明确的责任分工的互助性学习。本章节

将以合作学习的内涵和基本要素为切入点,分析它作为一种有效学习的策略应用于化学教学应注意的几个问题,以提高学生合作学习效果。

首先,精心设计讨论问题是合作学习的基础。任务设计是合作学习的基本要素之一,任务设计的方式在很大程度上决定着合作学习的效果。合作学习总是围绕某些问题来进行的,学生要学习和掌握的内容通常是以讨论问题的形式出现的,因而精心设计讨论问题是任务设计的重要内容,也是合作学习取得成功的基础。一般地,教师设计讨论问题时应遵循以下三个原则。

1.适度性原则

讨论问题应当具有一定的难度和挑战性,一般学生通过自主学习无法完成或无法较好地完成,而合作学习小组通过相互配合、相互帮助、相互讨论、相互交流能够完成或更好地完成。问题不能太难,不能超出学生的能力范围。但也不能过于简单,过于简单学生不假思索就能解决,会使合作学习流于形式。

2.阶梯性原则

教师在设置化学讨论题时,要尽可能多角度设问,设问要由易到难,由浅入深,由表及里,环环相扣,具有阶梯性,不断拓宽学生的思维广度和深度,同时也要考虑到满足异质小组内不同水平学生的需要,充分发挥互助合作的功能。

3.开放性原则

在小组合作学习前,教师要深入研究教材,明确所要体现的新理念;还要吃透学生,精心设计既有联系性又有开放性的化学问题,让学生在自主学习基础上产生合作学习愿望,把学生的自主学习引向深入。此外,问题设计要围绕教学重点,有利于突破教学难点,问题数量要适度,各问题之间要有一定的逻辑性,要充分发挥现代教育技术在设计问题中的作用。

第二,把握合作学习时机是合作学习的前提。合作学习具有其他学习方式无法替代的优势,但不可滥用。教师应当根据化学教学的具体内容和学生实际,把握好合作学习的最佳时机,只有这样,才能充分发挥它的功能,促进学生有效地合作学习。例如,当一定数量的学生在学习上遇到疑难问题,而通过个人努力无法解决的时候。此时,由于各学习小组有"组内异质,组间同质"的特点,会产生"整体大于部分之和"的力量，即"1+1＞2"的效果。所谓"组内异质，组间同质"就是指将不同能力、性别、个性和智力特征的学生分为一组，形成一个异质的学习团体，有的口头表达能力强，有的观察能力强，有的思维比较深刻。由于各成员表现出不同的智力优势，对同一主题会用不同的方式学习，最后得出的结果必定会侧重于各个不同角度，并带个人色彩。通过欣赏他人的思维方式和学习方式，可以使小组成员互相取长补短、共同提高。又如，当学生的意见出现较大分歧，需要共同探讨的时候。以一个实验为例，向滴有酚酞的稀 $NaOH$ 溶液中通入 SO_2 气体，红色褪去。有的学生认为是 SO_2 具有漂白性，与红色的酚酞作用，使其褪色，原理与 SO_2 使品红溶液褪色相同。另一部分学生认为 SO_2 是酸性氧化物，能与碱反应生成盐和水，碱消耗掉了，所以红色褪去。双方争论热烈，教师没有简单地下结论，而是抓住有利时机，安排合作学习。在人员分配上，持相同观点的人分在同一小组，这样就形成了像辩论赛中的正方和反方，要求各组设计方案证明本组的观点是合理的，然后根据自己的方案进行实验，揭示褪色的本质。

在很多情况下，学生思路相左的状况并不多见，较普遍的是学生的思路不开阔，需要相互启发。例如，选修模块《化学反应原理》盐类水解的教学，教材上给出的盐类水解的定义是"在溶液中盐电离出来的离子和水电离出来的 H^+ 或 OH^- 结合生成弱电解质的反应"。笔者认为可对此知识点挖掘拓宽，培养学生思维能力。课上先通过介绍醋酸钠溶液显碱性、氯化铵溶液显酸性引出水解的定义，然后又和学生一起分析了有关碳酸钠溶液的水解，碳酸钠的水解以第一步为主，生成碳酸氢钠和氢氧化钠，第二步水解程度很小，生成碳酸和氢氧化钠。然后追问学生，大家是否觉得书上给出的盐类水解的定义有漏洞，碳酸钠的第一步水解有没有弱电解质生成呢？学生发现没有，顺着这条线索，再次向学生发问，那么，如何修正才能让盐类水解的定义更加完善呢？学生经过讨论后得出结论："在溶液中盐电离出来的离子和水电离出来的 H^+ 或 OH^- 结合形成难电离的离子或者弱电解质的反应"。这样，学生对于盐类水解的概念就有了更深刻的理解，同时也拓宽了学生的思维领域，用一种质疑的态度对待知识意味着他不是被动接受，而是通过主动分析、理解、领会后才接受的。后来，当书上讲到强碱和弱酸形成的盐溶液水解显碱性、强酸和弱碱形成的盐溶液水解显酸性、强酸和强碱中和所形成的盐溶液显中性，学生开始提出质疑，是否所有的强碱和弱酸形成的盐溶液都显碱性;强酸和弱碱形成的盐溶液都显酸性;强酸和强碱中和所形成的盐溶液是否一定显中性? 还有,弱酸和弱碱形成的盐溶液到底显什么性呢? 学生能这样进行质疑,说明其思路开阔了,他们学会思考了。通过相互讨论、启发,一致认为那不是绝对的,比如 $NaHCO_3$ 溶液显碱性,而 $NaHSO_3$,NaH_2PO_4 虽然也属于强碱和弱酸形成的盐,但是它们的溶液却显弱酸性;$NaHSO_4$ 属于强酸和强碱形成的盐,但是却显酸性,弱酸和弱碱形成的盐溶液的酸碱性与形成盐的酸和碱的强弱有关。所以,应该这样理解:由强碱和弱酸形成的正盐的水溶液一定显酸性,强酸和强碱形成的正盐溶液一定显中性。学生通过质疑——分析——思考后对课本上的说法都进行了补充和完善,思维能力也得到了提高。又如,化学计算教学中,可由学习小组分别汇报不同解法,相互启发,拓宽解题思路,实现一题多解,培养发散思维。

最后一种情况就是当学习任务较多,需要学生进行分工协作。例如,必修1"走进化学科学"这节课内容多,教材简单概括了古代化学、生命科学、材料科学、能源、化学基础理论研究、环境科学等方面取得的成就及发展趋势,体现了化学是一门中心学科,是人类进步的关键这个论点。课前将学生分组,每个小组轮到一个问题,这些讨论题分别围绕下列内容之一展开:①我国古代化学成就;②化学基础理论研究现状;③生命科学成就及研究现状;④材料科学成就;⑤能源现状及发展趋势;⑥环境污染现状及化学对策等。教师要求各小组通过课外阅读教材、教参及其他科普读物和上网找资料等途径完成问题,课上各小组推荐一人上台演讲,时间不超过 5min,有的小组把演讲稿做成多媒体课件,让全班学生共同享受本组的学习成果。最后,教师根据学生演讲情况补充完善,总结提高。通过小组合作学习,真正体现了"1+1>2"的效果。

在进行合作学习的时候也需要注意一些问题。合作学习主要是通过小组活动的形式开展的。关于如何分组的问题,美国合作学习专家尼尔·戴维森曾提出过明确的要求:"学习能力不同的学生混合编组。"他强调指出这种异质(不单单指学习能力不同)组合是合作学习小组构成的原则。有关专家说,这种异质分组,便于互动、互补、互助、互学、互促、共享,宜于培养合作能力和团队精神。我国倡导开展合作学习才是近几年的事,由于人们对此认识不足,加之大班额、"秧田"式排座等原因,使绝大多数的课堂上所谓分组,只不过是相邻座位上的同学转转身,面对面地合成一堆学习或开个临时"碰头会"而已。要开展真正意义上的合作学习,首先就要解决分组的问题。要做到异质分组,就要从便于异质分组的角度去安排学生的座位。也就是说,让学习能力、成绩等方面不同的学生座位靠近一些,以便分组合作。为让每位学生能有机会与更多不同质的同学合作,就要做到有计划地隔一段时间调换一下座位。在开展合作学习的初期,小组成员不宜过多,2至4人为宜;合作学习"上道"以后,每小组人员可增到6至8人。多于6人的小组就要有一位比较有才干的领导者,小组成员要有明确的分工。

人员组成与分工明确之后,就是关于怎样合作的问题了。怎样开展合作学习,决不像有些人理解的那样简单:让几个学生聚在一起,围绕问题讨论讨论,得出答案就行了。目前,国内外的专家已经把合作学习的本质定位为一种学习方式,又是一种学习策略、过程、内容和目标。这就是说,通过合作学习,不但要完成一定的教学任务,还要让学生获得合作的体验和能力,学会合作,学会人际交往,培养集体荣誉感、团队精神和竞争意识……无怪外国专家把它称之为适应现代和未来新技术发展需要的"五大学习策略"之一。这就要求教师在课堂教学中安排和开展合作学习这一活动时,不能也不应简单草率行事,要认认真真地设计和调控好这一环节,在活动中力争体现出上述多种功能。开展合作学习,有一个技能的问题必须解决。对于每个参与合作的主体而言,必须学会倾听、提问、述说、交流、操作、辅导、评价等项技能,否则,他们靠什么去参与合作!那么,学生怎样才能掌握这些技能呢? 途径有二:一是靠教师指导、训练;二是在实践中学习。作为教师,要做好示范,并对学生不断地进行训练,在训练中不断地进行指导,使学生通过模仿和实践逐渐形成合作技能。开展合作学习,还有一个分配角色、分配任务、均衡参与机会的问题。小组成员的分工要明确。要明确所分担的任务。在合作学习中,每个成员的参与机会必须均等。一个或少数学生垄断说话机会,将产生主体作用的不均等,我们在看课时常发现这种"话霸"现象,这就是合作中的一个技术故障。在活动中必须坚持共同参与、"共同致富"的原则,这种合作才是有价值的。在小组合作学习中,学生主体参与的角色应当是多变的,他们或是组织者,或是讲话者,或是听众,或是操作者等。为了各自角色利益,角色必须经常转换。角色互换不及时,"听众"永远是听众,没有发言机会,他们就会失去兴趣。为了克服小组成员出现的消极情绪,避免冷场现象的出现,除了教者适时引导或调控外,还要常常强化小组成员的贡献意识。怎样开展合作学习,还需要提及的问题是,每次开展合作学习,必须明确统一的学习目标。也就是说,干什么、讨论什么问题、完成什么任务,必须事先明确,事先统一。如果做不到这点,这样的合作学习效率之低和意义之小是可以想象的。在合作学习中,教师也要融入合作学习之中去,做好学生的合作伙伴,做好顾问,当好参谋,特别要做好"平等中的首席"。在合作学习中,教师的重点工作是精心设计,从目标设置、任务选择、策略匹配、学生情况分析、教学过程展开与评价等全程进行把握。

最后需要注意的就是采用合作学习的场合。当前,在课堂教学中确实存在滥用合作、过频使用合作学习的现象。究其原因,主要是有些教师不太清楚该在什么情况下采用合作学习方式。那么,究竟在什么情况下选用合作学习为宜呢?对此,国内外已有研究。有的认为,合作学习适宜于较为复杂或较高层次的认知学习任务,适宜于绝大多数的情感、态度、价值观的学习任务。至于所讨论的内容(或完成的学习任务)属于识记层次的"是什么",就别去浪费学生宝贵的课堂时间了。具体地说,具有如下的情况,就可以考虑采用合作学习的方式:

1.有了难题,单靠个体的能力难以解决的;

2.要研讨的问题很重要,有一定价值的;

3.要研讨的问题,已经有了思想准备并有交流或求助的需求的;

4.教学任务是强调交流沟通,彼此关爱理解,共同分享、鉴赏的;

5.需要经过争辩、讨论、质疑,需要交换意见的;

6.要求学生充分展示、表现的。

合作学习是一种很好的学习方式,但它不是万能的,它自身也存在一定的局限性,如它很难顾及学生的个性化学习。因此,我们应根据具体教学任务,注意各种学习方式和教学策略的匹配与互补,科学而有效地上好每一课。

三、新课程学习方式之三——以学生创新精神的培养为重点的探究学习

所谓探究性学习(inquiry learning)是指在教师的指导下,创设一种类似于科学研究的情境,首先通过学生自主、独立地发现问题,然后学生进行调查、实验、搜集与处理信息、表达与交流等探索活动,最后求得问题的解决。它是一种从学科领域或现实社会中选择和确定主题,通过学生自主、独立地发现问题,获得知识、技能的学习方式。它要求教师不是把现成结论告诉学生,而是让学生自主发现问题、探究问题、获得结论,并在探究过程中锻炼学生的创新能力。由于探究性学习模式具有对特定的问题进行多层次、多角度探讨和研究的特点,被认为是一种先进的教学方式和教学观念。

长期以来,我国的教育模式就是三个字"接受式",课本里、写的是"金科玉律",唯课堂上老师讲的是"真理",学生只要全盘接受下来,死记硬背就算完成了学习任务。至于检查方法,那就是大大小小的考试,加上高等教育资源紧缺,考试定终生,使得这种"应试教育"突显它的实用性。结果是培养出来的学生"高分低能"现象普遍存在,除了课本中学到的知识以外,缺乏自我思想、个性和特长,更缺乏自主创新精神和实践的能力。当今社会强调"以人为本",强调科学发展观,为使学生能顺利走向社会,学生学习方式的变革至关重要。教育必须以学生成长为本,学生通过学习掌握生存的知识和技能,遵从生活的规律与规范,探索生命的价值和意义,使学生能独立面对世界,和谐与人相处,有尊严地立于天地之间。因此,我们应该也必须倡导新的学习方式,即以探究性学习为突破口的学习方式。

作为中学化学教师,首先关心和思考的当然是如何在中学化学教学中实践自主学习、合作学习与探究学习的学习方式。依据《中学化学课程标准》对教学的要求,贯彻全面发展的方针,提高学生的科学素养,加强化学课程内容与学生生活经验和实际的联系,充分关注和培养学生的学习兴趣,发展学生的个性和特长,培养他们的创新精神和实践能力。化学实验是认识活动的"催化剂",通过声、光、色、态等的变化将学生的情感引入教学过程,使学生的学习过程成为一种融知、情为一体的活动过程,易于学生接受。这种教学的过程集学生的好奇、兴趣于一体,学生的身心处最佳状态,教学内容能够用多种形式来呈现,学生能自由参与探索和创新,能够学以致用,使学习效果达到最佳。也就是通过引入"实验性引探参与型"化学教学模式,来实现学生的自主学习、合作学习与探究学习,从而使化学教改真正达到课程标准所要求的具体目标。笔者认为,要想实现这些目标,应该做到以下几个方面：

首要问题是更新教育观念，挖掘探究潜力。培养学生的探究能力，要冲破传统教学理念，采用探究教学模式。教学中教师只是引导者，根据所需探讨内容的特点，选用不同的教学方法，找准学生的兴奋点、盲点、迷惑点，适时地给以启发和点拨，让学生有序思维，使知识沿着由浅入深、由易到难、深入浅出的轨迹融入学生的知识体系中。在探究学习或活动中，教师不仅应当起到组织者和指导者的作用，而且应当以师生完全平等的心态积极参与。其次，培养学生的探究能力，要在有限的课时内对原来按传统教学设定的内容进行开放式研究，难免对教学任务的完成构成冲突。我们可以采用课前布置查找资料的方法，开发课外学习资源如计算机网络、图书资料、环保信息、实验研究等，引导学生发现问题、探究解决问题的方法。此外，发展学生的探究能力，充分体现学生的主体参与意识。只有深入了解每个学生的知识结构、思维特点，使探究的内容与学生的知识基础和能力相当，并充分考虑到学生在探究中可能出现的各种情况，才能很好地驾驭课堂，对学生的探究方法做出恰当的指导。

第二是创设情景，激发和引导学生探究学习。为了给学生创造一种愉快、轻松的学习氛围，激发学生的主动学习，创设探究学习情景是非常重要的。创设情景主要可以通过下列几个方面。首先是在化学教学过程中，挖掘教材蕴涵的探究因素，创设探究学习情景。如初中化学课程中"利用化学方程式的简单计算"枯燥乏味，而将计算与社会生活联系起来又是化学计算的落脚点。本节课可以这样引入：介绍氧气在生产、生活中的应用，渗透热爱自然、热爱祖国的情感。同时，提出设问"你知道氧气是用什么方法制得的吗？"让学生猜想、回答……这时引入问题"如果用加热高锰酸钾的方法，制取 6 克或 3 克的氧气需要多少克高锰酸钾？怎样用化学的方法计算出来呢？"引导学生分组实验，探究问题。在此基础上，教师再介绍有关化学方程式的计算，使学生明白了化学方程式计算的真正含义，并使学生获得化学知识和技能的过程，真正成为理解化学、进行科学探究、联系社会生活和形成科学价值观的过程。其次是可以通过设问创设问题情境，引导探究。学生在学习化学知识的过程中，往往会提出与化学内容相关的疑问，教师要善于鼓励学生发现问题、提出问题，而探究性学习通常围绕一个需要解决的实际问题展开。因此教师要帮助学生收集、整理提出的问题,并从中筛选确立探究课题,设计解决问题的方案,收集和分析资料,调查研究,实验操作并得出结论。在讲"水的净化"时,用三种水即天然的河水、自来水和纯净水设问:我们怎样将河水转变成自来水,再把自来水转变成为纯净水呢? 通过创设问题情境,激发起学生的兴趣,引导学生进行实验探究,了解静置、吸附、过滤、蒸馏的净水步骤。开展探究式教学最主要的做法是引入化学实验。实验研究同科学研究一样都始于问题提出,提出问题是前提,通过假设、质疑、反思来创设问题情景,激发学生的思维。在实验探究过程中,学生有比较充分的思考时间和空间,可以自主地观察、提问、判断、分析和解决问题。另外,通过现实生活也可以创设探究学习情景。在化学与生活实际相结合中,化学在人类生活中起到越来越重要的作用,人们的衣、食、住、行无不与化学密切相关。因此在我们的生活实际中选择确立研究课题,既能激发学生学习的兴趣,更能培养他们乐于探究、勤于动手、努力求知的积极态度,而且其中的课题素材也较为丰富。例如:农村饮用水的水质分析;农村使用化肥种类、有效成分测定、化肥使用对土壤影响的调查报告;废电池处理现状及改革方案研究;无磷洗衣粉使用情况分析;亚硝酸钠与食盐的简易鉴别方法的研究等等。最后就是借助教科书、报纸杂志、网络等资源,创设问题,引导探究。鉴定人民币的硬币一元、伍角、一角是由什么金属材料做成的,这些金属材料应该具备哪些性质。学生会主动查阅教科书中的图表,观看硬币的颜色,同时,教师引导学生查阅报刊、网络,让学生了解到新知识不仅可以来自课堂上教师的讲解,还可以通过许多其他途径进行探究而获得。

在进行探究式教学过程中同样需要注意一些问题,这种明显区别于传统教学模式的教学方法对教师各个方面都提出了比较高的要求。它首先要求教师要调整自己的角色和与学生的关系,走下讲台到学生中去,尊重他们的想法,与学生平等合作。为他们创造轻松自由的活动空间,引导他们对化学问题产生兴趣,进而去探讨、观察、思考,从实践中获得知识,取得很好的学习效果。必须抛弃以往满堂灌、填鸭式,教师表演,学生观看的传统教学模式运用新方法,新技术,激发学生的学习热情,调动学习积极性取得良好的课堂效果。第二、教师应努力学习,丰富更新自己的知识结构。在探究学习中教师面对的问题很多,不能只靠本门学科,教师在知识方面的要求是多学科的,这需要不断学习提高,更新自己的知识结构和运用多媒体能力。面对新的挑战,教师必须努力学习拓宽知识视野,才能更好地创设情境,调动积极性,促进学生自己去获取知识,发展能力,有效地实施探究性学习。第三、教师必须提高组织课堂教学的能力,探究学习需要开放的课堂,教师必须精心设计教学过程的各环节。如创设情境、提出的问题,方案的设计,注意事项,实验仪器、药品的投放方式,探究小组的分工配合,时间分配,对学生提问和指导的时机和方式等,以保证学生的学习活动有序地进行,达到预期的目标。

那么必须强调的是教师必须调整自己的角色。探究性学习中教师与学生的关系是平等的。教师是学生的朋友,伙伴。教师所做的工作主要体现为确立教学目标,创设情景,引导学生开展活动,对学生自主活动给以必要的支持和帮助。参与学生的观察,分析,讨论,交流等一系列活动,鼓励学生大胆提出自己的看法观点,提出假设,使学生敢想敢做,从而富有了创新精神和实践能力。教师应成为学生学习的组织者、合作丰富课堂教学组织形式,加强课堂练习活动,积极开展探究性学习教学。教师应放弃以传授知识为主体的教学方式,把自己从教师为中心的模式中解脱出来,创设以学生为中心的学习模式,充分运用多种教学活动方式组织教学,调动学生学习积极性,发挥学生的创造性劳动,让他们自主自觉地投入到学习中去,发现问题、探求知识。具体的实施手法包括:

1.组建学习小组。可以按照教学的实际需要,把每个班的学生分成几个学习小组,一般一人为宜。在课堂教学中以学习小组开展探究学习。由各小组协商提出问题,作出假设,设计方案,进行探究,得出结论。

2.角色扮演。在教学中,让学生扮演某些角色去考虑问题并采取行动。如让他们深入家庭、社会调查有关问题,如环境污染,化学与生活等,丰富他们的知识视野,拓宽了知识面,又能够培养学生对环境的关注,对社会的责任和情感。

3.讨论学习。在课堂教学中,教师设置情景,提出问题,让学生讨论发表自己的见解,然后进行探究,得出结论。如在"质量守恒定律"的教学中,反应前后各物质的总质量是怎样的呢? 相等,减少还是增加由各小组讨论,说出他们的见解。然后组织各小组进行探究,按照不同的问题,设计不同的实验,让他们亲手操作,细心观察,记录数据,分析比较,验证了假设得出了结论,就能把乏味的讲解代之以亲身体验,乐在学中。

教师的教学过程是一个再造和创新的过程,不仅要立足于"教"(选择教学策略,研究教法),更要立足于"学"(研究教学对象,指导学法);既要针对学生的知识储备学能水平,把握教学内容的深广度,又要联系生产生活实际,开发和拓展课程资源;努力培养和提升学生的问题意识,及时捕捉课堂和学生中的问题和信息,围绕教学任务强化问题的自然生成与动态生成。因此,新课程下的教师更应该关注自身专业素质和教学技能的提升,由"教"师向"导"师转变,由"主宰"向"导演"转化,由重"教"向重"学"转化,由"单一(传授式教学方式)"向"多元(三维课程目标、多元教学方式和多元评价方式)"转化。

在本章最后需要着重指出的是,"兴趣是最好的老师"。任何教学方式的实施与学习方式的培养都必须与学生参与的热情密不可分。而如何有效调动起学生参与的积极性,激发出学习的热情,这在很大程度上是一个系统过程。能否有效实现教育教学的成功,需要各个方面对提振学生学习兴趣的共同努力。"教学有法,教无定法";"没有最好,只有更好";这就需要诸位同仁们开拓思维,积极实践,八仙过海,各显神通了。

第二节　用教材教与新教材

高中课程改革使课程设置、教材使用等诸多方面发生了很大变化,这给教师提供了很大的创造空间,但同时也要求教师转变教学观念、教学方式。以高中化学课程标准(简称课标)为指导编写的各种版本的高中化学教科书正在不断推出。目前被审查通过的新版高中化学教材有3种,分别由人民教育出版社出版(宋心琦主编,简称人教版);江苏教育出版社出版(王祖浩主编,简称苏教版);山东科学技术出版社出版(王磊主编,简称山东科技版)。三种化学新教材(化学1、化学2)在编写上都依据基础教育课程改革纲要和高中化学课程标准,着眼于提高全体学生的科学素养和终身学习能力,较好地体现了教材的基础性、时代性。整体设置教材的课程结构,努力构建知识与技能、过程与方法、情感态度与价值观的课程目标体系,注重创设自主性、探究性学习环境,重视反映化学、技术与社会的相互联系,在具体的编写体系上三种版本教材各有侧重,有各自鲜明的特色和编写方式。面对教材分为必修、选修模块的变化,师生都需要一个适应期,尤其是习惯了旧教材的教师们。如何才能使用好新教材呢?

一、不唯书是从,转变教材观

在传统的教学中,受很多因素的影响和制约,教师往往过分依赖教材,把它当成唯一的教学依据,不敢越雷池半步,在规定的时间内教完教科书,就算完成了教学任务,以学生的考试成绩作为任务完成的标志和评价师生的依据;教学很大程度上就是教师教教材、学生学教材,以致形成了教师离开了教科书不知教什么、离开了教学参考书不知怎样上课、离开了练习册和习题不知怎样检测的局面。

叶圣陶曾经说过"教材只能作为授课的依据,要教得好,使学生受到实益,还得靠教师的善于应用。"教材不是供传授的经典,不是供掌握的目的,不是供记忆的知识仓库,而是供教学使用的材料。面对新课程标准,教师和学生不是"材料员"而是"建筑师",他们是材料的主人,更是新材料和新教学智慧创生的主体(语出南师大课程与教学专家杨启亮教授)。新课程强调教师是"课程",教师是"教材",倡导教师依照自己的专业理念对教材进行创造性处理。教师要增强课程意识,以教材为平台和依据,遵照新课程标准的精神,充分地挖掘、开发和利用各种课程资源。我们在解读教材和教学设计的过程中要始终坚持一个原则:"用教材,而不是教教材。"我们可以融入自己的科学精神和智慧,从学生的原有知识基础出发,从新旧知识的联系出发,从时间安排的需要出发,对教材内容进行重组和整合,对教材进行深加工,在此"校本化"、"生本化"的教材处理的基础上,我们才能设计出活生生的、丰富多彩而又真正适合我们的学生的课来。

转变教材观念即改变"教教材"的传统观念,而应是认真钻研教材,科学地运用教材,即"用教材教",这是进行教学改革的前提,是提高课堂教学质量的关键。"教教材"很明确是以教材为中心,教材怎么说,教学就怎么讲,是对教材负责,是以教材为唯一的标尺,依据的是相对固定的结论,"教教材"的教学过程是静态过程,完成教材规定的任务就算完事了。因此是比较狭隘的,而"用教材教"就不同了!教材在这里是范本,教师不光是要解释教材,还用教材作"诱饵"去钓起学生思考之"鱼"。同时,以教材为圆心,可以在教学内容和教学形式上向外延伸,不止于教材,不局限于教材。"用教材教"是一个动态的延伸的过程。"教教材"考虑的出发点是传授,是强调如何把书本知识传递给学生,是以知识为本位的,看重教师传授的到位与否与教学技巧。而"用教材教"立足点放在学习对象身上,注重教学行为学习行为的同步相谐,注重知识传授中的能力培养。比如,就以"$NH_3 + H_2O + CO_2 + NaCl \rightarrow$?"这样一个简单的反应式为例,"教教材"的老师就只是简单地告诉学生"$NH_3 + H_2O + CO_2 + NaCl = NH_4Cl + NaHCO_3 \downarrow$"这个结果。"用教材教"的老师,他决不会只盯着这个知识结果去教,更重要的是要让学生在知道这个结果的过程中了解化学史、培养爱国主义精神、陶冶情操、开发智力、提高能力,充分地开发教材中知识以外的潜能。新一轮课程改革,特别强调知识与技能、过程与方法、情感态度与价值观三维目标的整合,这也正是"用教材教"培养学生各种综合能力的要求。

但目前,也存在着走另一个极端的情况,一些教师过于轻视教材,尤其是在当前多种教材并存的情况下,认为教材不过是一种教学思路和示范,于是在教学中随意脱离教材或改编教材,这种做法造成的危害可能更大。我们应该认识到,"创造性地使用教材"不是说我们可以随意舍弃教材,完全脱离教材,过多补充内容,天马行空,课程可以开放,可以拓展延伸,但我们还是应该尊重教材,虽然没有一套教材是十全十美的,但是凡是一套成形的教材,都是由大量的教育专家、教师经过总结思考、仔细推敲,根据课程标准编写的,那是他们智慧的结晶,融合了先进的教育教学理念,是实现课程目标的主要载体。

所以,我们还是应该在充分把握教材编写意图的基础上,根据学生的实际,找准教材与课程目标、学生发展的结合点。创造性地使用教材,进行教学设计,既符合教材编写意图,又不拘泥于教。总之,教学中教师既要尊重新教材,根据教学实际情况充分挖掘新教材所蕴涵的教育因素,有效、合理地使用好新教材,又不能拘泥于教材,要充分发挥教师的主观能动性,灵活地、创造性地使用好新教材,实现新教材的再创造与二次开发。课堂教学必须"忠于教材",但又必须明确:一是忠于教材不是照搬教材,不是"克隆"教材;二是忠于的是教材的基本原理、基本内容、基本思想、基本方法;而不是一成不变的生搬硬套。

陈旧的教参只能提供教学的一点点参考,大胆合理的裁减、切割、重新组合,才能孕育出新的教学韵味,才能使课堂教学充满生机和活力,充分调动学生学习的主动性,促使学生学会学习。

二、加强研究,把握新课程教材的特点和思想内涵

新课程化学教材体现出了鲜明的创新意识和创新观念:以促进学生终身发展为理念,以培养学生素质为核心,以体现时代性、基础性和选择性为原则,以培养学生的创新精神和实践能力为重点。深刻领会高中化学新课程的基本理念,是新课程有效实施的必要前提。基于这些理念,新课程教材在内容的选取和编排上有了很大调整,以鲁教版化学必修教材为例:无机化合物内容不按族的体系排列,只是突出典型元素及其化合物,将零散知识点集中处理,从中发现共性,恰当体现了知识的系统性、规律性。如果教师不能把握其编写思想,只是按旧的套路盲目增删调整,就容易使教学步入误区。

另外,在栏目设置上,新课程教材也发生了很大变化。在教学中能用好这些栏目的素材,挖掘它们的教学价值,就一定能提高教学效率,合理选取教学方式,能使课堂教学更加丰富多彩,并能促进学生的全面发展,充分体现教材对提高学生综合素质的教育功能,进而提高新教材的实用价值。如在鲁科版化学教材设置的栏目中:大量的"活动·探究"、"观察·思考"、"交流·研讨"、"联想·质疑"等栏目,为培养学生科学探究能力,提高学生的科学素养创设了良好的情境;"迁移·应用"、"概括·整合"等栏目,为训练学生独立解决问题,激活学生思维提供了丰富的素材;"资料在线"、"方法引导"、"知识点击"、"知识支持"及"工具栏"等栏目,为培养学生自学能力,训练科学的学习方法提供了丰富的资料"身边的化学"和"化学与技术"栏目,为学生联系生活实际、学以致用提供了丰富的素材。教材中还有大量的彩图在教学中若充分使用也可以起到事半功倍的效果,例如,鲁教版必修化学 2第二章第三节"化学反应的速率和限度"第一课时的内容时,教材附有一组情景图片,分别是爆炸情景、溶洞情景、铁桥生锈和牛奶变质。教学过程中不仅可以运用图片资料来帮助学生理解知识点,而且还可以设计了让学生比较牛奶和水变质的快慢,以学生熟悉的生活情景引入"快慢差别很大的化学变化",引导学生分析其原因,使学生进一步理解反应物的性质是决定反应快慢的主要因素,拓展了知识。另外,引

导学生根据图片分析铁桥所处的环境,结合生活中把牛奶放在冰柜中保鲜的常识,让学生理解外界条件也是影响反应快慢的重要因素。最后,让学生结合生活实例,讨论影响化学反应速率可能的外界条件,深入探究外界条件对反应速率的影响。这样在教学过程的不同阶段,反复使用这组情景图片,引导学生在熟悉的情景中思考不同的问题,探究解决问题的方法;另一方面,也让学生感受到知识之间的密切联系,有助于知识网络的形成和深化。

要把握好新教材的思想内涵,教师还应加强学科专业知识的学习。新教材融入了很多科学发展的新的内容,有些知识教师也不熟悉,因此,教师只有自己先广泛的查阅资料学习,理解和掌握,才能指导学生学习掌握好这些内容。

三、对教材进行合理整合

新课程多套教材并存,不同的教材的编排体系不同、栏目不同、知识点也不完全相同,研究对比、取长补短,是否有必要、有什么好处、要避免什么问题? 几套教材不统一的地方怎么处理?

新教材使教学过程中教师可支配的因素增多了,教学内容的综合性、弹性加大了,能给教师以更为广阔、更为自由的空间。因此,在教材使用过程中,教材虽是最主要最重要的课程资源,但教师应该认真研读教材和化学课程标准,从整体把握教材,在充分使用教材的同时,也可针对教材中的某些局限性,根据学生的学习能力和学习需求,结合自身风格特点,灵活地进行一些大胆的改进和删补,对教材进行科学的整合,使教材资源更加优化,创造性地使用教材,更好地为教学服务,为学生服务。

1. 将同一模块中的不同内容进行整合

在同一模块中,教师可依据教学方法、对教材的理解、学生的知识基础、学生的接受能力,对教材内容进行整合,加强知识的整体性。有效的整合能使学生的高层次认知得以满足,使教学分段螺旋形上升的层次性在单元时间中高效地完成。

例如,人教版必修二中"化学键"的内容,是学生理解"有机化合物"中化学反应过程的强有力工具。每一种新物质的生成都是旧键断裂、新键生成的过程,"化学键"的知识对学生理解有机基本反应类型的含义、物质的性质,学会从官能团角度研究物质的实质,把握有机物的结构对化学反应的影响等都很有帮助。再例如,苏教版化学1专题4第一单元《含硫化合物的性质与应用》,教材安排的第一块内容是二氧化硫的性质与作用,第二块内容是硫酸的制备和性质,第三块内容是硫和含硫化合物的相互转化。这与传统的由硫单质到硫化氢到硫的氧化物再到硫酸的教学体系存在较大的差异。在实际教学中,可以将第三块内容进行分解,以化合价为主线,以硫和含硫化合物的相互转化关系为脉络,以二氧化硫和硫酸的教学为重点展开这一单元的教学,如此调整,即不违背教材编排的理念,又使单元内容的教学成为一个有机的整体,更符合学生的认知规律,同时又使教学内容的安排具有更大的可操作性,更有利于教师组织教学内容,提高课堂教学的效率。

2.将一套教材中的不同模块进行整合

对于求知欲和学习能力都很强的学生,必修模块的内容对他们来说显得肤浅,不如引导其自学对应的选修模块,这样,既培养了学生的自学能力,也体现了分层教学,还丰富了学生的知识体系,有利于其理解和掌握相关内容。

例如,在人教版化学1(必修)"非金属及其化合物"内容的教学中,将其中的"无机非金属材料的一硅"与"化学与生活"模块的"玻璃、陶瓷和水泥"结合,既可以使学生在学习理论知识的同时能够联系实际,还可以使联系实际的内容寻找到理论的根基,两者相互丰富,相互支撑,使得知识内容更立体化,有利于形成科学的认知体系。

再如,在化学必修一中的"氧化还原反应"的教学中,教师讲授其特点是有电子转移,可是缺少实例,可将必修二中电池的实验结合进来,通过反应产生的电能使电流指针偏转证明发生了电子转移的事实,这样,既能促进学生把握氧化还原反应的特点,又能使学生获得对电池的直观印象。

当然,在整合过程中,教师一定要把握合适的度,避免一挖到底,变相地把分成模块的教材又变成以前的教材。例如我们再来看看"电解饱和食盐水"这一内容,在苏教版新课程教材中有3个地方出现过此内容,但在不同的学习阶段却有不同要求(见表1)。在这部分的教学中就应该注意螺旋式教学,杜绝一步到位的传统教法。

表1 3个不同阶段对"电解饱和食盐水"内容的处理情况

	化学1	化学2	选修〔化学反应原理）
相关内容	P₃₇专题2"从海水中获得的化学物质"的第一单元"氯溴碘及其化合物"	P₂₇专题2"化学反应与能量变化"中的第三单元"化学能与电能的转化"	P₁专题1"化学反应与能量变化"中的第二单元"化学能与电能的转化"
编写意图	海水是十分重要的资源之一，利用海水中富含的化学物质如氯化钠等能获得活泼的非金属单质级气等。这既是高中学生需要学习的重要内容，也是学生认识化学为人类社会发展作出重要贡献的重要内容。编者以新课程标准为依据，以遵循学生的认知规律、培养学生热爱科学的情感为前提，紧扣海水资源这一线索，教材以"观察与思考"栏目进行了电解饱和食盐水的实验，注重从工业生产实际出发，体现化学在生产和生活中应用十分广泛这一学科特点，突出了学好化学能更好地服务于社会生活这一学习目标。	在《化学1》中学生已经了解了许多电解反应生产实例。因此转入电解反应学习时，教材用"你知道吗"这一栏目，让学生回忆已学的电解反应，弄清各反应的反应物和生成物了为帮助学生更好地理解《化学1》中所学习的电解反应生产为例，教材在"观察与思考"栏目中以电解氯化铜溶液实验为例，通过观察、分析说明电解反应发生的基本过程，了解在直流电的作用下，在电解池的两极所发生的氧化还原反应和电解总反应。并在此基础上，以"资料卡"的形式给出电解熔融氯化钠和饱和氯化钠水溶液中电极反应式和电解总反应进行对比分析。	特别注意在《化学2》基础上的加深和提高。在《化学2》中将重点放在引导学生观察电解实验的现象，通过现象认识生产生活中一些有关电解的事例，并不要求认识电解池的原理。而本单元在"交流与讨论.栏目中再次出现电解饱和食盐水这一内容。其重点放在引导学生分析现象产生的原因，要求学生理解电解池的原理，能根据有关原理进行电解池的设计，并写出有关的电极反应式。
度的把握	要求学生通过对电解饱和食盐水实验过程中的有关现象作出分析，得出电解产物，会写电解反应的化学方程式即可不要求学生书写有关的电极反应式。相关内容将会在《化学2》或选修模块中学习。	在《化学1》基础上，要求学生能写出电极反应式和总反应式.对电解反应中离子在电极上的放电顺序不作要求，对几种电解反应生产过程中的技术问题不作要求。相关内容在选修模块都会有进一步的学习。	这是高中阶段学习这一内容的最高要求。在《化学1》《化学2》的基础上。要求学生理解电解池的原理，并对离子在电极上的放电顺序作出简单解释。

3.将多套教材进行整合

目前,厦门市化学课程统一使用鲁教版教材,尽管如此,教师们也应多了解苏教版、人科版两套教材,甚至国外的相关教材,相互比较,取长补短,使课堂内容更精彩丰富。

像对于必修模块中的"非金属及其化合物"的内容,鲁科版的这部分内容为教材的第三章"自然界中的元素",其中,第一节,"碳的多样性"(多种多样的碳单质、广泛存在的含碳化合物、碳及其化合物间的转化);第二节,"氮的循环"(氮在自然界中的循环、氮循环中的重要物质及其变化、人类活动对自然界氮循环和环境的影响);第三节,"硫的转化"(自然界中的硫、实验室里不同价态硫元素间的转化、酸雨及其防治)等,共 4 节;人教版的这部分内容为教材的第四章"非金属及其化合物",其中,第一节,"无机非金属材料的主角—硅"(二氧化硅和硅酸、硅酸盐、硅单质);第二节,"富集在海水中的元素—氯"(活泼的黄绿色气体—氯气、氯离子的检验);第三节,"硫和氮的氧化物"(二氧化硫和三氧化硫、二氧化氮和一氧化氮、二氧化硫和二氧化氮对大气的污染)等,共 4 节。通过比较,我们发现,两套教材都注重联系自然、环境、材料,但在内容选择和组织上有一定的差异,鲁科版侧重于知识在自然生活中的应用,并对碳元素的知识进行了拓展和加深,人教版侧重于主族元素的知识体系。差异就是资源,在以一套教材为主的前提下,把另一套教材中独到的设计思路、实验等借鉴过来,合理整合,为我所用,教学效果肯定会更加理想。

从教学资源来说,多种版本教材为教师提供了形式多样、内容丰富的教学素材,教师可以针对教学内容对不同版本教材中的相应内容进行取舍重组,丰富自己的教学素材库,给学生呈现丰富多彩的教学内容。同样,在这个过程中,教师要注意不能盲目做"加法",否则必然导致学生吃不消,也会因课时不足而顾此失彼,教学内容难以完成。例如"过氧化钠"部分的教学内容,3 套高中化学新课程实验教材对这一内容的处理情况(见表 2)。

表2　3套化学新课程(实验)教材对"过氧化钠"内容的处理

物质	3套教材共有的内容	3套教材分别特有的内容		
		鲁教版	人教版	苏教版
过氧化钠	颜色、状态	与水、二氧化碳的反应	过氧化钠的特殊用途(与水、二氧化碳反应)	——

从表2可以看出,三种版本教材对这部分的处理是存在差异的:均提到"过氧化钠"的一些重要的物理性质,对化学性质要求不一。若教师以此为由,在课堂教学实践中对过氧化钠的相关内容按照老教材中的处理方法做了大量的知识补充,这显然是不合适的。这时,教师应该仔细的对照课标部分对此内容的要求再设计课堂教学的内容。

四、实际教学中,正确处理内容多和时间少的关系

目前中学化学课的课时明显减少。如果按照传统的做法,为了追求知识的完整性而面面俱到,这样不仅会增加学生的负担,分散学生的精力,让学生感到枯燥、乏味,而且会因时间少而完不成教学任务。怎么办? 在教学中需要正确处理好内容多和时间少的关系,严格把握化学课程标准与新教材所要求的知识点。在讲这些知识点时,也要注意精讲即讲重点、讲难点、讲关键、讲方法、讲思路。例如在基本概念和原理的教学中,不要个个细讲,部分概念可让学生自学;元素化合物知识的教学,主要在思路上给学生点拨,留出更多的时间让学生自学、讨论、小结、比较。使学生学会怎样学习、怎样思考,并通过自我学习和合作学习获得情感体验,从而培养学生搜集和处理信息的能力、分析和解决问题的能力以及交流与合作的能力。讲解时还要善于控制和利用教材中能联系学生生活及现代社会和科技发展的知识,关注学生的生活世界,注重开发和利用学生生活经验及学习经验中的教育资源,把教学内容适当延伸到与之相联系的现实生活,适当扩展到相关领域的新知识、新技术。让学生感受身边的化学物质和化学变化,增强学习的兴趣,加深他们对化学知识在生活实际中的应用的认识。

同时,认真研究教材和学生实际,把握好教学的深广度,提高教学的有效性。新教材在很多方面作了调整和增删,因此对教学的要求有所改变。在教学中,要认真研究新教材和学生实际,正确处理新教材,把握好教材内容的前后联系,善于从旧教材的教学中吸取、借鉴有助于教学的东西,排除旧教材可能对教学带来的不良作用,努力克服旧教材对教学的影响,不能根据旧教材对教学内容进行调整,打乱现有的教材编排体系。我们不要满足教材里有什么就教什么的低层次教学,要学会灵活机动地、创造性地处理教材。但是教师不要随意加深、拓宽教学内容。不要把一般低层次要求的知识点按高层次的要求进行教学,也不要把选学内容做必学内容来处理。更不能在脱离学生实际的基础上,大搞"题海战术",把偏、难、怪题引入课堂。要设法降低习题的难度和数量。而要在立足大课标观、学生实际的基础上,来深入地分析和研究教材,对某些内容可进行大胆地删减或淡化,以留出时间突出重点.突破难点、拓宽学生的知识面。不可急于求成或不顾学生的实际盲目拔高。一定要把课标中要求的内容把握时间教好,该讲的(如重点、难点、疑点)一定要讲透。删去的内容则要控制适当的深广度,不能把课标要求与书本之外的知识点都补充到课堂教学中。但个别删去又对理解新知识有帮助的内容在教学时可适当补充,在补充时,一定要紧贴教材,还要使学生能够接受。因此,在教学中,一定要认真研究新教材和学生实际,要把握好教材的深广度,不能任意拔高或降低教学难度,做到"有所为,有所不为"。

五、重视实验,培养学生的创新能力

著名科学家李政道说过:"实验教学怎样强调都不过分。"事实上,实验教学在激发学生学习兴趣,培养学生学会观察、学会思维、学会操作和训练科学方法,培养学生科学探究学习方式上具有不可替代的重要作用。传统的教学常常以掌握知识和技能为目标。理解原理、记住结论、熟练解题和掌握技能成了学生学习的全部内容。忽视了据知识内容诱带学生进行创新和实践活动。即便是学科知识,学生接受的都是书本上的间接知识,学生对于知识的发现与应用没有亲身的体验,因而对知识难以有深刻的理解,知识不能内化为学识与智慧,习得的技能也难以有效地内化为解决实际问题的能力。这样的学生不会质疑,迁移能力差,更不可能有创新意识。因此,在新教材的教学中,必须充分利用好现有的教材优势尽快改变"讲实验"、

"做实验习题"、"让学生背实验"的现状。重视实验,认真做好每一个实验,把"家庭小实验"与"活动与探究"落实到位,教师也可以适时引导设计探究性实验,鼓励学生从化学与生活、环境、健康、生产实际中寻找实验小课题,寻找实验代用品,开展课外小实验。让学生在亲自做实验中开阔视野,体验学习的快乐,在快乐中探究知识和学习创新。

【案例】

《燃料燃烧释放的热量》教学设计

【教学背景】

本课时是在学生已经进行过化学反应的热效应本质的探究,知道化学键的断裂和形成是化学反应中能量变化的主要原因的基础上,引导学生了解燃料燃烧有关的化学知识,认识合理利用化石燃料的重要性、当前化石燃料利用中存在的亟待解决的问题,以及解决这些问题的研究方向。

依据课程目标的标准,主要的学习目标是:

1.认识燃料释放热量的原因。

2.联系物质中存在大小不同的化学键,探究为什么质量相同的不同燃料,完全燃烧后放出的热量不相等。

3.了解提高燃料的燃烧效率、合理利用化石燃料、开发高能清洁燃料的重要性。

4.通过联想质疑、交流讨论、指导阅读等教学方法,训练学生思维能力、合作能力、阅读能力等。

本课题涉及资源、能源、环保等当今社会的重要热点问题,是极好的联系社会实际的素材,教师在教会学生从化学的视角认识自然、环境、能源和社会的关系的同时,应该有意识地培养学生的社会责任感、使命感。

【案例设计】

设计思路

本课题采用故事、资料、投影、录像等教学手段以激发学生的学习兴趣,通过自主预习、联想质疑、交流讨论、指导阅读等方式展开教学。

设计中注意以下问题：

1.通过课本第35页"表2—3 几种燃料的热值"，让学生认识到燃料在充分燃烧时放出的热量与燃料多少及种类有关。

2.通过课本第35页"交流与讨论"和"资料卡"，引导学生探究为什么质量相同的不同燃料，完全燃烧后放出的热量不相等。

3.通过"拓展视野"内容，引导学生了解使用化石燃料的利弊，认识合理利用化石燃料、提高燃料燃烧效率、防止环境污染以及开发高能清洁新能源的重要性。

4.通过设置研究性学习课题，教会学生学以致用，培养学生的社会责任感、使命感。

教学过程

[学习情景创设]

视频片段:神州六号上天的录像

[联想质疑]

1.是什么推动火箭上天的？

2.火箭上天选用的是什么燃料？为什么能够产生如此强大的动力？

3.质量相同的不同燃料完全燃烧后放出的热量相等吗？

[指导读书]

课本第34页"问题解决"第2题和课本第35页"表2-3 几种燃料的热值"。

[交流讨论]

1.为什么质量相同的不同燃料,完全燃烧后放出的热量不相等？燃料在燃烧中放出的热量从何而来呢？

2.已知拆开1 mol氢气中的共价键需要消耗436 kJ的能量,拆开1 mol氧气中的共价键需要消耗496 kJ的能量,形成水分子中的1 mol氢氧键能够释放463 kJ的能量。试说明反应$2H_2 + O_2 = 2H_2O$中的能量变化。并将反应中能量变化的数值标注在课本第35页图2-5中。

[归纳小结]

燃料燃烧过程中放出热量的大小,取决于反应物的总能量和生成物的总能量的相对大小。燃料燃烧放出热量的大小等于形成生成物分子中化学键放出的总能量与燃烧时断裂反应物分子中化学键吸收的总能量之差。

[板书]

燃料燃烧释放的热量

一、燃料燃烧过程中的能量转化

1. $\triangle H$＝反应物键能总和－生成物键能总和

拆开旧化学键吸收的能量小于形成新化学键放出的能量

2. $\triangle H$＝生成物总能量－反应物总能量

反应物总能量大于生成物总能量

[讲述趣味故事——喷火的牛]

在荷兰的一个山庄里，曾发生过这样一件怪事：兽医在给一头老牛治病。这头老牛已经几天不吃饲料了，但是肚子却仍圆溜溜的，用手指一弹敲，"咚咚"直响。它一会儿抬起头，一会儿又低下头来，用蹄子不断敲打着地，显得"坐卧不安"。兽医诊断认为：这牛肠胃胀气。他为了检查牛肠胃里的气体是否能通过嘴里排出来，便用探针插进牛的咽喉。在牛的嘴巴前打着了打火机准备观察时，他万万没有想到从牛嘴里竟喷出了一条长长的火舌。

[交流讨论]

1. 你能够告诉兽医老牛为何会喷火吗？

2. 可燃性气体是什么？（甲烷）怎么产生的？

3. 远古生物被埋在地下经历几百万年经微生物作用发酵演变成什么物质了呢？

4. 哪些燃料属于化石燃料？化石燃料可以再生吗？

[联想质疑]

1. 化石燃料是不可再生的能源。科学家对全球化石燃料何时会被耗尽作了估计，你知道预测结果吗？

2. 预测结果是——煤 227 年，石油 40 年，天然气 61 年。从估计结果你想到了什么？

3. 除了开发新能源，还有没有缓解能源危机的途径，能否延长化石燃料的使用时间？

[趣味实验]（烧不着的手帕）

将布手帕在 55% 的酒精溶液中浸湿后拧干，挂在玻璃棒上，引火点燃，挥动玻璃棒，使大火熊熊的手帕在玻璃棒上飞扬。渐渐地火就熄灭了,但是手帕并没有被烧焦。

1.酒精是实验室常用的燃料,酒精喷灯产生的火焰温度相当高,为什么这个实验中却不能将布手帕点燃呢?(55％的酒精溶液中含有大量的水,水汽化时带走大量的热,布手帕达不到着火点。)

2.这个实验对研究如何提高燃料的使用效率方面有什么启示?

[交流展示]

1.根据你课前的调查与研究,你认为目前化石燃料的使用还存在哪些亟待解决的问题?

2.如何解决全球的能源危机和燃烧化石燃料带来的环境污染问题,应该从哪些方面入手进行研究?

[归纳小结]

化石燃料的利用还存在着下列亟待解决的问题:

1.通常燃料燃烧放出的热量不可能全部转化为有用功,总有部分热量转化为废热排出或损耗掉。

2.煤和石油燃烧时,常发生不完全燃烧,排放出大量烟尘和一氧化碳气体。

3.有些煤中灰分含量大,水分多,发热值较低。

4.某些化石燃料燃烧排出的废气中含有二氧化硫和氮的氧化物,直接排放到大气中会污染空气并形成酸雨。

为解决燃料燃烧中存在的问题可以从以下课题入手进行研究:

1.研究化石燃料完全燃烧的条件和减少燃料燃烧产生的热量损耗的技术,提高燃料利用率的措施,以延长化石燃料的使用时间。

2.怎样防止燃料燃烧造成的环境污染。

3.通过化学方法把石油、煤等化石燃料转化为洁净燃料。

4.开发氢能、核能、太阳能等洁净、高效的新能源。

[交流讨论]

1.如何才能提高燃料的利用率呢?燃料充分燃烧的条件是什么?

2.增大燃料与空气的接触面积?

3.燃料燃烧时,是不是空气越多越好?

[归纳小结]

使燃料充分燃烧的措施:

1.通入充足且适量的空气;

2. 增大燃料与空气的接触面。

①粉碎固体燃料

②固体燃料(如煤炭)的气化和液化

③雾化液体燃料

[板书]

二、科学合理地使用燃料

1. 提高燃料利用效率

2. 防止造成环境污染

3. 将化石燃料转化为洁净燃料

4. 开发高能清洁能源

[课外作业](建议补充使用以下部分习题):

1. 天然气、液化石油气燃烧的化学方程式为:

$$CH_4 + 2O_2 \rightarrow CO_2 + 2H_2O \qquad C_3H_8 + 5O_2 \rightarrow 3CO_2 + 4H_2O$$

结合"西气东输",现有一套以液化石油气为燃料的灶具,欲改为燃烧天然气应采取的正确措施为

A. 增大空气进入量,减小天然气进入量

B. 空气进入量和天然气进入量维持原状

C. 增大空气进入量,或减小天然气进入量

D. 减小空气进入量,或增大天然气进入量

2. 为了更好地解决能源问题,人们一方面研究如何提高燃料的燃烧效率,另一方面寻找新能源。以下做法可以提高燃料效率的是

A. 将煤转化成煤气或转化为液体甲醇

B. 将煤脱硫后燃烧

C. 通入大大过量的空气

D. 将煤干馏成焦炭来燃烧

3. 中国锅炉燃煤采用沸腾炉逐渐增多,采用沸腾炉好处在于

A. 增大煤炭燃烧时的热值并形成清洁能源

B. 减少炉中杂质气体(如 SO_2 等)的形成

C. 提高煤炭的热效率并减少 CO 的排放

D. 使得燃料燃烧充分,从而提高燃料的利用率

4.(1)运载宇宙飞船的火箭燃料除液态双氧水外,还有另一种液态化合物 N_2H_4。若 8 g 液态化合物 N_2H_4 与液态双氧水恰好完全反应,产生两种无毒且不污染环境的气态物质,并放出 375kJ 的热

量。写出该反应的热化学方程式：_____。

(2)8.4 g 气态高能燃料乙硼烷(B_2H_6)在 O_2 中燃烧,生成固态的 B_2O_3 和液态水,放出 649.5 kJ 热量,其热化学方程式为 _____。

5.已知几种化学键的键能数据如右下表所示：

化学键	H—O	H—H	O_2 中的化学键
键能 kJ·mol^{-1}	463	436	496

(1)请根据右表中的数据,在下图中标注的数字处,填出能量变化的数值或根据箭头的指向填写能量变化是"放出"热量还是"吸收"热量。

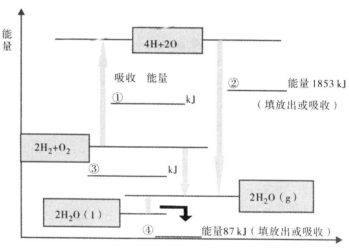

反应$2H_2+O_2=2H_2O$的能量变化

(2)请写出 1 mol H_2 燃烧生成液态水的热化学反应方程式：__ _____。

6.研究性学习课题

(1)调查家庭所用燃料的性能、价格、资源蕴藏情况及燃烧产物对环境的影响,对家庭燃料的选择及如何使其充分燃烧提出自己的看法。

(2)试结合火箭的发展历史,谈一谈燃料从固态发展到液态的意义？

(3)通过查阅书籍、上网搜索资料等途径,了解使用气体燃料的利与弊？

(4)通过查阅书籍、上网搜索资料等途径,查证谁揭开了燃烧之谜？

(5)用电烧饭和用燃料烧饭哪种更经济,对环境的影响更小,更符合中国人的烹调习惯？

【案例评析】

本案例遵循由浅入深、从感性到理性、再由理性到实践的认识过程来设计教学。通过联想质疑、交流讨论、指导阅读等方式组织学生学习。具有以下几个特点：

1.从"视频片段——神州六号上天"引出燃料的热值大小及其原因的问题,从"趣味故事——喷火的牛"出发引出化石燃料不可再生的话题,从"趣味实验——烧不着的手帕"引出燃料的利用率问题,激发学生对燃料问题的兴趣,给学生创设探究的空间,让学生在探究中自主、合作学习。

2.通过学生的讨论交流和合作探究,强化了学生的学习兴趣和探究欲望;提高了学生的合作与分享能力;培养学生的探究能力、思维能力、表达能力以及动手实验能力。

3.通过分析空气用量对燃料燃烧的利与弊,适时对学生进行一分为二的辩证唯物主义观点的教育。

4.教学过程中重视渗透资源、能源和环保的意识,培养学生的社会责任感、使命感。

新课程好比散文,教师应该追求的教学境界是形散而神不散。

由于新课程隐含着教师是"用教科书教而不是教教科书"的理念,在新课程中教师不再是由专家编写的教科书的忠实执行者,也不再是一种只知"教书"的匠人。所以,教师在"用教科书教"的过程中,要进一步挖掘课程与社会实际的联系,使课程更贴近学生生活;要灵活面对不同学生的需要,处理好基础和发展的关系;要按照课程标准的要求对多种版本的教科书进行二度开发,将它们优化整合成符合学生、学校和当地实际的课程体系。

新课程的改革使得教材体系、教学内容的改变和新知识的增多,对教师的要求也更高了,一方面要求教师要与时俱进,加强进修,不断地充实自我、完善自我,以改革的精神搞好教学,转变教学观念,经常反思自己的教学活动,针对教学中遇到的实际问题开展教学研究,用自身对化学课程的理解和感情来影响学生,做到教学内容和方式最适合学生的需要。另一方面要开拓创新,积极探索和创新促进学生全面发展的新课程理念,加快课堂教学改革的力度,转变教育教学方法,真正把传授知识的学习过程变成为学生自主学习、自主探究的学习过程,推进素质教育可持续发展。

——————| **第三节 演示实验与探究实验** |——————

在中学阶段化学学科最凸现的特点是,它是一门以实验为基础的自然学科。

化学实验能使学生对事物的认识由感性升华到理性,是学生认识物质及变化规律、培养科学态度的重要环节。中学化学教学大纲要求,中学化学教师在教学中"逐步培养和发展学生的观察能力、思维能力、实验能力和自学能力等,重视科学态度和科学方法的教育并注意培养学生的创新精神"。学生的创新精神的基本内容包括与发现新关系相关的学生的动机因素、情意因素和智慧因素。动机因素是由发现新关系的需要转化成的推动人们发现新关系的力量,具有较大此力量的学生对新事物尤其敏感,认识问题、处理问题有独到之处;情意因素就是在发现新关系上表现出来的肯定的情感体验与坚忍的意志品质;智慧因素包括操作因素和调节因素。操作因素即加工创造对象信息的因素,如记忆想象思维等;调节因素是通过纠正失误等控制操作因素而正常活动的因素,如元认识等。

化学教育要迎接"面向世界、面向现代化、面向未来"的重大挑战。学生则是这个挑战的关键因素,学生的创造能力则又是关键的关键。那么,如何在中学化学教育教学中开展创造教育,培养学生的创新能力和创新精神,则是我们为了迎接挑战而首要解决的问题。在化学实验教学中培养学生创新精神,成为摆在每个化学教育教学工作者面前的一项复杂而艰巨的任务。这与化学教师在这方面认识的科学性和实践的正确性、合理性相关甚大。也是关乎教育教学改革成败的重大问题。

化学是以实验为基础。无论是初等教育中的自然知识抑或是高等教育中大部头的理论专著,都需要实验作为其立论的依据。要让学生了解化学、喜欢化学、主动地学习化学知识,在化学学习中培养自己的创造性,就必须重视实验教学。重视和加强实验教学能激发学生的学习兴趣、促使学生主动地学习,使他们切实掌握化学科学的基础知识和技能,深入理解物质的组成、结构、性质、变化之间的辩证关系;实验教学对于帮助学生形成化学概念,巩固化学知识,获得化学实验技能,培养实事求是、严肃认真的科学态度和训练科学方法具有不可替代的作用。化学实验有助于学生检验和巩固化学基本概念和化学基础理论,有助于培养和发展学生的操作技能及观察能力、思维能力,使学生养成严谨的科学态度,从而激发学生的认识兴趣,调动学生的学习积极性,在主动的学习与思考中潜移默化的培养创造能力。

新课改的理念,体现以学生为本,注重学生的能力和可持续发展,特别是在学习目标上,强调知识与技能,过程与方法,情感态度与价值观的三维目标。而化学实验是化学教学中重要的组成部分,是落实教学目标的有效手段,它具有千变万化的现象,它的直观、真切和印象深刻的特点不仅激发学生的学习兴趣,而且它的丰富的知识性对学生理解化学原理、巩固化学知识有着有力的验证作用。通过多年的教学实践,根据中学生的心理特点,我们将化学实验分为:教师演示实验,学生分组实验,探究实验,课外兴趣小实验等,不同的实验在教育教学中有着不同的作用。

一、观察与思考——教师演示

化学的教学,总归离不开课堂演示实验,化学课堂演示实验,具有操作简便,现象明显,具有较强的直观性与示范性等特点。演示实验是化学教学中最常用的直观手段之一,直接关系着化学教学的质量。通过演示实验,不仅可以使学生比较容易地接受新知识,还可以使学生了解正确使用仪器及试剂的方法和操作过程,以便在学生独立进行实验时能使用或容易学会使用这些仪器和试剂,并进行正确的实验操作。因此,在中学化学教学的课程设置上,演示实验具有不可替代的地位。

演示实验主要是由教师进行演示和示范操作,其间允许学生进行协助,但仍需以教师为操作主体,目的是为全班学生呈现鲜明可信、生动直观的实验现象,借以验证给定的结论、探求教学过程中的某些猜想等等,同时也让学生在观察教师的操作过程中了解、熟悉并最终掌握某些一起的使用方法、某些特定的实验流程等等。因此,在选择供演示的实验内容时,要首先考虑它的鲜明性和可靠性(安全),还要考虑这类实验应简易快速,不需要多少(一般控制在 5 分钟左右)时间就可以得出结果。同时,随着演示实验的进程,教师应适时穿插启发式讲解、讲述,主要是指明本演示实验的主题、实验装置和试剂、实验条件、应重点观察的部位和现象、想一想发生了什么反应、本实验的结论是什么等等。这时的教师讲授是与演示实验本身紧密相随的,即演示讲授模式的程序应当融演示与讲授为一体,要防止演示离开教师的启发引导,形成做"哑巴实验",或教师的讲解超前,过多过细,干扰学生专注的观察和结合事实现象的思考。

1.预想——明确演示主题及关键的实验现象

在设计演示实验时,教师首先要明确该实验的演示主题。

演示主题,包括明确实验的目的(通过演示实验准备解决什么问题)、展示所用的仪器和试剂(使反应仪器与试剂性状、反应条件对应)、提示操作要领(随操作而舒缓地"唱"明),——在这个时候教师所设计的适当的引导学生观察典型仪器、记忆规范的实验操作的提示语将会起到导向作用,与学生的注意力、思维力合拍,达到事半功倍的效果。

在准备演示实验时,教师还应明确该实验将会产生什么样的实验现象,并思考与之对应的引导语。在实验中,典型的实验现象的呈现,将会进一步激活学生的思维,也会在不同的学生头脑中产生不同的反响。此时,如果教师准备不充分,不能及时给学生以点拨(从纷繁的现象中引导学生认识变化的本质,从迷惘中澄清事理),并支持、鼓励学生议论,从而一起得出科学结论,那么这一演示过程将功亏一篑,达不到演示实验的应有效果。

因此,在进行实验前充分的实验预想,详细而周密的对整个实验过程中所需要的引导语、启发问题等进行思考;对实验中可能遇到的其他实验现象预先进行解释和说明;对可能出现的失败进行预估,预先考虑实验失败的原因等等是教师在进行演示实验前必须完成的工作。

2.预设——提问什么？提示什么？说明什么？

化学是一门以实验为基础的基础自然科学,大部分化学知识来自于实验,而实验现象又是学生认识化学真知的向导。因此,实验的设计与安排要富有一定的启发性,才能强烈地刺激学生的大脑神经,引起思维的积极活动和注意的迅速迁移,从而激发学生的求知欲。具体地说,教师在实验中所设计的每一步骤、每一现象都要能使学生聚精会神地去观察、思考,同时多问几个为什么。如可能会产生什么样的现象？为什么会产生这样的现象？各现象之间存在什么内在联系？该实验成败的关键在哪里？我们可否采用不同装置或试剂进行这一实验……让学生通过观察和实验,认识和变革物质,进而探索各种化学规律,使他们在实验时,始终处于向未来探究的状态之中。

这就需要教师在准备实验前,对整个实验过程中自己所要提出的问题、导语等进行精心的准备。

如制取氯化氢的实验中,实验时用固体 NaCl 与浓硫酸反应,反应过程中需要加热。老师可合理引导学生进行思考:该实验可能会出现什么现象？为什么不用食盐水与稀硫酸反应？应该采用何种方式收集 HCl 气体？该实验的尾气应如何处理？在除尾气的装置末端接一倒置漏斗的作用？仔细观察漏斗口出现的现象(烟还是雾),使学生掌握了整个教学内容,加深了对固态物质与液态物质加热实验的规范理解,弄清了烟和雾的区别,对氯化氢的特性也有了深刻的认识,大大开阔了学生的知识视野。

3.预演——把握关键、确保成功,突出重点、突破难点,控制时间、提高效率。

不同于其他科目的实验,化学实验的不确定性很强。演示实验的成功与否涉及诸多的因素。例如:实验药品在贮藏中变质、溶液配制时用水中的杂质、实验中药品的加入顺序、实验仪器的密封性能等等,只有控制好这些因素,才能确保实验的成功。这就需要教师在准备实验时必须进行预演,把不确定因素减到最低。

一个化学实验,除了主要现象之外,还有许多不确定的复杂现象。实验预演,可以让教师对整个实验的过程现象有一个充分的了解,从而及时的引导学生观察需要的现象。这一点对那些主要现象不是很明显的实验尤为重要。同时,实验预演也能让教师清楚的了解自己所做的实验有哪些同书本不一样的现象出现,及时的查找相关资料,做好相应的准备。

另一方面,在真正实验前进行预演,可以有效地把握实验时间。从而增强教师对整个课堂教学的控制,提高效率。

二、活动与探究——学生实验

学生实验是最为活跃,也是最有争议的一种课堂模式。它强调由学生设计实验、进行探究、自行概括得出结论,因此,深受学生的喜爱。与其他教学模式相比,学生的学习积极性最高、学习气氛最活跃;但由于这种教学模式,开放性很强,又没有严格的界定,在教学过程中往往难以控制,造成学生失误、延时耗时、学习的知识不系统等等,故而也最有争议。

实验探究的本意,是希望激发学生的学习兴趣,激励他们的探究精神,磨炼克服困难、获取成功的意志。这正好弥补了其他实验教学模式的不足。其关键在于,要有指导地实施实验探究,使之构成一种不至于给学生带来失误,又不占用太多的时间,有利于学生掌握系统知识的教学模式。这就是我们所主张的实验探究模式。

在实验探究主题中,宜包括由教师提供的简明指南(实验的目的、有关的信息、操作要领提示、安全须知等),以防止学生走弯路。当然,实验探究必须靠学生自己独立完成,同时需要自行设计实施方案,而不是按课本规定的步骤"照方抓药"。只有在实验和探究的基础上,方有可能准确地获得正确的、符合实际的事实和现象,随之利用这些现象或数据,进行思维加工得出科学结论。

(一)边讲边实验

"边讲边实验"的教学方法,早在 20 世纪 50 年代已经被广泛地应用于课堂教学之中。当时的主要目的只是为了提高实验的观察效果,为教师讲解知识提供具体的感性材料。早期的所谓"边讲边实验"只要求学生按教师拟订的操作步骤进行操作,观察到课本中已经作了准确而详细叙述的实验现象,或是对某个已经确知的结论进行验证,学生处于被动的地位,实验过程只是一个形式,只要记住实验结果就可以了。这样的"边讲边实验"实际上只是教师演示实验的改进版本而已,完全起不到"启发思维、促进创新"的目的。

新课改要求的"边讲边实验"则要求课堂以学生为主体,"边实验、边观察、边讨论、边讲解",教师主要起到引导、启发、规范的作用。这样的教学方式体现了教师的主导作用和学生的主体作用;突出了以自然科学方法论为指导的化学实验能力的培养,是加强双基、发展智能、培养能力的优化的教学方式之一。

启发性"边讲边实验"要求学生必须掌握一定的实验技能,以此为基础进行探究。不同于传统的"边讲边实验",它的一般教学程序是:提出问题→设计实验→动手实验→观察现象→交流讨论→得出结论。从提出问题开始,到得出结论、形成概念为止,学生始终处于积极探索的情境之中。为了解决问题,要运用已有的知识和实验技能,提出解决问题的实验方法:通过讨论,设计出合理的实验步骤,然后独立地进行操作、观察和记录实验现象;最后再通过讨论得出正确的结论。因此,这种教学形式,不仅为理解和掌握化学概念、基本理论提供鲜明、生动的感性认识,而且学生始终处于主体地位,并积极参与教学的全部过程,从而使学生的知识和能力获得同步发展,为学生创造性思维的培养提供了有利的条件。

下面结合教学实践,对具体的教学过程作如下说明。

1. 提出问题

教师根据教学目标和学生的实际,提出本节课要解决的主要问题。目的是激发学生探讨和解决问题的动机,明确思维的方向。为此,教师提出的问题要明确、中肯和具体,同时还要控制好问题的难度,即不能使学生不经思索而轻易获得答案,也不能脱离学生原有的知识基础,以致学生经过联想、思考、探索之后仍不得其解。而应该是既有一定的深度和广度,又能使学生经过自己动脑动手之后得到解决问题的最佳答案。这就是通常所说的"启发性"中的"启"的主要含义。倘若教师在学生实验室没有提出明确而具体的问题,学生的思维将失去正确的引导,求而不得,思而不解,分析问题和认识问题的过程受到阻碍,更不用说培养分析问题和解决问题的能力了。

例如,对"原电池"这节课的教学设计,可以围绕以下几个问题展开:

(1)怎样证明 Zn 和 Cu 用导线连接后插入稀硫酸中会有电流产生?

(2)怎样判断原电池的正负极和电流方向?

(3)构成原电池的条件有哪些?

以上三个问题是一环扣一环、逐步提高的。学生为了解决这些问题而进行的探索、思考、实验、观察和分析概括的过程,正是发展和提高能力的过程。

2. 设计方案

教师以提出的问题为基础,首先引导学生对问题进行分析,进而运用已有的知识和技能,动脑筋想办法,通过讨论设计实验方案。为此,首先要指导学生明确实验的目的和原理,提出合理的实验方法,然后再设计具体的操作步骤,选择仪器和药品。对学生提出的实验方法,教师不要过早给予肯定或否定,而是要进行启发、引导、讨论后自然形成。

例如,为了解决"怎样判断原电池的正负极和电流方向"的问题,学生往往直接根据电流表的指针偏转来设计实验而得出可能错误的结果。这时教师应该启发学生分析电流表的指针偏转与原电池的正负极的关系,能否用对比实验来解决这个问题。在教师的启发下,学生会提出以下方法:用干电池的正负极使电流表的指针偏转来对比来判断出原电池的正负极。

在讨论"构成原电池的条件有哪些"的问题时,学生积极设计实验方法,但有的同学考虑的不完全,从而得不出完整的结论。教师这时鼓励、引导学生结合原电池的化学原理大胆假设各种实验条件,师生共同设计出以下具体的操作步骤:

①用两块相同的铜片进行实验;

②用硫酸铜溶液代替稀硫酸进行实验;

③在铜料原电池中用碳(石墨)棒代替铜片进行实验;

④将铜片和锌片断开,观察是否能形成原电池。

3. 实验观察

实验和观察是学生按照自己的设计方案,进行实验操行、观察和记录现象的过程。课堂的实验时间有限制,没办法让学生反复的探究;不同学生之间的实验技能的个体差异比较大,实验进行的快慢差异也比较大。因此,要想在预定的时间内完成实验操作,保证安全,同时获得良好的实验效果,教师在课前必须精心设计、充分准备;同时要使学生养成良好的实验习惯,如:实验前,检查需要仪器、药品是否齐全,仪器的型号和试剂的浓度是否符合要求;实验中要做到记住实验步骤,认真操作,仔细观察,及时记录;实验后,要把洗净的仪器、药品放回原处,废液倒入指定的容器中等。同时要求学生严格而认真地执行教师发出的各项"指令",以保证实验始终在教师统一指挥下有序地进行。

为了培养学生设计操作步骤、记录和描述实验现象的能力,应该要求学生备有"实验记录本"。记录的内容主要包括:实验原理、实验步骤、观察到的现象、结论(或化学方程式)等。开始时可以让学生抄录教师的板书,填写实验步骤和现象;以后逐渐培养学生根据课堂讨论的结果,自己写出简要的步骤,及时记录观察到的现象和分析结论。教师只要经常进行检查、指导,学生就可以养成记录实验的习惯,为以后独立地设计实验方案,完成实验习题打下良好的基础。

4.讨论、总结

在实验结束之后,教师要根据实验现象,启发学生把观察到的现象与已有的知识和经验联系起来,实验和观察只是为解决问题提供具体的感性材料,更重要的是在对实验现象进行观察之后,通过思维对感性材料进行加工,积极地进行思维活动来获得正确的认识,从而形成正确的概念和理性的认识。例如,在学生掌握了原电池原理的基础上,学生通过做自己设计的几个对比实验,不难得出构成原电池的条件有以下三条(并且缺一不可):

(1)要有活动性不同的两种金属(或导体)和电解质溶液;

(2)负极金属一般跟电解质溶液能发生氧化还原反应;

(3)外电路两极要连接,内电路电解质溶液要沟通。

采用启发性"边实验、边观察、边讨论、边讲解"的教学方法,要注意以下几个问题:

1.每节课安排学生完成的实验,数量不宜过多。

2.应选择操作简单,实验效果明显,既能保证安全,又不会对环境造成污染的实验内容。

3.教师要认真备课,精心设计教学程序。明确"双基"教学的任务和能力培养的要求。对实验的内容、操作步骤和实验的仪器、药品等,都要有周密的计划和充分的准备。课前,配合实验室教师检查仪器、药品的准备情况,并必须亲自试做一遍,以确保课堂教学的顺利进行。

4.落实实验技能培养的要求。根据实验的内容,对每一个实验中要运用哪些技能,学生对这些技能掌握的情况如何,需要重点巩固和培养哪些技能,都要心中有数。只有这样,才能达到预期的教学目标。

(二)开放实验室

随着新课改的逐步深化,"注重对学生进行素质教育"这一新要求被迫切地提上了议程。这一要求是每一个身处教育一线的教师都要面对的巨大挑战。与其他学科相比,化学学科对学生素质与能力的培养与锻炼主要集中在实验教学之中。化学实验教学是实现素质教育和创新人才培养目标的重要教学环节。

因此,在做好常规实验教学的基础上,开放实验室为学生创造一个良好的实践学习条件,已成为提高学生动手和实践能力,培养全面发展的学生的一个必要的教学手段。

早在新课程改革之初,一些有条件的学校就已经在尝试开放实验室。但由于教师、实验资源等多方面的影响,开放实验室常常变成了变相的实验教学课,没能达到计学生自主实验从而得到锻炼的目的。

如何做到真正意义上的开放实验室,充分发挥实验室的资源优势,为学生提供良好的实验仪器设备和师资资源,是新课改背景下一些有良好实验条件的学校应该深入考虑的问题。

1.开放实验室的重要性

开放实验室,是指在完成正常的实验教学任务以外,实验室利用现有的仪器设备、环境等条件,利用一切可以开放的时间和资源面对学生开放使用实验室,为学生提供实践学习的机会,从多方面培养学生的动手动脑能力,为学生的创造性思维的培养提供有利的条件。这是教育教学改革的重要内容。开放实验室,更多地强调对学生进行动手能力、科学思维和科学研究的基本方法的培养,为学生提供了实践活动的良好条件,对培养学生创新意识、创造精神和开拓能力起着重要作用。

2.开放实验室应具备的条件

(1)实验室的开放做到有制度、有计划,规定实验室开放时间。进入实验室的学生首先根据自己的兴趣提出申请,对实验项目要求有完整的实验设计、实验实施方案。实验用的一般仪器设备、试剂等由实验室提供,经过指导教师同意后,由实验室安排按规定时间进入实验室。在实验结束离开实验室前,由实验指导教师检查,保证实验室各仪器设备完好无损。

（2）配套的软、硬件设备和设施支持。软件环境有优秀的中青年骨干教师作为学生的实验指导教师；有一整套健全的、切实可行的规章制度；硬件设施实验室有开放性实验中所需的仪器设备和药品，有良好的实验环境等条件。

3. 开放性实验的做法与效果

（1）学习实验设计的方法。在开放实验过程中，指导教师不是单纯为了完成某个实验，而是由学生自主设计实验程序、放宽实验时间，学生根据自己所掌握的知识启动思维，独立设计和完成实验。把实验设计的方法贯穿到整个实验过程中，使同学们初步了解了实验设计的基本原则，从而使学生的基本动手能力和实验思维同时得到锻炼。

（2）加强学生操作能力的培养。对于实验教学，学生能力的培养主要是操作能力的培养。开放性实验要求学生根据自行设计的方案，自拟操作方法和步骤。实验时，教师只提供必要的实验材料，学生参与实验的全过程（包括实验前的准备、试剂配制等），在很大程度上增加了学生动手机会及相互协调配合能力的培养。开放性实验成为学生自主学习、培养创新思维和创新能力、掌握科学研究方法的有效途径，提高学生综合素质。

（3）做好实验室开放记录。为了便于掌握实验室开放状况和建立实验室开放档案，分析和研究总结实验室开放的基本规律，制定实验室开放记录登记册。每一个实验室都有准确的实验室开放的记录，按照记录册上的项目每日逐项详细登记，每一个实验室的指导教师检查登记情况，定期由专人对实验室开放的基本情况进行总结。

（4）实验结果的分析总结。开放性实验中认真观察实验现象、做好实验数据的记录，并从现象中得出正确的实验结论。在实验中获得正确的实验结果，能促使学生产生浓厚的认识兴趣，发挥学生的主动性、独立性和创造性，提高独立完成实验的能力；增强了学生的投入意识和责任感，使实验变为学生自创活动，调动他们的主观能动性。根据实验结果提出问题并进行推理、分析、总结，写出实验报告或实验论文。强化实验过程中的思维活动，有利于学生从感性认识升华到理性认识，培养和发展了学生的科学思维能力，能有效促进学生实验能力的形成与发展。

4.开放性实验中可能遇到的问题

（1）开放实验室的管理体制还不健全,不能很好地进行有效的协调,不能最大限度的利用有限的教学资源。

（2）实验室开放工作在仪器设备的种类、数量方面尚有不足,还不能够完全满足学生的需求。开放实验室虽能有效的利用教学资源,但同时也造成了实验设备维护的困难。

（3）开放性实验内容较单一,主要体现在实验项目还是由指导教师制定,学生的创造性思维及创新能力被束缚。操作性和验证性实验还是占多数,学生只能按设计好的模式步骤去实验,学生自主设计的部分偏少,极大地限制了学生创新思维能力的提高。

（4）实验指导教师还都承担着繁重的教学任务,而开放性实验在时间上的不确定性和穿插性,增加了工作安排的困难和工作强度。

（三）家庭小实验

传统的实验教学主要是以教师的演示实验为主,即使是学生实验,也是预先设置好各项内容,学生照着做就行了。这样学生只是接受性的学习,难以培养他们研究性学习能力。苏霍姆林斯基指出"研究性学习是指学生在教师的指导下,以类似科学研究的方法去获得知识和应用知识的一种学习方法"。其核心是改革学生的学习方式,使学生由接受性学习改为主动学习。

新教材与原教材相比,一个重要的特点是它重视化学与社会的关系,注意贴近生活,激发学生的兴趣,开阔学生的眼界,引导学生多动手、动脑,培养学生的实际工作能力和创新精神。例如新教材中补充了许多《家庭小实验》。家庭小实验是学生在家中,从日常生活用品中,寻找一些易得药剂或代用仪器,进行简易的实验,是化学课堂实验的补充和延伸。家庭小实验由于取材方便、操作简单、内容多变、方法灵活等特点,每个学生都可以动手操作,深受学生喜欢。我们充分发挥家庭小实验这一功能,组织学生做好教材中和我们另外补充的家庭小实验,弥补了传统的实验教学的不足,培养了学生研究性学习能力。

1.开设家庭小实验能够培养学生的研究性学习能力

对于一些在化学学习上有浓厚兴趣或天赋的学生,家庭小实验能够为他们提供亲自动手实验、自觉进行探究、发展创新的机会,能较大程度地满足学生在化学方面的需求,引发学生的探究和创造的兴趣,培养学生的创新意识和创新能力。

研究性学习活动围绕一个需要解决的实际问题而展开,经过学生直接参与研究并最终实现问题的解决而结束。开展研究性学习活动,关键在于让学生在一种开放的环境中形成自主地发现和提出问题,提出解决问题的设想,收集资料、分析资料和得出结论,以及表述思想和交流成果等各种能力。学生在研究性学习活动中,通过解决实际问题的探索性活动,提高发现问题和解决问题的能力。

学会共处、学会合作是21世纪教育的新命题。当今社会竞争与合作并存,具备积极合作的精神和有效的人际交往技能,是现代人素质的一个重要标志。我们开设的家庭小实验的方式就是小组合作,这种方式对培养学生的合作意识和团队精神有诸多益处,他们在与同伴分工合作、共同努力、制订方案、收集信息、寻找答案、完成实验的过程中,学会倾听别人的意见,如何表达自己的观点,如何与别人达成一致,如何分享共同的成果,等等。从而,合作能力也提高了。

例如,学生提交的家庭小实验的各种成果中,很多是难以独立完成的。比如,学生制作的录像、拍摄的实物和实验过程的照片,都需要小组成员共同来完成的。

在研究性学习活动中,学生不仅能发展自己的创造能力和实践能力,而且通过社会实践,懂得科学知识对自然、社会与人的意义和价值,学会关心国家和社会的进步,学会思考人类与世界的和谐发展,努力提升自己的精神境界。

2.家庭小实验的实施过程

第一阶段:教师拟定详细的研究计划、动员和组织培训学生,激发学生的热情,使学生明白课题内容及其重要性;

第二阶段:在老师的指导下进行实验和研究性学习的方法和能力的培养,明确实验报告的书写、学会联系学科知识和生活实际、具有初步的研究性学习的能力;

第三阶段:老师布置任务,学生分组自行运用研究性学习的方法进行实验的设计以及实验分析,在完成实验的过程中发现问题和通过实验探究或查阅资料解决问题。

第四阶段:学生以实验报告、实验论文,图片、新颖实验装置、拍摄录像和照片等的方式展示实验成果。教师对学生研究性学习的能力进行测试分析和评价。

总之,在学生中开设家庭小实验,极大地拓宽了中学化学教学的视野,在学生的脑海中化学从神秘科学的舞台走进了现实的生活,提升了化学的亲和力,激发了学生学习的兴趣。在这种前提和背景下,认真准备和做好每一个家庭小实验就是一次极好的研究性学习的机会;因为它需要学生深入地学习学科的知识,然后自主地将课本知识与生活实际联系起来,完成实验方案的设计,寻找实验用品,自行解决所碰上的问题,自行对实验结果进行分析,然后再从中升华所学的知识,提升自己研究性学习的能力。

【案例】

几个家庭小实验

实验一 由植物油制取肥皂

【实验原理】油脂在有碱存在的条件下,水解生成高级脂肪酸盐和甘油。

【实验步骤及现象】

1. 在一个小烧杯中加入 5 mL 植物油(橄榄油),5 mL 30％的氢氧化钠溶液和 3 mL 乙醇,并将小烧杯置于一个盛有水的大烧杯中,加热大烧杯,同时搅拌小烧杯中的溶液。20 分钟后,取出小烧杯,直接加热,至溶液变成奶油般的糊状物,向其中加入 5 mL 热的饱和氯化钠溶液并搅拌,这步操作称作"盐析"。静置,冷却,将混合物上层的固体取出并用水洗净。将所得固体放到水中,充分振荡,观察其现象是否与普通肥皂的现象相同。

2. 用氢氧化钾代替氢氧化钠重复以上实验,使脂肪皂化,并比较这两种肥皂的异同。

实验二 由动物脂肪制取肥皂

【实验原理】油脂在有碱存在的条件下,水解生成高级脂肪酸盐和甘油。

【实验步骤及现象】

从肉店购来干净的油脂或将硬的动物脂肪在水中煮沸,去除飘浮在表面的污物后,将脂肪用滤布趁热过滤分离、洗净并称重。称取氢氧化钠颗粒,使其质量为脂肪质量的 1/3,再称取氯化钠,使其质量为脂肪质量的 2 倍。加热熔化脂肪,边搅拌边缓慢加入氢氧化钠溶液,慢慢加热以防沸腾溢出。煮沸 30 分钟后,边搅拌边加入氯化钠,这一步称为"盐析"。混合物冷却后,肥皂便形成一个漂浮层而分离出来。撇出肥皂,将其再加热熔化后,倾倒入模子中。如果在加氢氧化钠之前,先将脂肪溶于酒精中,便会使这个反应的速率加快许多。

实验三　自制豆腐

【实验步骤及现象】

1.浸泡:称取 50 g 无虫蛀、无霉变的黄豆放入一个 500 mL 的烧杯内,加 300 mL 水浸泡 24 小时(若气温较高时,中间可更换一次水),使黄豆充分膨胀,然后倒掉浸泡水。

2.研磨:将泡好的大豆放在家用粉碎机内,加入 200 mL 水,进行粉碎。

3.制浆:将研磨好的豆浆和豆渣一并倒入放有双层纱布的过滤器中抽滤,另取 100 mL 水,分多次冲洗滤饼,充分提取豆渣中的豆浆。滤液即为浓豆浆。

4.凝固变性:将自制的浓豆浆(或直接用市售的袋装浓豆浆)倒入一个洁净的 500 mL 的烧杯中,用酒精灯加热至 80℃左右,然后边搅拌,边向热豆浆中加入饱和石膏水,直至有白色絮状物产生。停止加热,静置片刻后,就会看到豆浆中有凝固的块状沉淀物析出。

5.成型:将上述有块状沉淀物的豆浆静置 20 分钟后过滤,再将滤布上的沉淀物集中成一团,叠成长方形,放在洁净的桌面上,用一个盛有冷水的小烧杯压在包有豆腐团块的滤布上,大约 30 分钟后,即可制成一小块豆腐。若用市售的浓豆浆为原料,制成的豆腐更为细嫩洁白。

6.保存:为了使制成的豆腐保鲜而不变质,将新制成的豆腐浸于 2%～5% 的食盐水中,放在阴凉处,可使豆腐数天内保鲜而不变质。

实验四　从花中提取酸碱指示剂

【实验原理】

可以从植物中提取"指示剂",来"指示"一种物质是酸性还是碱性。不同的指示剂对应不同的颜色,同一种指示剂在不同 pH 的溶液中显示不同的颜色。

【实验步骤及现象】

1.选用颜色鲜艳的花或叶子,例如:木槿属植物、玫瑰或天竺葵。将适量的花、叶与适量酒精一起在研钵中充分研磨.使所得液体的颜色与植物花、叶的颜色相近,说明提取较充分。过滤后所得滤液即是从植物中提取出的酸—碱指示剂。从不同颜色的花、叶中可以提取出不同的指示剂,但不要将不同颜色的指示剂混合。

2.用提取出的植物指示剂测定常用物质的 pH 并记录下各种指示剂的颜色变化。例如:氨水、小苏打溶液、漂白粉溶液、椰汁、茶水、水果汁、柠檬汁、石灰水、红甘蓝汁、唾液、肥皂液、糖溶液、醋、自来水和白垩灰浆等。再用通用指示剂测定上述液的 pH,与使用植物指示剂的测定结果加以对比,便可估计出提取的植物指示剂的可测试范围及相应的颜色变化。

例如:玫瑰花指示剂的变色范围(见下表)

pH1 _____ 7 _____ 14
颜色鲜红——桃红——粉红——绿——棕黄(橙黄)

实验五　食物中常见元素的测定

1.加热食物

【实验步骤及现象】

步骤一:取少量下列物质,分别加热,直至开始燃烧;

(1)碳水化合物,如淀粉或糖;

(2)脂肪,如奶油;

(3)蛋白质,如肉类。

注意它们在燃烧时气味的不同:燃烧的碳水化合物有种焦糖的气味,燃烧的脂肪发出一种能使人流泪的丙烯醛气味,加热蛋白质生成类似氨的化合物。它们散发出不同的气味。

步骤二:继续加热所有样品直到留下碳渣。

2.将氧化铜与食物共热

【实验原理】

$2CuO(s)+C(s) \rightarrow Cu(s)+CO_2(g)$

$CO_2(g)+Ca(OH)_2(aq) \rightarrow CaCO_3(s)+H_2O$

【实验步骤及现象】

将一小块馒头加热至变黑,剩下碳渣。用研钵研细,与氧化铜充分混合后,装入硬质试管中,在酒精灯上加热,用导管将生成的气体通入盛有澄清石灰水的试管中,石灰水变浑浊,证明气体产物为二氧化碳。同时试管中有红色的铜生成。

3.将碱石灰与食物混合加热

【实验步骤及现象】

将肉末或压碎的奶酪与碱石灰混合后放入试管中加热。注意从试管口散发出的氨的刺激性气味,用湿润的石蕊试纸检验,该气体能使红色石蕊试纸变蓝,证明食物与碱石灰共热产生氨气,而氨中的氮一定来自食物。

实验六 从坚果中提取油

【实验原理】

利用油脂在有机溶剂中的溶解性,可以将它们从种子或坚果中提取出来,也可以去除衣物上的油迹。作为溶剂的物质可以是酒精、汽油、乙醚、二氯甲烷、四氯化碳等。

【实验步骤及现象】

将 5 g 去皮的花生放入研钵中,尽可能研碎后,放进一个小烧杯中,加入 15 mL 汽油,充分搅拌,将所得溶液过滤,滤液倒入一个蒸发皿中,放在阳光下或在水浴上,加热蒸掉汽油,得到从花生中提取出来的油,约 1.5 mL。

注意:不可在火上直接加热滤液。

新课标实验教学改革在高中化学课程改革中的地位举足轻重。根据新的教学理念及由此产生的新的课程标准对实验的表述,对比旧课程,我们认为新课程实验教学必须实现以下几个方面的转变:

1. 从以学科为本、以实验为本向以学生的发展为本转变,使实验从作为知识灌输的基础转变为促进学生发展的重要基础之一。

2. 从为"教"设计实验向为"学"设计实验转变,让实验更好地配合学生的主动学习。

3. 从为学生的课内学习而设计实验向为学生的课内学习和课外学习而设计实验转变,适应开放式学习的需要。

4. 从只注重培养实验操作能力向培养实验思维能力和培养实验操作能力并重转变。

5. 从教师垄断实验选题和方案设计向教师吸引、指导、帮助学生参与实验选题和方案设计转变。

6. 从只注意"修修补补"性实验研究向重视开发性研究和创新设计、开发与完善结合转变。

7. 从只应用近代实验方法向适当应用现代实验的方法和仪器,

重视中学实验现代化转变。

8.从只重视理论到理论与实际的结合的转变,更加重视化学实验与生活、技术的联系,注意用实验探究的方法解决实际问题。

9.从"单兵作战"的自发研究向群众性研究与组队研究的"两条腿走路"转变。

10.重视绿色化学与可持续发展在实验中的体现。

新理念、新课标、新教材,实验教学也必须创新!

———— ▎ **第四节 教师讲授与引导探究** ▎ ————

前面我们已经分析强调了探究学习的重要性,那么探究就一定比讲授好吗?所有的知识都要探究吗?什么样的知识适合探究?探究到什么程度?探究完不成教学任务怎么办?

问题性、过程性和开放性,是探究活动的主要特征。探究活动的过程性和开放性决定了探究活动要占用了较多的时间资源,探究活动的开展又受制于学生的知识能力和教师教学能力,这些都使得课堂教学难以预设和调控。故同讲授相比,探究式教学最突出的问题在于:探究教学所需要的时间要比讲授花费多。从某种意义上讲,"探究"可能使教学内容与时间的矛盾更加突出。首先,探究式教学是需要一定时间的,没有足够的时间是无法真正开展有意义的探究的。有人专门做过调查,绝大部分教师认为,完成同一教学内容,采用探究式教学是讲授式教学所用时间的 2 倍以上。而基础教育科目很多,基础教育的学习时间却很有限,因此,每门课程每个知识都去探究是绝不可能的。为了在规定的时间里完成教学任务并达到素质教育的目标,必须把接受学习与探究学习结合起来,使学生既掌握尽可能多的知识,又发展学生科学态度、科学方法、情感态度及价值观方面的素养。

新课程倡导的是用探究的理念去组织教学,用探究的方法去学习化学。并不要求将教材中的所有内容均进行探究,有些化学知识、规律是化学家们经过几十年甚至几百年长期不懈的实验得出的,这部分内容靠学生的自主、探究和合作学习是无法完成的，这就要求教师进行讲授，因此，我们不能忽略讲授在化学学习中的作用。关键是我们教师要研究哪些内容应该让学生去探究，哪些内容必须进行讲授，在如何引导、组织探究？探究过程中可能会出现什么新问题？讲什么？怎样讲？何时讲？讲到什么程度？等方面多作研究，真正在启迪学生的思维上多下工夫。

那么，如何科学合理地处理好探究教学与传统教学的关系呢？我们认为关键是处理好课内探究与课外探究的关系、整体探究与局部探究的关系、新课探究与复习探究的关系。

一、换个时间来探究——让探究延伸到课堂之外

按探究活动进行的时间和空间可分为课内探究和课外探究。科学探究已不局限于过去的"学生实验"范畴，它可以发生在任何空间和任何时间。因此我们可以将在课堂里进行的探究称为课内探究，将学生在课堂以外的家庭实验、社会调查及其他学习活动称为课外探究。其实，在新课程实施中，我们会发现有些探究活动不可能仅仅靠课内或课外单一的探究来完成，往往需要将两者结合起来，即课内的探究活动延续到课外，课外的探究活动延伸到课内加以总结。将课堂上的探究教学延伸到课外，让课外探究成为学生的第二课堂。

如果，教师善于将课内与课外、校内与校外的探究活动结合起来，将教学的空间延伸到了教室和实验室以外，开发并鼓励学生参与开发各种层次、以小型为主的探究性活动。将探究活动中的有些内容如问题的分析、方案的设计，这些耗时较多，却并不需要太多的课堂教学支持内容，作为预习作业安排学生在课前自主完成，辅以必要的提示。将探究学习延伸到课外，把局限于课堂的时间与空间扩大到课堂之外，引导学生到图书馆、阅览室，到社会生活中去探究。不仅可以避免"探究"激化"内容与时间"的矛盾，还可以为学生进行更广阔的合作探究提供机会，把学生课堂上激起的学习兴趣延续到课外，鼓励学生积极探索书本以外的奥秘，从而形成开展探究教学的有效整合点。同时，课外时间充裕，学生对问题的分析会更深刻、更全面，设计的探究方案质量也会更高些。

因此，我们注重"换个时间来探究"—— 让探究延伸到课堂之外。

【案例】

《电能转化为化学能》教学设计

【教学内容分析】

电解原理和其他电化学知识一样是中学化学重要基本理论之一,它是无机化学中很重要的知识,既涉及理论知识,又与元素化合物知识密切相关,是高考的重要考查点,在工农业生产、日常生活、科技领域中用途很广,故占有重要的地位。学习电解原理等电化学理论,将为学生升学、就业、解决生产与生活中的实际问题打下良好的基础。

【学生学习情况分析】

"电解原理"的学习,是在学生已经学习和掌握了金属活动性顺序、氧化还原反应以及阴(阳)离子还原性(氧化性)的相对强弱的比较,电解质的电离、离子反应、原电池原理以及化学反应中的物质变化和能量变化等知识的基础上安排的,是电化学知识的深化和发展,具有一定的科学性。它可使学生在接受新知识中有旧知识作基础,缓解学习困难,体现知识梯度的合理性。

【设计思想】

新课程倡导教师"用教材"而不是简单的"教教材"。教师要创造性的用教材,要在使用教材的过程中融入自己的科学精神和智慧,要对教材知识进行重组和整合,选取更好的内容对教材深加工,设计出活生生的、丰富多彩的课来,充分有效地将教材的知识激活,形成有教师教学个性的教材知识。既要有能力把问题简明地阐述清楚,同时也要有能力引导学生积极探索、自主学习。本节课是对高中化学新课标规定的第二个必修模块的第二个主题"化学反应与能量"中"电能转化为化学能"这一课题教学的一种新尝试。教师从新课程理念出发,试图通过引导来促使学生进行自主学习、探究学习和合作学习。由于是学生第一次接触"电解的原理",所以教师将引导探究设计成:教师引导在前,学生探究在后;课堂引导,课外探究;引导—探究—再引导—再探究。第一课时重在"电解的变化原理",第二课时重在"电解原理的应用"。设计了"自主复习"、"自主探究"、"拓展视野"、"研究性学习(合作学习)"等课外学习活动,来促使学生巩固所学知识,培养学生的创新意识和科学探究的精神,提高其动脑、动手的能力。

【教学目标】

[知识与技能]

1.通过电能转化为化学能的实例——电解和电镀的教学活动，了解电极原理、电解和电镀的重要性。

2.了解日常所用的手机、数码相机等产品的充电、放电原理。

3.通过对实验现象的观察、分析和推理，培养学生的实验能力、观察能力、思维能力。

[过程与方法]

1.运用实验探究方法，通过氯化铜溶液的电解学习电解原理。

2.播放电解原理的电脑课件，加深学生对抽象的理论的理解。

[情感、态度与价值观]

渗透由现象看本质、由个别到一般、由一般到特殊的辩证唯物主义观点。

[教学重点和难点]

教学重点：电解原理。电解原理和以电解 $CuCl_2$ 溶液为例得出惰性电极作阳极时的电解的一般规律。

教学难点：理解电解原理以及铜的电解精炼中非惰性电极作阳极时电解产物的判断。

【教学过程设计】

课内探究活动

[激疑引课]化学能什么情况下会直接转化为电能？（形成原电池）必须具备什么条件才能形成原电池？什么样的反应才能形成原电池？……

[创设情境]flash 动画：$Zn + H_2SO_4 = H_2\uparrow + ZnSO_4$ 形成的原电池的工作原理。

[复习讨论]构成原电池必须具备的条件：(1)原电池的外电路是什么微粒导电？（导线上自由电子导电）内电路又是什么微粒导电？（溶液中自由移动的离子导电）(2)阳离子移向哪一极？阴离子？(3)负极流出电子从何而来（还原剂失电子）？正极上电子又到哪里去了（氧化剂得电子）？

[联想质疑]化学能直接转变为电能，电能也能直接转变为化学能。(1)若将电能直接转变为化学能会发生什么变化？(2)要将电能

直接转变为化学能需要使用什么装置？

[探究活动]用石墨电极和氯化铜溶液进行溶液的导电性实验（实验前碳棒浸入氯化铜溶液一段时间）。

[交流讨论]

(1)今天的实验装置与以前的溶液导电性实验装置有什么不同？

①使用是直流电而不是交流电。②没有灯泡。

(2)以前进行溶液的导电性实验时,重点观察什么现象？

①灯泡亮否,借此判断溶液能否导电,通过分析推理认识到化合物可以分为"电解质"和"非电解质"。

②灯泡亮度如何,借此判断溶液导电能力强弱,通过比较相同条件下,相同物质的量浓度的不同电解质溶液导电能力强弱不同,进一步认识到电解质还可以分为"强电解质"和"弱电解质"。

(3)大家是否考虑过电解质溶液导电时,电解质溶液本身有没有发生变化？两极有没有发生变化？如果有变化,又如何变化？为了探究这个问题,我们的观察的重点要放在什么地方(要由灯泡转移到电极及电解质溶液上来)？

[小组汇报]实验现象及其分析:

(1)通直流电后,与外电源正极相连的碳棒表面有什么现象(有气泡冒出)？闻到什么没有？(刺激性气味)估计是什么气体？(氯气)用什么实验来确认？(湿润的碘化钾淀粉试纸变蓝)

(2)与外电源负极相连的碳棒表面又有什么现象？(逐渐覆盖了一层红色的物质)估计是什么物质？(金属铜)

[课件展示]flash动画:用石墨电极电解氯化铜溶液。

[问题引擎]为什么氯化铜溶液导电时,会伴随着这一系列变化呢？

(1)氯化铜晶体中有无离子存在,能否自由移动？

(2)氯化铜溶液中存在哪些离子？这些离子能否自由移动？

(3)直流电对这些自由移动的离子有何影响？(使之改作定向移动)

(4)为什么与电源正极相连接的碳棒上有氯气放出？

(氯离子失电子,氧化反应,阳极)

(5)为什么与电源负极相连接的碳棒上有铜析出？

(铜离子得电子,还原反应,阴极)

[讨论归纳]电解质溶液导电的实质就是电解质溶液的电解过程。如何给"电解"下定义呢?

(1)电解的外加条件是什么?对象?结果?

(2)为什么电解的对象是电解质溶液?只点出"电解质"不行吗?为什么还要加"溶液"两字呢?(电解质必须先离解成自由移动的离子,即先电离,才能导电,电流才能通过,两极才能发生电子得失,才能电解。)

(3)电解质是否一定要制成溶液才能进行电解?(能不能进行电解关键看是不是已经电离,什么情况下已经电离?溶解于水或受热熔化。)

(4)哪一类电解质熔化后可以进行电解?(离子化合物)

(5)电解质电离后,不通电能否进行电解?(不通电就没有阴离子和阳离子的定向移动,没有电子得失,没有发生氧化还原反应,没有新物质的生成,即不发生电解。)

(6)为什么电解通常要采用直流电?(交流电两极不断变换,无法获得产物)

[归纳小结]使电流(直流电)通过电解质溶液(或熔融的离子化合物)而在阴、阳两极引起氧化还原反应的过程叫做电解。这种能将电能直接转变为化学能的装置就叫"电解池"或"电解槽"。

[讨论归纳]电解池是如何构成的?

电解的外界条件是电流,所以电解池必须有①外加电源;电解的对象是"电解质溶液",所以要有②电解液;电解的结果是在两极引起氧化还原反应,故电解池必须有③导体作两极;④电流要顺利通过还要形成闭合回路。

[讨论对比]电解池和原电池

(1)如何确定电解池的两极?(根据外电源的两极确定……)如何确定原电池的两极?(根据发生的反应确定……)

(2)电解池和原电池的构成条件有什么异同点?(不同点:是电解池需要外加电源,而原电池不需要外电源,却需要能发生自发的氧化还原反应。相同点:都需要两个电极、电解质溶液或熔化的电解质、形成闭合回路。)

(3)电解池的两极叫什么?原电池的两极叫什么?

(4)电解池中电子是怎么流动的?原电池呢?

（5）电解池中离子是怎么流动的？原电池呢？

（6）电解池和原电池中电子、离子的流动有什么共同点

[归纳小结] 无论是原电池还是电解池：①导线上电子往哪一极移动，电解液中阳离子就跟着往哪一极移动②哪一极发生氧化反应，电解液中阴离子就往哪一极移动。

[交流讨论] （1）从电源的负极流入电解池的阴极电子哪去了？（氧化剂不断在阴极得电子，发生还原反应）。（2）从电解池的阳极流出，流回电源的正极的电子又是哪里来的？（还原剂不断在阳极上失去电子，发生氧化反应）

[归纳小结] 电流通过电解质溶液靠的是溶液中自由移动的阴、阳离子的定向移动，在两极发生氧化还原反应，电解质溶液导电的实质就是电解质溶液的电解过程。

[提示讲授] 电解时，物质（离子、原子、分子）在电极上得到或失去电子的过程统称为放电作用。

[交流讨论] （1）电解氯化铜溶液时，为什么在阳极得到电子的是铜离子而不是氢离子，为什么在阴极失去电子的是氯离子而不是氢氧根离子？（2）电解氯化铜溶液时，若用铜片代替石墨作阳极，阳极还会是氯离子放电吗？

[点拨讲授] 强者优先：当电解液中有多种阳离子时，氧化性强的优先得电子，优先放电；当电解液中有多种阴离子时，还原性强的优先失电子；优先放电。

[点拨讲授] 离子放电顺序……

（1）氢离子有两个位置，在离子浓度相同时，它在铜离子之后铅离子之前；在一般盐溶液中氢离子浓度不大，氢离子的放电顺序往往在锌离子之后铝离子之前。

（2）注意 Fe^{3+} 的放电顺序应该在 Cu^{2+} 之前，而 Fe^{2+} 的放电顺序应该在 Cu^{2+} 之后……

（3）当阳极是金属电极时，由于金属单质的还原性通常较阴离子强，比阴离子先失电子而溶解，故不是阴离子放电，而是电极本身放电。

（4）只传递电子本身不失电子的电极称惰性电极，常见的有 C、Pt、Au、Ti 等。

[学以致用] 写出下列离子放电的电极反应式：H^+、Zn^{2+}、Cu^{2+}、

Al^{3+}、Fe^{3+}、I^-、Br^-、OH^-、HSO_3^-、MnO_4^{2-}

[探究活动]用石墨做阳极、铁钉做阴极电解氯化钠饱和溶液的实验。

[问题引擎]如何检验阳极产物？阴极产物？确定氢氧化钠在哪一极产生？

[课件展示]flash 动画：用石墨电极电解氯化钠饱和溶液的变化原理。

[问题引擎]OH^-移向阳极，为什么氢氧化钠不是在阳极产生，而是在阴极生成？

[点拨讲授]由于 H^+ 和 OH^- 的放电速率大于它们的移动速率，所以若阴极 H^+ 放电，水的电离平衡被破坏，导致 OH^- 浓度增大，则阴极生成碱；同理，若阳极 OH^- 放电，水的电离平衡被破坏，导致 H^+ 浓度增大，则阳极生成酸，例如电解硫酸铜溶液。

[联想质疑]碳棒和铁钉可以交换使用吗？为什么？（不可以）

[问题引擎]（1）阳极的两种产物彼此能否反应？（不能）阳极产物和阴极产物之间能否反应？（能）

（2）工业上电解饱和食盐水若不把阳极产物和阴极产物分开，会出现什么问题？

（3）如何避免：①Cl_2 和 H_2 混合而产生爆炸，②Cl_2 和 NaOH 反应生成 NaClO 而影响烧碱的产量和质量。

[点拨讲授]由于阳离子交换膜只允许阳离子通过，不允许阴离子和气体分子通过，工业上使用阳离子交换膜把电解槽分隔为阳极区和阴极区，有效地避免了①Cl_2 和 H_2 混合而产生爆炸，②Cl_2 和 NaOH 反应生成 NaClO 而影响烧碱的产量和质量。

[联想质疑]电解饱和食盐水一定要用阳离子交换膜把阳极产物和阴极产物隔开吗？不隔开能不能避免 Cl_2 和 H_2 混合而产生爆炸？

[课件展示]flash 动画：家用环保型消毒液发生器（无隔膜电解冷的食盐水）原理（采用无隔膜电解冷的食盐水时，只让 Cl_2 与 NaOH 充分接触，产物仅是 NaClO 和 H_2）。

（4）只传递电子本身不失电子的电极称惰性电极，常见的有 C、Pt、Au、Ti 等。

[学以致用]分析用石墨电极电解下列溶液的变化原理：(1)氯

化钠饱和溶液;(2)氯化钠和碘化钾混合溶液;(3)硫酸铜溶液;(4)硫酸钠溶液。

[悬念引探]电解硫酸钠溶液除了得到 H_2 和 O_2 外,能不能得到其他产物呢? 请设计一个电解硫酸钠溶液制取烧碱和硫酸的合理方案。

[延伸探究]现在,同学们已经了解了什么是电解、电解池以及电解的变化原理。

(1)有了电解方面的知识,同学们可以自己或与其他同学合作进行一些有趣的科学探究,这些探究将有利于你们进一步理解今天所学的知识。

(2)下一节课同学们将进一步学习电解原理的应用,(投影)同学们可以根据这上面的提示进行预习,要深入了解的同学,还可以利用上面的关键词上网搜索具体的内容。

(3)最后给大家推荐两个趣味实验和两个研究性学习课题。

自主复习

1.列表比较"电离与电解"

2.列表比较"电解池与原电池"

课后自主探究

1.已知粗铜(含有 0.5%～1.5% 的各种杂质:锌、铁、镍、银、铂、金等),导电性能不好,不符合电器工业的要求。试根据电解原理设计精炼铜的方案,画出电解池示意图,并写出两极材料和名称、电解质名称和电极反应式。用简要的文字说明电解过程中杂质是如何被除去的。

2.试根据电解原理设计在钢铁制品表面镀铜的方案,画出电解池示意图,并写出两极材料和名称、电解质名称和电极反应式。用简要的文字说明如何让镀层均匀美观。

3.你知道戴维利用电解法发现了哪些新元素?

答案:(钾、钠、钙、镁、钡和锶)

4.试设计一个电解实验证明 $KMnO_4$ 的紫色是由 MnO 而非 K^+ 引起的。

答案:给 $KMnO_4$ 溶液通电,在阳极区发现紫色加深,而在阴极区紫色变浅,甚至变成无色,由此可以证明。

5.初中做电解水的实验时,为什么要加些稀 H_2SO_4 或 $NaOH$

溶液？能否改加 $CuCl_2$ 溶液或 NaCl 溶液？

答案：因水电离极其微弱，导电能力很弱，为加速电解速率，常加入 H_2SO_4 或 NaOH 溶液，靠 H^+、Na^+、SO、OH^- 的定向移动而增强导电性。改加 $CuCl_2$ 溶液或 NaCl 溶液则不行，因为电解二者不再是电解水，最终得不到 O_2。

研究性课题推荐

课题一、皮革厂含铬废水处理的调查课题要求：

1.请调查当地的皮革鞣制厂，了解它们对含铬废水处理的技术情况。

2.比较该技术与现今流行技术的差异；

3.根据所学知识提出你的意见和建议。

课题二、生活中使用电镀制品的调查

市场调查：

1.生活中使用电镀制品的情况。

2.电镀制品的价格与被镀金属价格的比较。

要求写出市场调查报告。

趣味实验

1.一笔写出两色字

在 2 mol/L 碘化钾溶液中加入少量淀粉溶液，再加几滴酚酞试液，混合均匀后用该溶液将滤纸浸湿，平铺于铜板上，将 6V 直流电源的正极与铜板相连，负极连接在一支两头都露出铅笔芯的铅笔上端（与铅笔芯相连）。当用铅笔下端在滤纸上轻轻写字时，即可得到红色字。再把电源的负极改为连接铜板，正极连接铅笔，用铅笔下端在滤纸上轻轻写字时即为蓝色。

原理：将滤纸用碘化钾和淀粉混合溶液浸湿后，接通直流电，用铅笔在纸上写字发生下述反应：$2KI + 2H_2O \xlongequal{电解} 2KOH + H_2 + I_2$

阴极区生成的氢氧化钾遇到酚酞显红色，阳极生成的碘遇到淀粉显蓝色。

2.模拟电浮选凝聚法处理污水

在烧杯中注入待处理的污水，加入 1～2 g 的食盐，用铝片做阳极，铁片做阴极，接通 6V 的直流电源。通电后，由于 $2H_2O \xlongequal{电解} 2H_2$ ↑（阴极）$+ O_2$ ↑（阳极），氢气、氧气等气泡上升时，将部分悬浮物带到水面形成浮渣层;同时阳极铝溶解并成为 Al^{3+} 进入水中与 OH^- 结合生成氢氧化铝胶体,它吸附水中悬浮微粒凝聚而发生沉淀;加入的食盐除了能增强溶液的导电能力外,电解时还能产生少量氯气,对污水起消毒作用。电解后,除去表面的浮渣和底部的沉淀,即可得到净水。

【教学小结与反思】

转变学生的学习方式是课程改革的基本要求。教师要更新教学观念,在教学中引导学生进行自主学习、探究学习和合作学习,帮助学生形成终身学习的意识和能力。

探究学习是学生学习化学的一种重要方式,也是培养学生探究意识和提高探究能力的重要途径。教师应充分调动学生主动参与探究学习的积极性,引导学生通过实验、观察、调查、资料收集、阅读、讨论、辩论等多种方式,在提出问题、猜想与假设、制订计划、进行实验、收集证据、解释与结论、反思与评价、表达与交流等活动中,增进对科学探究的理解,发展科学探究能力。让学生通过探究活动"发现学习和生产、生活中有意义的化学问题,并进行实验探究;能根据具体情况设计解决化学问题的实验方案,并予以评价和优化;能通过化学实验收集有关数据,并科学地加以处理;能对实验现象做出合理的解释,运用比较、归纳、分析、综合等方法初步揭示化学变化的规律"。

科学探究能力的培养应紧密结合化学知识的教学来进行。为此本节课设置了5个自主探究课题、两个趣味实验和两个研究性学习课题,帮助学生在具体活动中掌握知识、技能与方法,体验科学探究的过程,在态度情感与价值观方面得到良好的发展。

在新课程的教学过程中我们教师一定要善于发现机会、寻找机会、制造机会,与学生一起进行探究活动,在活动中让学生的怀疑勇气、思维能力、创新能力得到磨炼、升华,使学生的终生学习能力得以提高。

【案例点评】

新课程的课到底该怎么上?教师这个学生学习的引领者如何引导学生进行自主学习、探究学习、合作学习。本节课中教师针对"电能转变为化学能"这一课题的特点,进行了有益的尝试。该任课教师注意到了本课题是学生第一次接触"电解的原理",也是理论性较强的教学内容,如果没有必要的知识铺垫,盲目让学生在课前进行探究,受学生知识水平所限,十有八九会造成大多数学生看热闹、走过场,使探究流于形式。于是教师将教学过程设计成3个阶段:知识铺垫、自主学习、合作探究。第一课时,教师熟练应用多种教学媒体(演示实验、投影、动画)引领学生掌握了"电解的原理"的基础知识,并精心设计了"自主复习"、"自主探究"、"拓展视野"、"研究性学习(合作学习)"等课外学习活动,不仅仅促使学生巩固所学知识,更重要的是给了学生自主、合作的机会,通过"自主十合作"的形式下进行探究学习,培养学生团体的合作和竞争意识,培养学生的创新意识和科学探究的精神,提高其动脑、动手的能力。值得一提的是教师在课的最后给出了"探究指南",通过四张幻灯片,为学生的探究指明了方向。对于学生的课后探究,教师也不是"放羊",而是在一旁起穿针引线的促进作用,不包办代替,但又适时地用自己的神态、动作、语言去激起学生探究的热情,促进学生积极地探索,努力做一个优秀的"旁观者"。

《教育——财富蕴藏其中》一书中指出:"对几乎全部学生,尤其是尚未掌握思考和学习方法的学生而言,教师仍是无法取代的。"新课程要教师摒弃的是教师越俎代庖、以分析讲解代替学生独立学习的填鸭式教学,但教师也不能从一个极端走向另一个极端,变成"一切由学生说了算"。教学毕竟不是"放羊",即便是放羊,羊倌手上还有一根细细的鞭呢。学生需要引导,引导是教师的职责,教师不能放弃引导! 新课程所提倡的科学探究性学习承载着科学知识的掌握、科学探究能力的发展、科学精神和科学思维习惯的培养等多重任务。正是这样的任务决定了"探究性教学实际上是一种精心设计的教学活动"。教师如何针对不同的课题进行设计,如何去因人而异、因材施教,如何去把握探究方向,正确引领学生,这实在是一门需要不断探索的教学艺术。

二、换个方式来探究——让探究摆脱掉形式主义

一提探究,就认为任何一节化学课从头到尾都应该探究,这是一个不正确的认识。一个学期的化学课中,有几节使学生经历完整探究过程的探究课,使学生较完整地体会探究的过程和方法,全面增强学生的科学探究能力,为其他探究活动的开展,为学生形成探究性的思维奠定基础,创设发展、迁移的平台。但在平时、日常的化学课中,更多的是使学生运用科学探究的一个或几个要素所进行的局部探

究。对一个知识的某一个方面进行一下探究。例如,在进行过氧化钠的教学时,可能只对过氧化钠与水反应的产物进行探究,引导学生推测产物,进行实验设计和验证等探究活动。我们不可能也没有必要将所有的内容都设计成探究性的。有些教学内容让学生自己探究,有些内容要教师给出相关信息或启发讲授。不是所有的内容都适合探究,不是所有的探究都贯穿教学的始终;探究应该可大可小、可前可后,教师要机动灵活处理好整体探究与局部探究的关系,经常换个方式来探究——让探究摆脱掉形式主义。

1. 值得探究的化学知识

接受学习和探究学习是两类重要的学习的方式,各有其优势和劣势。各有主要功能与适用范围,没有绝对好坏之分,教师在教学实践中要从教学实际情况出发来选择并加以整合,以达到取长补短、相互补充,提高教学质量和效率,实现教学最优化的目的。并不是所有的知识都要探究,不同的内容有不同的特点,并不是都是适合探究,要选择那些值得探究并且能够探究的知识。所谓值得探究的知识是指化学教学中的核心知识、重点知识。也就是说探究应该围绕化学基本概念、化学基础理论、重要元素化合物的重要性质、化学知识在社会和生活中的重要应用等化学核心知识来进行,这些知识是值得探究的。也就是"课标"中所说的"具有探究价值"的知识。这些知识是未来公民发展科学素养所必须具备的知识。

那么,哪些知识是核心知识、重点知识呢?概括起来主要有以下几个方面:

(1)化学基本概念,如电解质、胶体与溶液的区别、原电池、化学反应速率等;

(2)化学基础理论,如元素周期律、碱金属和卤素性质递变规律、离子反应发生的条件、温度和浓度对化学反应速率和化学平衡的影响等;

(3)重要元素化合物的重要性质,如甲烷、乙烯、乙炔、苯的化学性质比较,蔗糖、钠与水的反应、过氧化钠与水和二氧化碳的反应,铝的两性等;

(4)化学知识在社会、生活中的重要应用,如抑酸剂化学成分的检验,鲜果中维生素 C 的还原性,易拉罐的主要成分,学校所在地区大气污染及防治情况的调查,减少或避免甲醛等挥发性有机物、含氟牙膏预防龋齿的化学原理的讨论等。

这也就是说探究应该围绕化学基本概念、化学基础理论、重要元素化合物的重要性质、化学知识在社会和生活中的重要应用等化学核心知识、重点知识来进行,这些知识是值得探究的。

2.能够探究的化学知识

除了要考虑这个知识值不值得探究以外,还要考虑这个知识能不能够探究。这个知识能不能探究,受到多方面因素的影响。其中,学生的因素和资源的因素是两个较为突出的制约因素。

(1)学生的因素

如果问题过易,学生仅凭已有的经验或知识,不怎么需要思考就能解决,那么,这个问题就不要安排探究;如果问题过难,超出学生目前的接受能力,那么,这个问题也不适合探究。例如,"食盐能否溶解于水中?"这个问题就不需要探究,因为,学生仅凭生活经验就可以回答;"食盐能否无限制地溶解于水中呢?"这个问题对于初中生来说,就值得探究(因为以此问题的解决引出溶解度和饱和溶液),而且学生根据实验探究的数据就能够解决,因此是可以探究、能够探究的问题。但这个问题对高中生来说,却不值得探究。如果换成这样一个问题:"氯化铜水溶液电解可以得到金属铜,那么,氯化钠水溶液电解也能得到金属钠吗?"这个问题就值得探究,而且在学生认识的"最近发展区"内,蹦一蹦,跳一跳,学生就能够解决。因此,从学生的角度来看,能够探究的知识应该在学生认识的"最近发展区"内。

(2)资源的因素

能不能探究,还要考虑所在学校的教学资源。如果所在学校不具备探究所需要的实验仪器和设备,那么,尽管这个问题值得探究,也无法安排探究活动。在谈到探究的问题时,很多人都举这样的事实来说没法开展探究,"农村学校连演示实验都做不了,还谈什么实验探究"。我们要承认农村学校实验教学资源匮乏的现实,因此,呼吁化学新课程的实施要为那些教学条件落后的学校配置必要的实验教学仪器和设备。但这不能成为条件落后学校的教师排斥探究、不进行探究教学的理由。因为,有些实验教学仪器是可以开发的,可以用代用品、可以用微型实验;另一方面,实验探究也不仅仅只有基于实验活动探究的一种形式,还有基于实验事实的探究和基于实验史实的探究等形式。

毕竟学校教育与科学研究不一样,不是所有知识的学习都要经历探究与发现的过程。如果学生的化学学习都要探究的话,那么,36学时的模块课,学生可能很难较为系统地学习作为未来社会公民所必备的化学学科基础知识。无论怎么说,化学知识都是学生发展科学素养的基础,没有知识作基础,化学新课程的其他目标的实现都是一句空话。所以,并不是所有的化学课都要探究,并非所有教学内容都适合于探究,必须对教材进行分析,充分估计学生的需要和现有知识储备,以确定适合探究的内容或对象。教师引导学生进行探究学习时,必须避免出现"形式主义"。要加强探究过程的指导,当探究活动过程遇到障碍,适时介入,加以点拨;要合理选择探究内容,选择那些具有普遍迁移价值的、学科核心知识,让学生进行探究学习;加强探究的开放度和深度的调控,探究活动有许多可以开放的内容,如试剂的选择、方案的设计等,教师要根据实际情况,选择其中某部分进行探究,合理调控探究的难度。

三、换个角度来探究——让探究服务于高考复习

教学心理学研究表明:"学起于思,思源于疑"。清人唐彪说:"有疑者看到无疑,其益尤浅,无疑者看到有疑,其学方进。"复习课难上,这是许多教师的同感,究其原因就在于有些老师认为新课程提倡的引导学生进行探究性学习是新课的任务,而复习课就是要快而全面地将所有知识点重教一遍又一遍,自以为熟能生巧,却给学生造成"炒冷饭"的感觉,使得学生的学习兴趣和参与程度大大下降,并导致注意力不集中,课上似听非听。这样即使教师讲解有多么细致、分析有多么透彻、总结有多么全面,往往都成了学生的耳边风,收效微乎其微。笔者也曾为复习课上不出新意而苦恼,直到有一次听了孙维刚老师的一节课,受到他的"换个角度看问题"的启发,而开始了引导高三学生"换个角度来探究"的尝试。在高三化学总复习教学中,根据具体内容,结合具体对象,进行具体策划,精心设计,设法让高三学生看到有疑,再度把学生置于"发现者"和"探索者"的位置上,把双基复习镶嵌在一个个探究的案例之中,使学生的学习方式由接受学习变为探究学习。从而有效地提高了总复习的效率和质量。经过几年的实践逐步形成了一套较有效的做法。

（一）引探的设计

复习教学的引探不同于新课教学,一方面由于教学内容是高三学生已有的知识而难于让学生看到有疑,给教师的引探设计带来一定的难度;另一方面由于学生经过高中三年的学习,已经具有较全面的中学化学知识,分析问题和解决问题的能力也较强,又使得教师得以引导学生进行较高层次的探究。进入总复习引探的素材很多,化学实验知识、化学前沿知识、学科间交叉的知识点、化学开放题及与生产、生活密切相关的问题,甚至学生暴露出的错误都可以用来提炼引探的案例,关键是教师要灵活多变不断创新,提出的问题角度要新,要能够引起学生探索的欲望,要有思维价值,要有一定的难度,要能够恰到好处地创设让学生"跳一跳、摘到桃"的理想情境。

1. 用化学实验知识引探

化学是基于实验的科学,其概念、原理和规律离不开实验验证。重要的化学知识与实验"相伴而生"是高中化学教材的一个重要特点。化学实验知识自然是总复习时引导学生探究的重要素材。实验原理、实验现象、实验操作、实验装置、实验评价、信息实验都可以提炼成引探的案例,往往通过实验设计的形式来加以实施。

（1）用实验原理引探

用实验原理引探指的是引导学生探究实现同一实验目的的不同反应(案例一)或同一反应原理设计成的不同实验(案例二)。

案例一:实验室制取氨气(或氧气)是否一定得采用固体与固体加热产生气体的装置? 若采用固体与液体(或液体与液体)不加热产生气体的装置来制氨气需要利用什么反应原理,采用什么物质作反应物?

案例二:课本上利用氨气与氯化氢反应的实验有哪些? 请你另外设计几个氨气与氯化氢反应的实验。

（2）用实验现象引探

用实验现象引探指的是引导学生探究实验的"异常"现象(案例一)、多个不同实验的相同现象(案例二)或者相同反应物不同操作方式产生的不同现象(案例三)。

案例一:为什么实验室制取乙烯时,反应混合液会变黑,而且往往还有刺激性气体产生?

案例二:请用不同的方法(反应物不同或操作方式不同或仪器不

同)来除去铜丝表面的黑色氧化铜使之恢复光亮的红色。

案例三:哪几组物质互滴时会出现 A 溶液滴入 B 溶液中,先产生沉淀然后沉淀又逐渐溶解,而 B 溶液滴入 A 溶液中,则先不产生沉淀,滴加到一定量才产生沉淀,但沉淀不溶解?

(3)用实验操作引探

用实验操作引探常见的有引导学生探究实验操作的"先"与"后"、探究某些实验的第一步(或最后一步)操作是什么(如:气密性检查)? 探究使用某些仪器的第一步(或最后一步)操作是什么(如:天平的调零)? 探究使用某些仪器的共同操作是什么(如:分液漏斗、滴定管、容量瓶、启普发生器等的查漏)?

(4)用实验装置引探

用实验装置引探指的是引导学生探究一种装置的多种不同作用(案例一)或者多种不同装置的相同作用(案例二)

案例一:右图所示装置是化学实验中常见的仪器,它有哪些用途?

通过讨论学生们提出的作用竟多达十种:①洗气、②气体和液体反应;③气体和气体反应;④排水法集气;⑤排气法集气;⑥观察并控制气体流速;⑦向装置中鼓入气体;⑧防止倒吸(b 口进气);⑨与量筒组成量气装置;⑩收集液态产物(如石蜡催化裂化)。

案例二:启普发生器为什么能使反应随时发生,随时停止? 请你另外设计几种能使制气反应随时发生,随时停止的实验装置?

经过探究每届学生设计的装置都不下十种(设计略)。

(5)用实验设计引探

用实验设计引探指的是将课堂演示实验和学生分组实验或这些实验的引申尽可能的变成实验设计题,引导学生根据教师提出的实验目的,设计实验的具体方案,学生会设计出各种各样的方案,在给予肯定和鼓励后,教师应引导学生进一步探究哪些方案是科学合理的? 哪些是存在缺陷需要改进的? 鼓励学生开动脑筋大胆设想,积极主动地参与实验设计过程,充分展示实验的设计思想,从安全、环保和经济等角度互相评价设计的方案,最后获得最佳方案。

(6)用实验评价引探

用实验评价引探指的是教师在讲评考卷或练习时,引导学生对照实验目的,对试题设计的实验从原理到装置、操作、现象等一一进行评价,甚至加以改进,在获得更合理的方案的同时使学生的知识和能力得到升华。

2. 用联系实际的问题引探

分析近几年的理科综合能力测试中的化学试题不难发现,与以往的"3+2"模式相比,理科综合能力测试进一步强化了对实用性科技知识的考查,强调和实际的联系,强调学以致用。其试题的设问均以应用性问题为主,问题情境涉及生活、生产、科学研究和技术应用以及其他领域的一些热点问题(如能源、环境保护、医疗健康、化学诺贝尔奖等),有的甚至成为解题的必备信息。要学生很好地适应这一趋势,教师就必须善于从联系实际的问题中提炼出引探的案例,不断提高学生选择、加工、提取信息的能力,以及综合运用所学知识分析和解决问题的能力。

(1)用化学前沿知识引探

化学前沿知识往往是课本所没有出现的,用这类知识来引探,容易创造新意,激发学生的探究欲望,调动学生的复习热情,帮助学生走出思维低谷,将复习旧知识和开拓学生的视野、培养学生的创造意识巧妙地结合起来。

案例:最近中国科学家合成了直径 0.5nm 的碳管,这类纳米碳管的理论直径只有 0.4 纳米。请你联想石墨和金刚石的结构、性质和用途推断这类纳米碳管的结构、性质和用途。

引导学生从石墨和金刚石的结构和性质入手,想象从石墨中取下一层,像焊接无缝钢管一样,利用 C—C 键将其"焊接"成纳米碳管,从而理解纳米碳管的结构,然后推断纳米碳管可能含有自由电子,而能导电;可能属于分子晶体,而具有较低的熔点;可能有较大的表面积,具有较好的吸附性能,而能用于贮氢。通过对纳米碳管的结构、性质和用途的探究,自然而然地复习巩固了石墨和金刚石的结构、性质和用途。还可以进一步探究碳元素的另一类同素异形体 C_{60} 等的结构、性质和用途。

(2)用与生产、生活密切相关的问题引探

心理学研究表明,人们往往都对自己熟悉的事物感兴趣。用这类知识来引探,让学生感觉化学就在身边,容易调动学生的积极性,激发学生的学以致用的渴望和兴趣,提高学生综合运用所学知识分析和解决实际问题的能力。

案例:过氧乙酸作消毒剂,在"非典"的防治中立下汗马功劳。已知过氧乙酸比乙酸多一个氧原子,过氧化氢具有的"O—H"和"—O—O—"键,过氧乙酸也有。①推断过氧乙酸的结构和可能的性质。②写出过氧乙酸可能的同分异构体。③写出比过氧乙酸多一个碳原子的同系物的结构简式。该同系物有多种同分异构体,其中哪些属于糖类物质?哪一种作为单体合成的高聚物(聚乳酸)可以制淀粉类一次性快餐盒,解决白色污染问题?④乳酸可能具有什么性质,可以发生哪些类型的反应?有几条途径可以制备乳酸?⑤有机合成中如何引进"羧基、醛基、羟基、卤原子"等官能团?⋯⋯

通过上述案例既可以引导学生步步深入,复习巩固有机化学的主要知识,又不会让学生有"炒冷饭"感觉。

(3)用化学史知识引探

我国著名化学家傅鹰先生说过:"化学可以给人以知识,化学史可以给人以智慧。"用化学史知识引探可以培养学生实事求是的科学态度、科学精神和创造能力;让化学家的智慧和成就激发学生的探索欲望,同时也使学生更深入地理解所复习的知识,再次激发学生对所复习知识的探索热情。如复习元素周期律和元素周期表时,我以这样一个案例开始:俄国化学家门捷列夫用他自己排出的元素周期表预言新元素时,为什么有的很准确,有的很不准确?门捷列夫发现的元素周期律与现在的元素周期律有什么不同?门捷列夫排列的元素周期表与现在的元素周期表有什么不同?⋯⋯

3.用化学开放题引探

用化学开放题引探可以将多个知识点和多种类、多层次的能力聚焦在某一案例上,有利于多方面知识的融会贯通和复习巩固,有利于培养学生思维的灵活性和发散性,也有利于因材施教,为学生个别探索和准确认识自己提供时空,调动不同能力层次的学生进行独立思考的积极性,培养学生的创造意识和创新能力。

案例:用十二种以上的方法鉴别浓硫酸和浓硝酸(或浓盐酸)。

该案例可以通过对比复习巩固浓硫酸和浓硝酸(或浓盐酸)的主要性质。

4.用学生暴露出的错误引探

"错误"可以激发学生的心理矛盾和问题意识,更好地促进学生的认识和发展。用学生暴露出的错误引探可以使学生在纠错中自我反省、产生顿悟，在学生的记忆中留下深刻的印象，不仅可以避免学生再出现类似的错误，而且可以强化所复习的内容。例如复习"原电池原理"时，我以这样一个案例开始："将镁条和铝片用导线连接后，平行插入氢氧化钠溶液中，电流计指针发生偏转，请写出负极反应式。"多数学生写成"$Mg-2e^-$ ===== Mg^{2+}"，然后引导学生通过分析产生错误的原因，在理解的基础上复习巩固原电池的变化原理，收到了传统复习方法所难于达到的效果。

（二）引探的作用

1. 引探可用于构建知识网络

例如复习碱金属一章时，可以通过对下列问题的引探：①哪些物质通过适当的途径（一步或多步反应）可以转化为氢氧化钠？②金属钠通过哪些途径最终可以转化为氢氧化钠？最多需要几步反应？最少需要几步反应？帮助学生构建起钠及其化合物相互转化关系的知识网络。

2. 引探可用于将零碎知识系统化

考虑到学生的知识水平和能力水平，根据循序渐进的教学原则，教材往往将同一知识块分散到不同的章节中，以便学生得以顺利掌握，总复习时则需要归纳对比，将零碎知识系统化，让学生融会贯通，让学生的知识升华为能力。案例探究是一种很好的归纳对比方式。例如化学实验知识贯穿在整个中学教材的始终，总复习时教师可以设计一系列恰当的案例（如：常见制取气体的实验装置有哪些？哪几套可以用来制取氨气？氧气？不同的装置对反应物有什么不同的要求？），引导学生通过探究，将分散的实验知识集装成箱，寓实验基础知识的复习于案例探究中。

3. 引探可用于答疑

学生的疑难是不理解造成的，引探答疑可以使学生在教师的引导下，通过探究一步步解开疑团，变不理解为理解。

案例：二氧化硅晶体中最小的环状结构是不是八元环？

许多学生受课本中的平面图影响，对"二氧化硅晶体中最小的环状结构十二元环"不理解，而课本又没有二氧化硅晶体的立体结构示意图。教师要帮助学生解开这个疑团，可以引导学生先复习金刚石的晶体结构，然后引导学生想象金刚石中的碳原子全部换成硅原子，并在每个 Si—Si 键间各插入一个氧原子,金刚石的结构也就变成了二氧化硅的结构,最小的环状结构也由金刚石的六元环演变成了十二元环,学生往往有茅塞顿开的感觉。

4. 引探可用于纠错

学生的错误往往是"只知其然,不知其所以然"造成的,引探可以让学生"知其所以然",是一种有效的纠错方法。例如:两种浓度不同的碱溶液混合(或酸碱溶液混合)后溶液的 pH 值的计算,学生往往错误地将两种溶液的氢离子总数简单相加后进行计算。为了彻底纠正这一类错误,我以这样的案例切入:"1 体积 pH＝4 的盐酸(或其他强酸)溶液稀释到 10 体积、100 体积、1000 体积、10000 体积,所得溶液的 pH 值分别是多少?"然后追问:"为什么酸性溶液稀释不会变成碱性溶液? 为什么无论多稀,酸溶液中的 $C(H^+)$ 总是大于 $C(OH^-)$?""两种浓度不同的碱溶液混合,水的电离平衡会不会移动,移动后,对 $n(H^+)$ 影响幅度大还是对 $n(OH^-)$ 影响幅度大?""计算溶液的 pH 值时,什么情况下要考虑水电离出的 H^+(或 OH^-),"什么情况下不要考虑? ……通过探究,这类题目的正确解法很快就为学生们理解和掌握。

5. 引探可以让师生跳出题海

有些老师认为:"在总复习中就是要让学生多做题,见多识广,试题做多了,学生能力就上来了,就能考出好成绩。"导致学生陷入题海,造成学生只会做套路题,思维形成定势,不仅高考题目一变,学生就无所适从,考不出好成绩,更严重的后果是学生丧失创造能力,适应不了社会发展的要求。一题多变、一题多解、多题一解的引探,不仅能使高三的师生跳出题海,还能使学生的思维得到升华。

(三)收获与体会

引导探究可以渗透到复习教学的每一个环节,贯穿于高三化学总复习的始终,如:课堂引导探究、辅导引导探究、出题引导探究、说题引导探究……自从"引导探究"应用到高考化学总复习中后,教师不再为复习课上不出新意而苦恼,学生的学习兴趣和参与程度显著提高,教师有热情,学生有激情,复习效果越来越佳,我校从 2000 年至今连续多届毕业班省质检和高考化学科成绩均名列福建省前茅。我们认为,这些成绩的取得不是偶然的,因为探究可以启动学生思维,可以激发学习兴趣,可以将知识转化成能力,可以培养创新意识。

只要我们积极实践,努力探索,新课程提倡和强调的自主学习、合作学习和探究学习就能进入毕业班中,使高考复习教学更加科学而有效,让高考总复习真正纳入"一切为了学生的发展"的轨道之中。

总之,接受学习和探究学习虽是两种不同的学习方式,但它们又相互联系、相互制约和相互促进。一方面,探究学习以接受学习为基础。有效的探究学习必须是主动而有意义的,学生要主动而有意义地进行探究学习,必须具备一定的知识和技能基础,否则就不可能积极主动地参与到探究过程中去,理解探究中的有关问题,从而把经过探究得到的知识加以内化而赋予知识以意义。而探究中所需要的这些基础知识和技能,主要来自于教学效率较高的接受学习。另一方面,探究学习是促进接受学习的重要条件,中学生的接受学习往往需要一定的具体经验作为支撑,而探究学习是学生获得具体经验的一种重要途径,而且探究学习中要用到接受学习中已获得的知识,能够促进对这些知识的理解和巩固。此外,并不是任何内容都要探究一番。因为有些内容学生不必探究,只要阅读课本就明白的知识可以采用自学的方式,还有些内容可能探究起来很费时,在教学时数比较紧张的情况下可以不必探究或只探究其中几个关键点,以提高教学效率。因此,我们在强调探究教学时,不能排斥包括接受式教学在内的其他教学方法。

第五节 粉笔与 CAI 课件

一、CAI 课件在课程教学中的地位和作用

随着信息技术的发展,计算机辅助教学(简称 CAI)在学科教育中发挥着越来越大的作用。纵观计算机技术在中国几十年的发展历程,人们这样形容:计算机技术和学科教学在上世纪 80 年代是两条平行线,各行其是,互不联系。由于经济和科技的原因,当时计算机在课程教学中仅仅是个地位模糊的配角,实际中很少有人把二者真正相提并论;在上世纪 90 年代是两条相交线,交点是 CAI,人们把教

学信息以丰富、生动、直观的多媒体形式表示出来,改变了学科教学单一、枯燥的形式,促进了教育的发展;而21世纪则是曲线和渐进线,无限接近、融合,成为一体。此时计算机已经不再仅仅是一种工具,它将成为学科的有机组成部分,融入各学科当中,直接参与实际问题的解决。例如,现在一些中等学校用几何画板计算或证明数学问题,用软件模拟物理和化学实验等已初步体现了这一趋势。但从整体来看,我国学校目前对于计算机技术和课程教学的结合还处于初期阶段,多年的传统教学思想根深蒂固,陈旧的教育观念急需转变,CAI的开展存在着诸多问题。

(一)正确认识现阶段计算机技术在课程教学中的地位和作用

由于历史和经济的原因,我国大多数地区的学校开展CAI还处于初期阶段。地区经济发展的不平衡决定了计算机技术应用程度的巨大反差。多年的传统教学思想根深蒂固,对计算机技术和课程教学的关系的认识存在着种种误区。目前,在二者的关系上存在两种极端的意见:一种是认为传统教学已经取得了丰硕的成果,再投入大量的精力去开展CAI需要冒一定的风险,特别在中学教育阶段,由于升学考试的压力,使得许多教师对CAI持消极甚至是抵触情绪,计算机和学科教育严重脱节。另一种则是不顾实际情况,过分夸大了计算机技术在教学中的作用,刻意追求CAI的开展,以至出现了许多地方评"优质课"把使用计算机作为必备条件,某些学校甚至还宣扬全电脑教学。

以上两种情况都是对计算机技术和学科教学关系的片面理解。CAI并非简单地把计算机技术加上学科教学内容就可以了,而是必须在先进教育思想的指导下,结合教育学和心理学的知识,根据教学内容实际,联系学科特点和学生心理特点,以有利于教师的教学和学生的学习为原则,充分利用计算机技术的优势,创造教学情境,直观、生动地演示教学内容,从而帮助教师减轻工作负担,便于学生把注意力集中在学习过程和重点上,进而提高学习效率。

但目前许多开展CAI的学校并没有处理好二者的关系,主要表现为:不是为教而用,而是为用而用,CAI的开展处于表面化,没有真正和学科教学结合。具体的不足表现在以下几个方面:

1.使用的是现代的技术手段,但仍按照传统的方式教学

在教学中,除了使用多媒体演示手段来代替传统的黑板、粉笔之

外,教师的教学和以往没有本质区别,依旧只重视演示现象,传授知识,忽视揭示某些知识或现象产生的过程,忽视师生之间的交流以及培养学生的能力。在这里,计算机只是一种载体,一种纯粹的工具,并没有真正使其与学科教学相结合,没有发挥它应有的作用。

2.不顾教学规律,过度使用课件和追求课件形式上的华丽

CAI 是一种教学的辅助手段,它的特点在于能够把声音、图像和文字有机结合在一起,用生动直观的形象来演示教学的内容,使学生对知识更易接受,提高教学效率。但如果过多地使用,不仅不会提高教学效果,反而会干扰学生的思维,影响学生思考的过程,成为另外一种形式的灌输。因此,从教学上讲,目前计算机的功能应体现在"辅助"上,制作的课件要简单、实用、明了,并且不一定连续使用,演示几分钟或是十几分钟即可,需要的时候再使用。应重视演示那些抽象、复杂,学生经过努力仍然不太容易理解接受的内容,使其起到"画龙点睛"的作用。

3.脱离实际情况,紧跟技术潮流,缺乏创新意识

许多学校往往对于现代教学技术的最新动态趋之若鹜,盲目跟从技术潮流。如计算机技术与课程的整合,网络环境下教学的实施,研究性学习的开展,留心学生心理的变化等等。这些理论都是最近几年才在我国兴起,在发达地区的实施开展也只是刚刚起步,而一些学校却在缺乏足够的论证和实验的条件下推广应用,没有根据自己的实际情况,去树立自己的教学特色,盲目攀比、跟随,创新意识淡薄。

4.重视演示内容,忽视师生之间的交流

许多课件的设计,把"师生"关系转变为"人机"关系。在这种教学情境下,教师只需操作电脑,利用课件直接演示并讲解教学内容,教师就像一个操作员,孤立于课堂教学之外。这样的课件缺少了课堂的精髓——师生的情感交流。这样的教学忽略了教师的主导地位,忽视了教师的言行举止对学生的启发、诱导的积极作用,忽视了教师独有的人格魅力。这样,就不利于教学中非智力因素的培养,不利于师生在教学中的创造性的发挥。在学科教学中,计算机决不能替代教师,制作的课件应结合教师的教学方式、学生的特点和教学的需要,并且适时、有度地使用,用得恰到好处。

（二）学科课件制作对学校和教师的要求

现在广大中学学科教师都已认识到 CAI 给课堂教学带来的好处，但在课件的制作和运用方面还存在着一些问题。

首先，制作完成一个优秀的课件所消耗的时间远远大于传统教学中备课所需的时间，这是在一些地区 CAI 开展困难的主要原因之一。由于计算机技术的迅猛发展，新软件的层出不穷，加之许多教师以前很少接触计算机，即使经过培训也只是掌握了一些基本的操作技能，对于相对复杂的学科课件的制作来说，他们仍然难以胜任。因此，如何制作合乎要求的课件，加强经验交流已经成为当务之急。目前，制作学科课件的软件主要有 Powerpoint，几何画板，Flash 等等，这些软件各有优缺点。一般来说，只有结合多种软件共同使用，才能充分发挥它们各自的长处，体现出优秀课件的作用。也正是如此，所以就加大了教师开展 CAI 的难度，阻碍了计算机技术与学科教学的融合。解决这个问题，一方面要加强对一线教师的计算机培训，使他们具备一定的操作基础，清楚了解软件的功能和优缺点，了解课件制作的内容和要达到的效果，并能自己完成一些简单课件的制作。另一方面，各学校也应配备专职技术人员去帮助教师制作一些比较复杂的课件。毕竟学科课件的制作相对比较困难，教师也不可能耗费大量的时间、精力去专门学习精通各种课件的用法。因此，课件的制作也应走协同化、合作化的道路，集合多人的力量，并通过网络来加强各地教师之间的交流。单靠个人能力去完成一切已经不符合时代的要求。

其次，许多地方 CAI 的开展缺乏有效的理论指导，带有一定的盲目性。正如前文所说，CAI 是一个复杂的构成，它的实践如果脱离教育理论的指导将成为盲目的行动。教师在开展 CAI 时，必须以"教学面向现代化"为指导，充分领会建构主义理论的核心：知识不是被动接受的，而是由认知主体积极主动建构的。应认真研究教材，分析教学内容的特点，调查教学对象的实际情况，确立学生的主体地位。在此基础之上，充分发挥计算机技术的优势，引导学生从各种教学情境中去发现问题，解决问题，作出结论，验证结论。从而调动学生主动参与和探索的积极性，培养学生的创新精神。

最后，当前课件的制作缺乏交流性、共享性和可扩充性。由于课件制作烦琐，许多课件仅被看成是评比和观摩时的装潢，一旦完成使命,就失去存在的价值,被束之高阁,极大地浪费了人力、物力;一些课件的制作过于教材化,缺乏能动性和创新性,没有交流的价值;另外一些较优秀的课件,则由于缺乏有效的说明和制作方法的介绍,使非专业的教师很难拿来修改、扩充,为自己所用。因此,增强课件的共享性和可扩充性已成为有效利用资源,顺利开展 CAI 的有效途径。

(三)对于开展 CAI 的反思与建议

CAI 只是计算机技术和学科教学初步的结合,它是将二者整合为一体的前奏。就目前来讲,我们过于注重它的表面和形式,没有把它看作是一个由多重知识构成的复合整体,没有从深层理论的方面来研究它,从而也就没有真正将计算机技术和学科内容整合在一起的教学。由此看出,CAI 对教师素质提出了更高的要求,需要教师有先进的教育理念,广博的知识,深厚的专业功底,熟练的计算机操作技能,以及教育科研意识和不断创新的精神。这就要求对教师加强培训,促进教师再学习,不断更新知识结构,提高整体素养。同时,也要积极参与 CAI 实践,从中不断吸取经验教训,为更好地开展 CAI 工作,促进课程教学的进步打下良好的基础。为此,教师在平时应注意以下几个方面:

首先,教师应立足"以人为本"的原则,把学生放在主体地位,改变传统教学中的灌输理念,积极引导学生,充分体现学生的主动性,注意学生分析问题、解决问题能力的培养,为 CAI 顺利开展提供思想导向。

其次,课件制作应结合教学内容,结合学科特点和学生心理特点,充分发挥教师的引导作用和学生的主体意识,创造教学情境,化繁为简,化难为易,体现出计算机技术的优势。

再次,加强教师的技术培训,促进彼此合作交流,保证课件制作的兼容性、可扩充性和共享性,通过网络等媒体实现信息共享,及时获得最新资料,提高教师整体水平。

二、与学科整合发挥 CAI 课件的优势

我们在教学实践中,既要重视 CAI 在化学教学中的应用,又要采取优化 CAI 模式的策略,充分发挥 CAI 的独特作用,合理整合 CAI 与化学教学。

（一）CAI 的发展及特点

目前,国内外的现代教育技术的应用,大体上有以下几种:一是计算机多媒体技术用于课堂教学的"多媒体计算机辅助教学模式"。二是传统媒体和现代媒体组合的"多媒体组合课堂教学模式"。三是因特网的"网络教学模式"。四是运用计算机仿真技术的"虚拟现实教学模式"。CAI 是计算机辅助教学系统,是现代教育技术模式之一。

CAI 和传统教学相比有下列特点:一是形象性。二是交互性。三是主动性。四是先进性。CAI 的应用,被誉为教育史上的第四次革命。

（二）优化 CAI 模式的策略

优化 CAI 模式策略的三要素是:理念、方式、程序。优化 CAI 模式策略的理念,是指确定以教师为主导、以学生为主体的指导思想,优化 CAI 教学模式。教育观念的改变是优化教学过程的前提,如果师生双方没有更新教育观念,教学模式的优化就无从谈起。CAI 教学模式应该既发挥教师的主导作用,又充分体现学生的主体地位。优化 CAI 模式策略的方式,是将传统教学方式与现代教学方式有机结合,形成有效的 CAI 模式。CAI 是一种先进的教学方式,但也有其局限性。因为教师可以凭借敏锐的思维和丰富的经验游刃有余地组织课堂教学,而制作完成的 CAI 课件容易把灵活有趣的课堂变得僵化枯燥,而且教学过程中重要的"师生交流、生生交流"也无法实现。因此,在教学实践中不能完全依靠 CAI 课件,而应把传统教学方式和 CAI 教学方式有机结合起来,实现两种方式优势互补。在教学过程中,教师要有一定的时间离开键盘、鼠标和屏幕,结合传统教学方式,用自己的语言、板书、身体姿势和表情来传达知识和信息。否则,不仅影响学生对教学内容的吸收消化,而且不利于学习能力、思维能力和创新能力的培养。优化 CAI 模式策略的程序,是指 CAI 制作的基本程式,它包括四个过程:(1)分析过程。主要是分析学生的情况、教学内容、教学任务等;(2)设计过程。主要是教学设计、选定软件和编写脚本;(3)制作过程。主要是课件制作和调试;(4)实施过程。主要是课件试教、修改和实施。在 CAI 设计制作的过程中容易忽视"课件设计必须满足教学设计"的基本要求,往往为了追求"新颖"、"有趣"、"动感"等效果,把课件设计得令人眼花缭乱,使课件偏离了教学内容的要求。所以,优化 CAI 模式应把握好理念、方式、程序三要素的内涵和基本要求。

(三)CAI 与化学教学整合的本质与内涵

CAI 与化学教学整合意味着在已有化学课程的学习活动中结合使用信息技术,以便更好地完成化学课程目标,培养创新精神和实践能力,它是在教学过程中把信息技术、信息资源、信息方法、人力资源和课程内容的有机结合并共同完成教学任务的一种新型的教学方式。CAI 与化学教学整合强调信息技术要服务于课程;强调信息技术应用于教育,其出发点首先应当是课程,而不是技术;强调设计应最大限度地增强学习效果,使学生学习和掌握用其他方式和方法难以学到的知识,并在高质量地完成既定课程教学目标的同时,获取信息技术技能以及解决实际问题的技能。它是我国面向 21 世纪基础教育教学改革的新视点,与传统的化学教学有着密切的联系和继承性,又具有一定相对独立的特点。它的实施将对发展学生的主体性、创造性和培养学生创新精神和实践能力具有重要意义。CAI 与化学教学整合的本质与内涵是:要求在先进的教育思想、理论的指导下,把以计算机及网络为核心的信息技术作为促进学生自主学习的认知工具、情感激励工具与丰富的教学环境的创设工具,并将这些工具全面运用到化学教学过程中,使各种教学资源、各个教学要素和教学环节,经过组合、重构,相互融合,在整体优化的基础上产生聚集效应,从而促进传统教学方式的根本变革(也就是促进以教师为中心的教学结构与教学模式的变革),达到培养学生创新精神与实践能力的目标。CAI 与化学教学整合对于深化化学教学过程的改革具有重大意义,它的关键就是要改革传统的以教师为中心的教学模式,创建新型的既发挥教师主导作用又充分体现学生主体作用的"主导—主体"教学结构,在此前提下实现化学教学内容、手段、方法的整体改革,从而真正达到中学化学教育的目的。

(四)CAI 与化学教学整合应注意解决的问题

1. 教师应正确认识 CAI 与化学教学的整合

目前,有部分教师对 CAI 在课堂中的应用产生畏难情绪、抵触情绪;对 CAI 的应用有时不知所措,在教学实践中,由于对 CAI 与化学教学整合认识模糊,没有真正把 CAI 与化学教学有效整合,结果是"口灌"变成"电灌"。因此,化学教师应大胆更新教学观念,不断提高自己的信息技术技能,正确认识 CAI 与化学教学整合,在化学教学实践中,充分、合理、有效地应用 CAI 来优化化学教学过程和效果,大面积地提高化学教学质量。

2.CAI 的"技术含量"不能掩盖先进的教学理念

CAI 的应用重在其"实用价值"。有的教师制作 CAI 课件时,一味地追求最新的"高科技",认为软件越高级、会的人越少越好。其实这偏离了 CAI 教学的初衷。多媒体教学毕竟只起辅助作用。在课堂中起主导作用的是教师,教师要认真学习心理学、教育学知识、运用科学的教育观念、教学思想去教书育人,刻苦钻研业务,提高自己的教学水准。教师教学理念、思想的现代化,要远胜过技术手段的现代化。所以,运用 CAI 教学不仅对教师的计算机运用水平提出了挑战,同时也对教师的业务水平的提高提出了更高要求。

3.不能忽略 CAI 与化学教学的整合

CAI 课件的设计是为了更好地解决在传统教学中不能或难以解决的问题,这就意味着并不是所有的教学内容都能运用 CAI 教学。CAI 课件展示的知识内容必须与教学内容和课型相适应,与学生的认知水平相适应。在教学实践中,往往出现"两张皮"现象。有的教师过多过滥地使用 CAI 课件,一味地追求 CAI 的效应,结果事与愿违。所以,在运用 CAI 教学时,教师一定要从实际的教学课型和教学内容出发,进行恰如其分的整合,寻找最佳结合点,突出教学重点,解决难点,探索规律,启发思维。

4.不能颠倒教与学的"主导"和"主体"关系

教学过程中,学生是主体,教师是主导,教师无论采用什么样的教学手段,这一点是永恒不变的。CAI 作为现代教学的辅助工具,为教学注入了活力,使长期困扰教师的某些教学难点迎刃而解,在提高教学效果上起到了一定的作用。但如果将 CAI 模拟演示代替了学生的主动思考,就将使教学效果大打折扣。作为教师,首先应把握住自己在教学中的主导地位和作用,通过对教学过程的设计和灵活多变的操作,使 CAI 发挥最佳教学功能,同时要从人与多媒体、教学内容与多媒体的关系入手,探讨 CAI 在教学运作中的基本教学规律和要求,使 CAI 更好地为教学服务。我们倡导的是制作和使用以学生的"学"为中心的 CAI 课件。

5.不能用 CAI 教学替代化学实验教学

化学是以实验为基础的学科,在日常教学中,实验教学有着举足轻重的作用。实验是为了让学生通过观察、研究来获得知识,它真实地再现变化过程,具有极强的说服力和感染力。实验是培养学生规范的动手操作能力和观察能力的重要手段,也是培养学生创新思维和创新能力的重要途径。但在实际教学中,由于一些实验有一定的毒性、危险性、操作的复杂性和成功率低等缘故,有的教师往往用CAI模拟实验的过程或用播放录像等形式来进行演示。其实,这根本无法达到实验教学的目的,无论多逼真的模拟也无法和真实的实验过程相媲美,而且这样做也失去了实验的"过程"意义。模拟和真实毕竟是有区别的,前者不能代替后者。

6. 不能摒弃传统的教学手段

在CAI教学中,有些教师把CAI看成是提高教学效果的灵丹妙药,过多地追求和利用CAI教学的功能,无形中摒弃了传统的一些教学手段。利用现代化的教学手段,并不意味着摒弃传统的东西,传统教学手段也有其优越性的一面,在运用CAI教学手段时,不应忽视传统教学手段的作用。CAI教学作为一种新生事物,我们只有适时、适度地把握好应用的各个环节,才能发挥其最大的效果而不至于走入误区。

(五)CAI在化学教学中的应用

1. CAI在化学基本概念和理论教学中的应用

化学是一门宏观现象后面藏着微观结构的自然科学,揭示微观结构单靠语言、文字描述,很难在学生头脑中留下深刻印象。学生在学习原子、分子及其结构理论时,由于这些内容主要涉及的是一些抽象的概念或微观的内容,它们是既看不见,也摸不着的微观粒子或反应过程,若用传统的教学方法和手段进行教学,教师不易教,学生不易学,学生理解起来经常会感到比较困难。而CAI在揭示化学过程的微观实质、展示化学思维的形成路径、描述化学思想的产生、化学概念的形成与发展等方面都有独到之处,可以弥补化学学科教学的上述缺憾。它能变抽象为具体,变静态为动态,将微观过程宏观模拟,把宏大场景缩微处理,对瞬间变动定格分析,使微观探索问题的教学变得直观、形象、生动。如在学习原子核外电子运动的规律时,此时若用CAI软件模拟原子核外电子的高速运动,甚至模拟出电子云示意图,学生就可从动画演示中感悟到原子核外电子的运动特点,这样可以有效地加深学生对原子核外电子运动的规律的理解和记忆。

　　2.CAI在化学实验教学中的应用

　　化学是一门实验科学,实验教学在化学教学中有着十分重要的地位,化学实验的基本常识和基本技能是学生终身学习必备的素质。化学物质及其变化过程,具有毒性、易燃和易爆等特点,在操作时的失误常常会导致严重的后果,传统课堂教学时,尽管教师反复强调并进行一些示教演示,但仍有一些学生因缺乏感性认识和经验而在操作时犯错误。如能用CAI课件再现正确操作的全部过程和展示失误操作的严重后果,肯定会加深学生的印象,减少学生操作时的失误,使学生的参与能力和探索精神得以施展和提高。CAI教学适用于常规实验教学不能进行的操作和现象不明显的实验。如通过模拟浓硫酸中加入水的实验,让学生感受到违犯操作规程后果的严重性。又如氯气、一氧化碳的毒性学生无法感知,可借助CAI模拟人中毒死亡,告知学生在日常生活中要谨防煤气(CO)中毒。但在化学教学过程中,凡是能做、必做的实验必须做,这并不是反对实验模拟。有时能做、必做的实验也有必要借助CAI模拟,但应该先做实验,后利用实验模拟,这时CAI模拟的目的是使学生看清常规实验中学生看不清的层面,并利用CAI课件良好的交互性,对某一现象或过程进行反复回放,加以突出。

三、孰优孰劣——CAI模拟课件 VS 化学实验

　　化学实验,作为一种理论联系实际的实践活动,使学生处于教学的主要地位,灵活地运用知识并促成知识迁移,它经过生动的形象作用于学生,能激发学生的学习兴趣,形成良好的学习动机,并通过非智力因素促进智力的发展,所以,在化学教学中应强调实验教学的重要性。而多媒体技术和网络技术具有的强大的信息传播功能,为化学课程改革提供了极为有利的条件,展现出新的前景。在使用计算机辅助教学的过程中,教师应清晰地认识到:使用现代信息技术的根本目的在于促进学生自主学习,改变传统的学习方式,扩大信息时空提高学习效率。用计算机模拟一些复杂的化学实验,有助于学生理解知识;设计一些实验有助于强化学生的记忆,增强纠错能力,避免事故的发生。但模拟实验无法全面体现化学实验的作用,不能以此

取代化学实验，微观图影跟宏观现象也有着本质的区别，不能进行简单的类比，所以在用计算机模拟微观图影时要注意避免科学性错误。

化学实验教学，特别是探索性实验教学，目的是培养学生的动手能力，科学探究能力，观察实验能力，获取信息、传递信息、处理信息的能力，分析和判断的能力及团结协作的能力。而多媒体课件对本学科来说只能作为一种辅助手段加以运用，因为它毕竟是制作的课件，容易在学生头脑中产生"假"的想法；只是有时用实验无法或很难看清楚的化学现象，才有必要利用课件的方式，通过放慢其变化过程，利用屏幕重现其化学反应过程，从而使学生看清楚其间的变化，起到补充和强化化学实验的效果。

两者之间各有优缺点：多媒体课件课堂容量大，能极大地提高课堂教学效率，但不能真正体现化学现象的真实性，即课件的结论不能使人信服；而化学实验，现象直观，结论真实，实验所获得知识真实、可信，具有很强的说服力。

化学本来就是以实验为基础的学科，没有实验就失去化学课的学科特点。我们应尽量把教学中的演示实验、验证性实验改变为学生分组实验和探索性实验，使学生有较多的动手操作机会，发展他们的创造性思维，充分发挥各种实验器材的作用。而恰当运用投影媒体，可以帮助学生由感性认识向理性认识过渡。化学实验中的瞬间反应稍纵即逝，我们把这种反应现象绘制成投影图片，在实验之后映出，让学生再观察模拟实验现象。通过覆盖片上的文字说明和给出的符号与数据，帮助学生进行理性分析，实现认识上的飞跃，效果很好。投影字幕片可以节省课堂板书板图时间；化学实验装置零件组合叠影投影片可以随时复习化学实验装置的合理组装，不仅可以在投影仪上放映，学生在白纸上也可随处进行复习，兼有学具功能。

有些化学实验由于装置不合理或违反操作程序会造成试管爆裂、有害气体溢出等现象，现场实验不安全，而这部分内容又必须让学生掌握，电脑动画的演示效果极好。进行即时反馈调节，使化学课堂切实实现了教与学信息的双向交流，做到每一个学生都全程参与，教学效果不仅优于一般传统教学，而且效果比一般电化教学还显著。多媒体辅助教学通过图文、声像并茂的动态信息，增强了教学的感染力，多样化的外部刺激，有利于学生学习积极性的提高，从而可以提高学习效率，这些是传统的教学模式不能比拟的。例如：一氧化碳的中毒过程。通过以上的模拟实验显示,学生自己在感性认识的基础上,结合所学"一氧化碳的性质"就比较自然地突破了本节的难点。接着,可以通过屏幕展示一氧化碳与血红蛋白的结合能力和氧与血红蛋白的结合能力的比较,分析一氧化碳的中毒原理,使学生学会如何利用所学知识解决新问题的能力,领略到成功的喜悦,达到较好的教学效果。

我们知道,化学学科是一门实验学科。在教学中,通过观察实验、教师演示实验和学生实验,来培养学生的观察和实验动手能力,培养实事求是的科学态度。然而不少的实验现象由于实验条件限制,在传统的教学手段中没法演示,如分子运动、分子的形成过程、钢铁的锈蚀与防护等,我们就可以利用计算机技术进行化学实验模拟,的确是形象而生动的。但制作时应注意:第一,课件的制作必须具有科学性,如在"原子的构成——原子核(质子、中子)和核外电子"的模拟中,切不可让质点均匀排布,否则造成误导;第二,切不可以用模拟实验完全代替化学实验,如在讲质量守恒定律时,可让学生在实验室自己动手操作,取得实验数据,得出物质反应前后的质量关系,而不可以把实验现象及结论直接制作成课件进行模拟,从而违背实验教学规律,学生既不信服,且一无所获,甚至适得其反。

作为一个崭新的教学手段,多媒体辅助教学以它的独特性、先进性、高效性,犹如一道亮丽的风景线展示在人们的面前。但并不是所有的教学内容都适合使用CAI手段,更不是所有教学内容都必须采用CAI才能达到教学最优化,而应当根据实际需要合理使用,才能发挥最佳效果。虽说传统的教学模式不具备以上优点,但数千年来的运用和改进,也有着不可替代的精华部分。实践证明,只有将多媒体辅助教学与传统的教学模式有机结合,才能相得益彰,在教学中切不可一味地追求"高科技",误认为没有计算机辅助教学的课就不是一堂好课。应该看到,不管什么课,只要教学媒体运用恰当,充分地调动了学生的学习积极性,发挥了学生的主体作用,达到了培养学生创新思维、创造能力的效果,提高了学习效率,就是一堂好课。

古语说得好:"工欲善其事,必先利其器。"要真正让学生感受到现代信息技术带来的喜悦,教师既要不断提升自己的业务水平、业务能力,还要正确看待多媒体在教学中的辅助作用。千万不能把优势变成劣势,犯了画蛇添足的错误;也不能不考虑教学内容和学生特点乱用,像学生实验,若通过播放影片取代实验教学,则抑制了学生动手操作能力的培养。教学过程中,学生是学习的主体,是学习的主人,多媒体是通向知识的一座桥梁,在教学中应起到雪中送炭、锦上添花的作用。

四、CAI 课件的设计

随着计算机多媒体技术的飞速发展,许多教师已经尝试计算机辅助教学,并取得了较好的教学效果。但是,由于 CAI 软件一般由教师自己设计、编制,编制时必须遵循教学原则,要符合科学性、艺术性,同时还要着重做好以下几方面的设计工作。

（一）课件结构

课件结构应采用超媒体结构。超媒体是基于超文本支持的多媒体,多媒体的表现可使超文本的交互界面更为丰富,由多媒体和超文本结合发展而成的超媒体系统目前已成为一种理想的知识组织结构和管理方式。CAI 设计采用超媒体结构,既方便了教师操作,又可以使教师根据实际教学情况自由选择和重新组织教学内容。

（二）字、声、图的设计

1. 文字的设计

CAI 软件中包含了大量的文字信息,是学生获取知识的重要来源。设计时要做到:

（1）文字内容要简洁、突出重点

文字内容应尽量简明扼要,以提纲式为主。有些实在舍不去的文字材料,如名词解释、数据资料、图表等,可采用热字、热区交互形式提供,阅读完后自行消失。

（2）文字内容要逐步引入　对于一屏文字资料,应该随着讲课过程逐步显示。这样有利于学生抓住重点。引入时,可采用多种多样的动画效果,也可伴有清脆悦耳的音响效果,以引起学生的注意。

（3）要采用合适的字体、字号与字形　文字内容的字号要尽量大,选择的字体要醒目,一般宜采用宋体、黑体和隶体。对于文字内容中关键性的标题、结论、总结等,要用不同的字体、字号、字形和颜色加以区别。

（4）文字和背景的颜色搭配要合理　文字和背景颜色搭配的原则一是醒目、易读,二是长时间看了以后不累。一般文字颜色以亮色为主,背景颜色以暗色为主。以下列出几种具有较好视觉效果的颜色搭配方案。　文字颜色/背景颜色　白色/蓝色　白色/黑色　白色/紫色　白色/绿色　白色/红色　黄色/蓝色　黄色/黑色　黄色/红色

2.声音的设计

CAI 软件中的声音主要包括人声、音乐和音响效果声。人声主要用于解说、范读、范唱,在 CAI 软件中应用较少。软件中,合理地加入一些音乐和音响效果,可以更好地表达教学内容,同时吸引同学们的注意力,增加学习兴趣。一段舒缓的背景音乐,可以调节课堂的紧张气氛,有利于学生思考问题。

音乐和音响效果的设计时应注意:

(1)音乐的节奏要与教学内容相符。重点内容处要选择舒缓、节奏较慢的音乐,以增强感染力,过渡性内容选择轻快的音乐。

(2)音乐和音响效果不能用得过多,用得过度反而是一种干扰信息,效果适得其反。

(3)背景音乐要舒缓,不能过分的激昂,否则会喧宾夺主。

(4)要设定背景音乐的开关按钮或菜单,便于教师控制,需要背景音乐就开,不需要就关。

3.图形、图像、动画、视频的设计

CAI 软件中,图形、图像、动画、视频图像占较大比重,设计得好,可以起到事半功倍的教学效果。反之,也会起到副作用。

(1)图的内容要便于观察　图形、图像等画面设计要尽可能大,图的主要内容处在屏幕的视觉中心,便于学生观察。

(2)复杂图像要逐步显示。对于较复杂的图,如果一下子显示全貌,会导致学生抓不住重点,也不便于教师讲解。应随着教师讲解,分步显示图形,直到最后显示出全图。

(3)对于动画和视频图像,应具有重复演示功能。

对于动画和视频图像,学生可能一次没看清,最好设计重复播放按钮,教师可以根据教学实际,重复播放。

(三)注意事项

(1)注意色彩的合理应用

色彩的应用可以给课件增加感染力,但运用要适度,以不分散学生的注意力为原则。如:色彩搭配要合理,色彩配置要真实,动、静物

体颜色要分开,前景、背景颜色要分开,每个画面的颜色不宜过多。

(2)尽量加入人机交互练习。

设计 CAI 软件时,适当加入人机交互方式下的练习,既可请同学上台操作回答,也可在学生回答后由教师操作;这样做能活跃课堂气氛,引导学生积极参与到教学活动中。

(3)注意字、图、声的混合　例如,对于一些动画,由于其自身不带声音,设计时,应为动画配上适当的音乐或音响效果,这样可以同时调动学生的视听觉功能,有利于学生记忆,提高教学质量。对于一些重点的字、词、句,除了采用不同的字号、字体和字形加以强调外,也可以运用动画、闪烁等技术,引起学生有意注意。

第三项修炼:衔接
──为"生成"架设阶梯

第一节 初中与高中的教学衔接

一、一个必须铺垫的"台阶"──搞好初、高中化学教学衔接的必要性

随着初、高中化学新课程改革的推进,中考考试与评价选拔制度改革实验的发展,初、高中教学衔接问题日益突出。初、高中化学衔接出现了"台阶"。不少高中教师反映升入高中学习的使用课改实验教科书的初中毕业生所掌握的化学基础知识和基本技能与高中化学新课程学习所需要具备的知识要求差距较大,高中化学教学十分困难。许多学生刚跨入高中,就感到难以适应高中化学的学习,有些甚至是初中的尖子生,进入高中后化学成绩一落千丈,感到学习化学十分困难,甚至影响其他学科的学习,过早出现学习分化现象,严重影响和制约了高中化学教学质量的提高。高一学生普遍反映从初中化学学习到高中化学学习,这个台阶太高、太难登。这一问题已经引起高中教师、学生乃至家长的特别关注。

对初、高中化学衔接出现了"台阶"的原因,有各种各样的看法。例如,初中化学课程标准、教科书与高中课程标准、教科书学习要求和内容选编衔接的处理不好;初中课程改革后的化学学习要求、中考化学考试要求过低,指挥有偏差;初中化学教学过分强调探究学习和过程方法教育,忽视接受学习和描述性、结论性、规律性知识的理解记忆,双基(基础知识、基本技能)知识学得不扎实;部分地区中考化学用等级制评价作为中考录取的参考而语、数、外却用实际分数计入总分作为录取依据,造成学生、家长、学校领导只重视三个工具学科忽视理化学习的不良倾向,考试分值的高的学科——语数外成了主科,政、史、地、理、化、生成了副科,语、数、外大量增加课时,而理、化、生则减少课时,给学生在认识上,学习兴趣、主动性等方面带来一系列问题。

从自身教学的角度审视,我们认为,初高中教学各自独立,缺少有效的沟通与交流,高中化学教师对初中教材内容的改变不熟悉,对初中化学教学情况缺乏了解,不理解初中课程改革理念,以老眼光、旧学习要求看待、评价课改后的初中学生,对初中学生的化学基础要求过高,导致初高中化学教学内容脱节,知识出现断层。因此,如何处理好初、高中化学教学的衔接与过渡,已成为高中化学教学迫切需要解决的问题。作为实施高中化学新课程的教师,为了一切学生、为了学生的一切,为学生的发展着想,为学生的将来着想,必须从自身做起,努力做好初、高中教学的衔接。

二、一套有效的铺垫方法——搞好初、高中化学教学衔接的可行性

1.钻研新教材、新课标,研究衔接内容

从化学新教材看,初中新教材不太强调知识体系的完整性,在内容编排上更注重于探究性思想的培养,这就不可避免地在知识结构的完整性方面有所不足,或多或少地影响着高中生的继续学习。为了找准了搞好初、高中化学教学内容的衔接点,及时架起初、高中学习的桥梁。我们通过对初、高中新教材与老教材、新课标与原大纲的对比学习,及初、高中化学教师反复的交流、研讨,做了如下几个方面的统计:

(1)初、高中衔接的重要基础知识

初中	高中
元素符号、化学式	电子式、结构式
化学方程式	离子方程式、热化学方程式
燃烧	化学反应中的能量变化、燃烧热与中和热
氧化、置换	氧化还原反应、电化学反应
质量守恒	能量守恒、电荷守恒、得失电子守恒等
酸碱盐	电离平衡理论
溶液、溶解度、溶质的质量分数	分散系、胶体、物质的量浓度及溶液的 pH
有关质量的简单计算	以物质的量为核心的方程式计算
实验基础知识	实验的设计与评价

对上述与高中化学联系很强的基础知识,在衔接教学中,我们通过强调引领学生打牢基础,并根据学生情况采用集中,穿插,专题等复习方法适当进行复习或强化。

(2)初、高中新教材都没有,但高中教学要用的内容

①氢气的化学性质(还原性);氢气实验室制法及启普发生器的构造和原理;

②结晶水合物和晶体的概念;

③物质的溶解过程、有关溶解度的计算;

④酸酐,酸性氧化物的概念及与非金属氧化物的关系;碱性氧化物的概念及与金属氧化物的关系;不成盐氧化物;

⑤酸、碱、盐的分类(一元酸、二元酸、多元酸,一元碱、二元碱、多元碱,酸式盐、碱式盐、正盐);酸式盐的概念及性;

⑥化学式量的概念、化合价的实质及共用电子对

⑦单质、氧化物、酸、碱、盐之间的相互转化关系及相关反应

⑧碱式碳酸铜、氢氧化铜、氢氧化铁等的分解;

⑨二氧化碳的工业制法(高温煅烧石灰石);

⑩氯离子、硫酸根离子的检验;

对上述高中教学要用的知识,在衔接教学中,我们则根据高中教学的需要采用穿插的方法在适当的时候给予补充。

必修模块的教材中,几乎每一章每一节都有初高中知识的衔接,

如果不了解这些衔接点,容易导致学生知识的跳跃,极大地影响学生的学习兴趣和学习能力。因此新高一教师应尽快熟悉初中知识体系的变化,处理好初高中的衔接,让学生在已有知识基础上建构新知识。例如教材把"研究物质的实验方法"编在专题1,以此作初高中化学的纽带,突出化学实验的基础性。其中第一个课题内容以初中学习过的粗盐提纯作为主要线索,复习溶解、过滤、蒸发等初中学过的基本操作,同时又在此基础上设计了"交流与讨论"栏目,要求学生通过讨论,自己设计实验方案除去粗盐中可溶性杂质 $CaCl_2$、$MgCl_2$ 及硫酸盐等,对过滤除杂操作进行深化,充分体现了新旧知识的联系和螺旋上升。

2.更新教师的教学理念,探究衔接方法

由于受传统教学观念影响,部分教师将传授知识作为教学的唯一任务,将课堂教学作为教学的唯一方式,将考试成绩作为教学评价唯一标准;面对新课标和新教材,习惯于传统灌输应试教学的部分教师感到现在的化学不好教了;部分教师片面理解课程改革,忽视教师对教学过程的组织和引导作用,追求表面性的花架子,将放手变为放任,导致教学质量下降和家长抱怨,由此产生了对课程改革的困惑;由于缺乏对课改精神的深刻领会和教学方法的深入探究,部分高中教师对化学课程改革持消极和被动的态度。因此,要搞好初、高中化学教学衔接,教师必须更新教学理念,努力探究衔接方法。

从化学课程标准的五个一级主题内容来看,"科学探究"主题无疑是最具核心的内容,是一种既符合科学知识产生规律又符合学生学习认知的学习内容,因而也是本次课程改革的最大亮点。对已经熟悉并初步掌握了科学探究一般方法的学生来说,在高中阶段能否将这种学习方法贯穿于高中化学学习的始终,将直接影响并制约其终身的发展。因此,大力开展以科学探究为主要教学形式的化学教学活动,坚持用探究的方法教、教探究的方法,切实做好转变学生学习方式的教学衔接工作,这是高中化学教学必须关注的核心内容。从化学课程内容标准来看,九年级化学人教版教材中除了原有的体现科学探究教学内容的部分化学实验外,又增设了相当数量的科学探究内容,其形式不仅包括化学实验,也包括调查与分析、家庭小实验、活动与探究等栏目、素材。广泛发动和组织学生开展科学探究活动,这对培养学生形成科学思维的习惯,掌握科学探究的方法,唤醒学生沉睡着的潜能,无疑具有极大的促进作用。然而,对学生来说,其科学探究能力的发展绝不是一朝一夕可以实现的,需要教师长期坚持不懈的努力,既整体规划又统筹安排,使科学探究贯穿于整个化学教学的始终,落实在学生学习的平时。因此,高中教师必须更新教育、教学理念,优化课堂教学。"教"是为了"不教"。课堂上要改变以教师为中心、以课本为中心的传统教学模式,教学活动以学生为主体,引导学生进行自主学习、探究学习与合作学习,培养学生回顾反思的习惯,帮助学生扭转被动接受、死记硬背、机械训练的学习方式,形成终身学习的意识,培养自学能力、实践能力、创新能力和应用科学知识解决实际问题的能力。

3.排除学生的心理障碍,切实做好衔接

高一学生正处于少年期向青年期的过渡阶段,有一定的成人感,并具备一定的评价能力,同时具有一定的独立性和自制力,可塑性较强的特点。学生从初中紧张的学习氛围中解放出来,在心理上觉得有必要在高一阶段放松一下紧张的神经,在潜意识里普遍乐观估计高中阶段的学习,并普遍存在沿用初中的学习方法对付高中的学习,心理上有踌躇满志的良好感觉,而对面临的困难,严重估计不足,对学习充满自信、对挫折承受脆弱,一旦遭受失败,便动摇信心,且存在着若理科知识学不好就选文科的"脚踩两只船"的观望心理。启蒙性的初中化学学习相对简单轻松,学生心理压力小;高中生面临紧张的学习和竞争,若教师未进行积极的思想、情感疏导,极易造成学生化学学习的心理障碍。那么造成学生化学学习的心理障碍的主要因素有哪些呢?

(1)学习内容的不适应。新课程初中新教材,对化学知识的展现是"生活实际——化学——社会实际"的模式。这有利于学生认识化学知识的发生、发展过程,理解化学知识的来龙去脉和应用价值,从而构建学生自己的认知结构。初中新教材对化学概念采用描述性定义,对一些原理、定律没有较完整的论证,知识坡度较小,直观性较强,每一新知识的引入往往与学生日常生活实际很贴近,比较形象,学生一般都容易理解、接受和掌握,整体教材知识的难度、深度和广度都大大降低,相当部分在高中学习中经常应用到的知识被删减。相对而言,高中化学教材较初中知识量剧增,知识难度加大,教材叙述比较严谨、规范,注重抽象思维,注重从微观定量的角度揭示事物的本质,注重化学概念和原理的推导过程、产生条件,以及它们的灵活应用,由于知识面的拓宽,有了更多知识迁移机会,因此高中化学教学则较注重理论的指导作用和知识的灵活运用,其特点为:概念抽象,定理严谨,逻辑性强。例如必修化学教材中氧化还原反应有关概念既抽象,理论性又较强;物质的量、物质结构,概念多而抽象。化学符号多,习题类型多,解题技巧灵活多变,体现了高中化学"容量大、难度大、起点高"的特点。并由于所学内容多,所以教学进度一般较快,从而增加了教与学的难度。高中教师一旦在难度上把握不好,很容易造成学生对高中化学学习的畏难心理。

(2)教学方法的不适应。初、高中化学教师的教学风格与教学方式不尽相同,高中教师若在抽象思维和逻辑思维的教学上把握不好,很容易导致学生对高中化学学习的不适应。

(3)学习方法的不适应。虽然经过初中化学课改后的学生,兴趣广泛,思维灵活,求知热情高,实践意识强,对化学知识的探究精神和探索能力远强于课改前的毕业生。但由于心理发展的不成熟及初中化学教学"慢、细、少,且多次重复练习"的特点,学生学习的主动性不强,依赖性较大,往往记忆、模仿的能力较强,习惯于被动接受的方式获取知识,而理解的能力相对较弱,缺乏分析与解决问题能力,大多把课后学习等同于完成作业。而高中化学教学对学生自学意识和自学能力的要求较高,要求学生通过课前自学预习、上课做笔记、课后自觉复习、独立完成作业、总结梳理评估来加深理解,通过内化使知识在自己脑海中生成而使其能活学活用。若教师不注意学习方法的指导,学生不能较快探索出适合自己的学习方法,则难以适应高中紧张的化学学习活动。

上述造成学生化学学习的心理障碍的问题若不及时加以解决,随着化学学习的逐渐深入,学生之间的两极分化情况将更趋明显。鉴于此,初、高中化学教学衔接的关键之一是任课老师在教学过程中应对部分典型的学生进行心理辅导,充分调动积极因素,消除消极因素,使学生尽快适应高中紧张的学习生活。那么,如何排除造成学生化学学习的心理障碍?

(1)开发资源。不同教师在知识结构、思维方式和教学方法上各具特色,这些都是衔接教学的宝贵资源,充分发掘这些资源,加强对初高中教材、衔接教法和学生情况的分析,在集体研究的基础上对教学资源优化组合,严格控制难度,设计科学的衔接教学方案,同时通过备课组的集体力量,选编与新课程标准同步的习题,删除"繁、难、偏、旧"的内容,帮助学生及时地复习和巩固本学科的知识。

(2)激发兴趣。新生正处于不成熟向逐步成熟的过渡阶段。一个实验、一个人、一件事、一本书都可激发起他们心中的热情。因此,在高一起步阶段化学教学中教师就要善于利用热点问题,提高学生学习兴趣,还要发挥实验的优势,使学生一开始就"迷"上化学,并将学习兴趣转化为学习的动力。新课伊始,要给高一新生介绍化学学科的特点,结合社会热点问题,让学生认识化学与社会、化学与生活、化学与经济的重要联系,培养学生学习化学的兴趣,让学生觉得化学就在我们身边,化学就在我们的生活中,要学好化学就必须有脚踏实地、勤奋好学的态度。

(3)改革教法。初中化学的教学方法由于受到初中生知识水平及初中化学作为入门学科的限制,较多的采用灌输式的讲解方法,进入高中时,教师要抓住学生生理从少年向青年转变,学习心理自"经验记忆型"的被动接受知识向"探索理解型"主动学习知识的转变时期,新课程教科书设计从保护和鼓励学生的创造性出发,重视学习过程和学习结果的创造性的个性化,学生在学习,探究,创新,交流过程中必然有许多难解和疑惑,这时教师就是学生的引导者。教师作为引导者要充分利用教科书中的栏目,让教学形式多样化,利用课后学习,动手实验来补充课堂上的不足,教科书中提供的"活动·探究",可以引导学生学习科学方法,体验探究过程,形成实事求是的科学精神。"身边的化学"可以让学生了解化学与生活的关系。但在实验教学中,有些老师或积极主动地对学生从设计探究性实验的原理到实验的仪器、药品、装置、操作、现象和结果进行全程的"协助",结果学生探究性实验变成教师的演示实验;或者积极主动把自己设计好的实验原理、操作过程和结果给学生预先"熟悉",结果学生探究性实验变成学生验证性实验,这种做法违反了学生探究性实验的教学原则,教师在教学过程中应尽量避免。教师在教学方法上要多采取启发式、探究式,引导学生积极主动地参与学习,激发学生学习热情,引导学生从本质上理解所学内容。

(4)授人以渔。课堂上教学生学会某些知识,是为了课外学生会学更多的知识。古人说:授人以鱼,只备一饭之需;授人以渔,则可终生受用。教学生如何学习,使学生能有效、正确地进行各种知识及技能的学习是授人以渔之举。初中学生学习化学的方法主要是记忆、重现、简单模仿。这种较为机械、死板的方法不适应高中注重能力及创新的要求。高一年教师有责任指导学生改进学习方法,使之适应高中化学的学习,学习方法的正确与否是决定能否学好化学的重要一环。实践证明,学生学习方法的转变是一项艰苦的劳动,学生学习方法的指导应贯穿于教学的各个环节中,应结合课本各内容给学生各种知识予具体指导。在高一对学生铺设的问题台阶不要一下子就很高,要使他们能上得去,以防发生两极分化。要通过耐心细致的引导,教会学生从比较中学习,发现相似,寻求规律,逐步培养思维的敏捷性和严密性。使学生由以记忆为主要特征的学习方法转到以抽象思维为主要特征的学习方法上来,对学生进行如何联想、如何归纳、如何总结等学法指导,使学生尽快适应高中化学的学习。

三、一项持久的教学任务——搞好初、高中化学教学衔接的持续性

初、高中化学教学衔接不能急于求成,要灵活选择方法,"集中"与"穿插"并举。对初中部分化学基础知识和部分缺失内容进行"集中"复习,如化学用语,物质分类,金属活动顺序,元素化合价,酸碱盐相关知识,元素化合物知识等进行系统复习。其他内容"穿插"在学习过程中加以补充,使初中所学的化学知识融入新知识框架之中,将旧知识升华到一个新的高度。复习初中知识的方法通常有:

新课程教育网@版权所有 www. xedu. net 新课程教育网@版权所有 www. xedu. net1. 集中复习法。高一化学课开始时,集中用若干课时复习化学中的重要"双基"内容与高中化学密切相关的知识内容以及高中化学不再重复的,但初中化学里又没有讲全讲透的知识。

新课程教育网@版权所有 www. xedu. net 新课程教育网@版权所有 www. xedu. net2. 穿插复习法。高中化学的许多内容与初中化学有着密切联系,在教学中要引导学生善于通过新旧知识的联系,以旧知识作"铺垫"去探索获取新的知识;同时把新的知识纳入到已有的知识结构之中,以便使初高中化学知识得到合理衔接。

新课程教育网@版权所有 www. xedu. net 新课程教育网@版权所有 www. xedu. net3. 专题复习法。结合高一的化学内容,以专题形式复习整理已有的知识,使初高中化学中相关的知识内容有机

地融为一体。

初、高中化学教学是一项持久的教学任务。在高一教学伊始,教师就要明确告诉学生怎样学习化学,要求学生自觉预习、自主探究、主动提问、做读书笔记、学习小结及问题反思等。对于学生的提问,老师不直接给出答案,而是和学生一起阅读材料,逐条分析,使学生学会掌握对比、归纳、迁移、演绎的方法,学会在新情境、新条件下独立思考、分析问题、解决问题。如在学习氧化还原反应时,注重概念的产生、发展和完善的过程,使之系统化;在复习氧气时,让学生将氧气的制备原理、收集方法、检验措施、实验装置以及试剂、仪器的代用品等内容系统化;在学习元素化合物知识时,让学生将元素之间的相似性、递变性、差异性、特殊性进行归纳总结。

总之,初、高中化学教学的衔接不但是知识的衔接,教学方法的衔接,更是学习方法,学习心理以及能力培养的衔接,他们相辅相成,互为促进。在教学实践中,应重视其内在联系,综合考虑学生各方面的需要,使之尽快适应高中阶段化学的学习,并不断提高学习水平。

初、高中学科教学中存在的教学衔接问题实际上并非基础教育课程改革出现的新问题,只是在基础教育改革进入实验性实施阶段后,由于新旧课程的差异,考试改革的冲击,而且处在基础教育阶段由义务教育向非义务教育阶段过渡,在学生身体心理发育由少年期向青年期过渡这样一个关键的时期,使衔接问题变得更为突出、更为复杂,如果不注意解决,必然影响整个高中的化学教学质量。因此,为学生架设阶梯,让学生都能顺利越过初、高中化学学习的台阶,显得至关重要,应引起我们全体化学教师的关注,让我们共同努力,采取科学对策搞好初高中衔接,让学生能够适应高中化学学习,使他们持续发展,成为优秀的自我。

第二节　模块与模块的教学衔接

对于高中化学新课程,有不少老师抱怨:必修内容和选修内容难度差距非常大,必修内容过于简单、肤浅,只是常识性了解,根本不涉及实质性问题,也不能以此为工具解释化学事实问题,如讲氧化还原反应而不涉及配平问题,讲电解质而不区分强、弱电解质,讲化学反应的限度而不讨论影响化学平衡移动的因素等等;选修内容又过于复杂、深奥,学科体系完整,部分大学内容下放,难度加大,甚至超过竞赛水平,如物质结构与性质中的原子结构的构造原理、核外电子的能级分布及排布、电离能、电负性、金属晶体的基本堆积模型、手性分子等等。必修和选修走了难易的两个极端,知识跨度大,深浅层次性强,衔接难度大,不便于学生深入掌握。有的老师在教学实践中为了减小二者的差距,有意识地加大必修内容的深广度,有的甚至合并讲解,一步到位,严格体现学科体系的逻辑性。结果学生因难度过大而不能掌握,严重损伤了学生学习的积极性。凡此种种,均源于对必修教学与选修教学的关系不理解。

一、必修教学与选修教学的关系及衔接的必要性

高中化学必修模块与后续选修模块的关系是基础性与多样性和选择性之间的关系,整个中学化学课程是三个阶段的发展统一体,第一阶段(初中化学)是入门、第二阶段(高中必修模块)是发展、第三阶段(高中选修模块)是个性化的深入和提高。每一位中学生都必须经历这三个层次的发展阶段,前两个阶段强调的是共同的全面发展,第三个阶段突出的是多样化、富于选择性和个性化的深入发展,学生可以根据自己的实际情况选择适宜难度的模块内容学习,并非需要学习所有的选修模块(选修模块与模块的难度也有一定的差距)。化学必修模块的功能除了为提高公民的化学科学素养外,还为选修模块的学习和终身学习打下基础,化学选修模块的内容基本涵盖除元素化合物知识外必修模块的大部分知识内容。高一化学必修 1 和必修 2 在各方面的知识都做"蜻蜓点水"似的介绍,为高二各选修模块留下许多知识和能力的"接口"。那么选修模块中安排了哪些知识? 难度有多大? 也是必须了解的。否则容易造成随意拓宽、加深,本应该在选修模块中学习的内容,在必修时"以杠子插到底",加重了学生负担。因此,教学中必、选修各自把握的"度"和"度"之间的衔接问题,是高中化学新课程教学的关键。

二、必修教学与选修教学的衔接与教学的有效性

目前,在实验区有多种必修课程实施的模式:《化学1》《化学2》有在一个学期内学完的,也有在一个学年内学完的。在课时紧的前提下,是着眼于课程标准循序渐进,还是立足传统的高考目标一步到位,直接影响学生的学习质量。在高中化学课程标准体系中,必修和选修课程是有序展开并互相依存的,必修、选修内容随意穿插将影响学生的学习效果。实践证明,在必修阶段,循序渐进,给学生更多成功的体验,激发学生的学习兴趣,使学生喜爱化学,对学生积极主动学习化学选修课程是极为有利的。可见,必修模块与选修模块的衔接也十分重要,若不加以研究,在必修模块教学时,任意拔高要求,提前讲授选修模块的内容,一味加以补充灌输,高一就是给你再多的课时也无济于事。一般认为,由于选修模块中不再专门介绍元素及其重要化合物这部分知识,高一时可以根据学生的实际适当加以拓展学习,其他部分要按照《课标》要求进行教学,以免加重学生负担。

在必修基础上,学生必须选修至少一个课程模块,从而完成6个学分的学习要求。从理论上看,6个化学选修模块都有被选择的机会,因此必修与选修的内容衔接十分重要。但是,不同的选修课程因其内容组织的线索不同、知识的特征不同,教材在内容的结构上也有差异。有的选修教材(如化学反应原理、物质结构与性质)在必修基础上逐级展开,知识的衔接相对较好;有的选修教材(如化学与生活、化学与技术、实验化学)采用与生活、技术、实验相关的某些主题展开,主题之间相对独立,知识穿插其中,对其来龙去脉难以一一点到,主要以应用知识解释现象为主。因此,在教学过程中,教师应根据选修课程的特点、学生的实际水平确定衔接教学的内容,既不能对必要的知识"置之不理",也不能"顺藤摸瓜",随意地延伸和扩展知识。

三、有机化学课程选修与必修的衔接教学

普通高中新课程中的有机化学课程可分为两个部分:必修模块《化学2》中的有机化学与选修模块《有机化学基础》。前者将有机化学内容包含在主题"化学与可持续发展"中介绍,后者是相对独立的有机化学课程,比较系统地介绍有机化学知识。

必修模块《化学2》中的有机化学内容,是以典型有机物为切入

点,让学生在初中有机物常识的基础上,能进一步从结构的角度,加深对有机物和有机化学的整体认识。根据课程标准和学时要求,必修模块中的有机化学内容没有完全考虑有机化学本身内在逻辑体系,主要是选取典型代表物,介绍其基本的结构、主要性质以及在生产、生活中的应用,较少涉及有机物的类概念和它们的性质,如烯烃、芳香烃、醇类、羧酸等。而选修模块《有机化学基础》建立在《化学2(必修)》中"重要的有机化合物"的基础上,目的就是引导学生比较系统、深入地学习有机化学基础知识。因此,从两者来看,在教学内容、教学目标和要求方面存在着很大的差异,致使相当一部分同学一进入高二选修模块的学习就"不适应",那么如何对症下药,做好必修有机化学和选修有机化学教学的衔接呢?

1. 以"结构→性质→用途"为主线,衔接必修与选修

有机化学强调"结构决定性质,性质决定用途"的思想,学生在学习有机化学的过程中应体会到这种思想,为后续的各类有机物的学习搭建一个理论方法的平台。如何帮助学生搭建好这个平台,就是我们在课程的教学设计中始终要关注的核心问题。教师要在教学中处理好结构与有机化合物性质之间的关系,结构理论指导性质,性质帮助理解结构,由个别到一般,由典型有机代表物的结构和性质推测出同系列化合物的性质。如在《化学2》中,学生已经学习了甲烷、乙烯的结构和性质,则在《有机化学基础》专题3常见的烃第一单元脂肪烃"烷烃和烯烃的结构和性质"的教学中,教师可先从回忆《化学2》知识入手,通过结构和化学反应类型对比归类,将甲烷、乙烯的结构和性质迁移到烷烃和烯烃,进行甲烷、乙烷和乙烯的结构和性质对比,并以此推广到烷烃和烯烃的结构和性质的相似性、递变性和差异性的对比上。通过本节课的学习,使学生意识到"结构决定性质"是今后研究有机化合物的重要方法,知道分析有机物的结构首先分析官能团的结构特点,分析其中碳原子的成键方式及饱和程度,其次,要考虑官能团与相邻基团的相互影响,在此基础上,可以推测有机物的性质。

2. 以探究实验为切入点,衔接必修与选修

化学是以实验为基础的自然科学,实验一直是化学研究的手段,更是化学教学的亮点和重点。化学实验是学生获取知识,验证知识和进行知识创新的重要手段;在教学中改变传统的学生被动接受的

实验授课方式,倡导学生主动参与的探究型实验教学模式对教学大有裨益。在选修模块的教学中,可从学生在必修模块中学习的典型代表物的相关实验入手,设计实验方案,充分利用实验研究物质的性质与反应,再从结构角度深化认识。下面以《有机化学基础》专题3常见的烃第二单元芳香烃中,苯的硝化反应、甲苯与酸性高锰酸钾的探究实验教学为例。关于"苯的硝化反应"的探究的化学反应原理和条件在苏教版《化学2》中已体现,在"芳香烃"中主要体现在对化学反应条件的控制方面方案的设计,要引导学生思考从物理性质、化学性质、尾气处理等多个方面来全面思考问题,从而掌握实验设计的各要素、理解反应条件对化学反应的影响及对反应装置的要求。关于"甲苯与酸性高锰酸钾的作用"的探究活动,利用对比实验原理,从结构决定性质的角度出发,考虑甲基的影响,思考苯的同系物有何通性和特性?作出假说,最后让学生通过设计实验,并比较实验现象验证自己的假设。

3. 以生活素材为引子,衔接必修与选修

化学新课标明确指出:"化学与社会生活实际有着广泛而紧密的联系。"化学知识的形成来源于自然,来源于生活。教师在教学中应有所创新,要注意从学生熟悉的身边现象入手,引导他们发现问题,展开探究,以获得有关的知识和经验。要紧密结合学生的生活实际,使他们感受身边的化学物质和化学变化,增强学习化学的兴趣。举选修模块"专题2第二单元有机化合物的分类和命名"为例,学生在学了《化学2》之后,已经了解有机化合物的概貌,对甲烷、乙烯、苯、乙醇、乙酸等典型有机物的结构初步了解的基础之上,教师可事先让学生收集身边的常见药品,查阅它的说明书,从商品名、俗名、化学名、分子式、结构式、官能团及物质的类别对身边的常见药品进行分析,讨论常用药品中的有机成分,引导学生了解有机化合物的分类方法,认识一些重要的官能团。

4. 以信息技术为手段,衔接必修与选修

当今社会是信息技术高速发展的社会,个人计算机(PC机)附加多媒体和网络技术被引入课堂教学领域,一定程度上代替了幻灯、投影、粉笔、黑板等传统媒体,实现了它们无法实现的教育功能。使用微观模拟软件可以帮助学生跨越宏观微观的思维障碍。如在回忆复习甲烷、乙烯的结构和性质——通过计算机课件展示甲烷、乙烯的立体结构模型；通过实验录像再现甲烷、乙烯的燃烧，以及它们与溴的四氯化碳溶液和高锰酸钾酸性溶液的反应，引导学生讨论甲烷、乙烯的结构和性质的相似点和不同点，过渡到烷烃和烯烃的结构和性质的相似性和差异性上。

学生获取和学习化学知识本来就应该是多渠道的，其中互联网上的化学资源是非常丰富的。这些知识对于学生来说无疑是非常有益的，应该鼓励学生利用互联网去学习更多的化学知识，开辟化学学习的"第二课堂"。例如，《化学2》已用图表进行专题介绍煤、石油的综合利用，选修模块在脂肪烃、芳香烃的来源和应用部分又对其进行了阐述。建议让学生利用互联网从石油、煤化工制品用途、芳香烃和脂肪烃的来源、煤和石油的综合利用、煤和石油的加工工艺等多个角度进行资料查阅的探究，且事后组织学生对自己的研究进行讨论等。

5. 以研究性学习课题为天地，衔接必修与选修

研究性学习以其内容的丰富性、综合性，学习方法的多样性、灵活性，能够发挥学生的个性特长和想象力，培养学生的这些本领和能力，满足他们终身发展的需要，研究性学习的时间和空间跨度不是仅局限于课堂，而是让学生联系课堂的知识去拓展，又可以应用于课堂，打破了传统课堂教学模式，给学生们以研究过程的体验，激发起学生对科学研究的意识和兴趣。研究性学习为我们开辟了将实用性知识实践化的天地。以苏教版《有机化学基础》专题1认识有机化合物为例，《化学2》介绍了常见有机化合物的结构、性质和用途，以及高分子单体(乙烯、丙烯)的矿物来源、乙烯和丙烯等的聚合反应和应用；在本章教学过程中可以多开展研究性学习，实施 STSE 教育，使学生通过实践获得直接体验。根据教材的特点，可以将学生分为若干个任务组(按学生个人兴趣自由组合)，如材料发展史组、实验探究组、环境保护组等。研究性学习后，可采用多种评价方式，如撰写研究性学习论文，提交实验报告，举办展览等，让学生在掌握知识的基础上，综合能力也进一步得到提高。

总之，必修模块是选修模块的基础，选修模块是在必修模块的基础上的拓展与深化。教师应从学生实际出发，选择灵活机动的授课方式，同时教师必须不断地学习，提高自身的思想素质和业务水平，才能有的放矢地抓好衔接。切实加快高中选修模块和必修模块教学

衔接的研究,使高中新课程化学教学适应基础教育改革的新形势,使课程标准的目标和要求落到实处;深刻领会化学课程改革的意图,确保高中化学教育顺利实施。

第三节 学科与学科的教学衔接

21世纪科学技术发展的四大特点之一便是各学科之间的相互交叉,相互渗透,科学技术综合化、整体化的趋势日益增强。科学技术的这种发展趋势必然反映到教育上,必然要求现代教育在内容、体系上体现这种综合化的特点,要求通过教育使学生具备经整合的综合的知识体系和综合的能力等基本素质。相对于其他学科,化学综合性更强,涉及了许多与物理、数学相关的知识,如密度、熔点、导电性、质量等物理概念。在化学实验中,常出现天平、温度计、电解槽等物理实验工具。这就表明:要想学好化学,掌握好相关科目的知识十分必要。但是,高中新课程所用新教材,科与科之间没有合理的整合,加上各科所用版本不同,导致"学生学习物理,部分必备的数学知识还没学;学习化学,部分必备的物理知识还没学……"。这样就给高中化学教学带来了新的挑战,教师在教学中不仅要搞好初中与高中化学教学的衔接、必修模块与选修模块的教学衔接,还要搞好化学科与其他学科的教学衔接。

一、鲁科版化学新教材与其他学科之间的联系

(一)化学教材与语文学科之间的联系

"资料在线"、"身边的化学"、"化学前沿"、"历史回眸"是教学内容的延伸和补充,具有内容简明、主题突出、教材可读、知识趣味等特点,通过阅读可激发学生的学习兴趣、提高学生的自学能力、思维能力、创造能力,从而扩大学生的知识视野和写作素材,如《我国化学家在化学研究中取得的重要成果》、《诺贝尔化学奖获奖成果举例》等都是生动的爱国主义教育素材;《制冷剂"氟利昂"的研制》等可作为引导学生关心社会、了解社会的素材;《化学创造了一个新的自然界》可

激发学生的学习兴趣;《货币金属——金、银、铜》、《碳纤维》可巩固所学知识;《分子设计与新物质的合成》可培养学生的科学思维方法和创新能力。

"练习与活动"中的"调查研究"、"写小论文"是以所学知识为基础,让学生联系生活和生产实际,在活动中学会提出问题,探究研究方向,体验活动过程,最后写出研究报告或小论文等形式来反映研究成果,从而培养学生创新精神和应用能力,也提高了学生的写作能力。如:以"我的职业理想与化学科学"或"我心目中的化学"为题写小论文。又如:"你对硫元素家族中的哪种物质感兴趣? 请查找资料,写一个关于该物质的小短文,谈谈你对它的认识"、"请你"。再如:"动手实践:试从已废弃不用的物品中寻找无极材料,完成一件有实际用途的制作,并以'变废为宝,从我做起'为题做一次演讲。"

(二)化学教材与数学学科之间的联系

数学是研究空间形式和数量关系的一门科学,它是学习化学、物理等学科的基础;在高中新教材中渗透了集合概念、完全归纳法、立体几何等知识。

如:四种基本反应类型与氧化还原反应的关系,渗透了集合知识。氧化还原反应与置换反应是包含关系,即"置换反应"是"氧化还原反应"的子集;氧化还原反应与化合反应、分解反应是交叉关系,即"氧化还原反应"与"分解反应"、"氧化还原反应"与"化合反应"是交集。应用集合概念突破这一难点,可取得良好的教学效果。

又如:核外电子分层排布的一般规律的推导渗透了数学中的完全归纳法。核外电子分层排布最多容纳的电子数:

K 层最多容纳的电子数: 2 2×1^2

L 层最多容纳的电子数: 8 2×2^2

M 层最多容纳的电子数: 18 2×3^2

N 层最多容纳的电子数: 32 2×4^2

利用完全归纳法可得出:

n 层最多容纳的电子数: $2 \times n^2$

氯化钠晶体中 Na^+ 与 Cl^- 的排列方式示意图和 C_{60} 结构示意图渗透了立体几何知识,在分析它们结构示意图时,可提出"氯化钠晶体中,每个 Na^+ 周围与它最接近的且距离相等的 Cl^- 离子共有_____个";"C_{60} 分子是形如球状的多面体,该结构中:①每个碳原子只跟相邻的 3 个碳原子形成化学键；②只含有五边形和六边形；③遵循欧拉定律：顶点数＋面数－棱边数＝2。试推出 C_{60} 分子结构中的面数？"

（三）化学教材与物理、生物学科之间的联系

化学、物理、生物都是以实验为基础的自然科学，化学与物理、生物知识联系比较紧密和广泛，新教材中渗透了物理中的电学知识、光学知识、核反应等方面的知识。如"比较电解质溶液的导电能力"渗透物理中的电路知识；气体摩尔体积渗透了物理中的气体状态方程知识；"焰色反应"与物理中的光本性有关；"海水淡化"可利用蒸发原理；"利用 $_1^2H$、$_1^3H$ 制造氢弹，利用 $_{92}^{235}U$ 制造原子弹和作核反应堆的燃料"渗透物理中核反应知识；化学键、分子间的作用力与物理中的熔点、沸点的关系等。新教材中还渗透了生物学科中的知识；如"结晶牛胰岛素"是我国科学工作者在世界上第一次用化学方法合成具有生物活性的蛋白质；"碘缺乏病给人类的智力与健康造成了极大的损害，对婴幼儿的危害尤其严重"，可见碘在人体中有极其重要的生理作用；"某些元素在人体组织、体液中富集情况示意图"，说明了化学元素在人体中的生理功能；食物在人体中的消化，离不开氧化还原反应；一些新型无机非金属材料，具有很好的生物功能，可以用这类材料制成人造牙齿、人造骨骼植入人体内。在习题中也多处出现与生物有关的知识，如正常人体中的血糖，成年男、女的肺活量，成人每天从食物中摄取的元素等。

（四）化学教材与政治、历史学科之间的联系

唯物辩证法认为：事物是普遍联系的，是客观存在的；不仅事物内部有联系，而且不同事物间也有联系。在新教材中处处体现出许多辩证唯物主义的观点。如量变引起质变、对立统一规律等；元素周期律的重要意义，还在于它从自然科学方面有力地论证了事物变化中量变引起质变的规律性；又如在习题中"把金属钠放入硫酸铜溶液中会产生蓝色沉淀。你能解释这些现象吗？"，从而使学生对初中学习的金属活动顺序有一个更深入、更全面、更科学的认识，使学生认识到任何规律都不是绝对的，而是有条件的这一辩证唯物主义的观点，使学生树立普遍性中存在特殊性的科学思想。

历史是发生在一定时间和空间里的现象和事件，是具有生命力的、活生生的；在新教材中处处体现人的生存、生活、发展乃至创造的

历史。如化学——人类进步的关键;原子结构模型的演变阐述人类认识原子的历史过程;元素周期律的发现为人们系统的研究元素性质指明了方向,对物质结构的发展起了一定的推动作用。科学的进步与发展离不开科学的潜心钻研,如侯氏制碱法推动了制碱工业的发展等。

随着科学技术的高速发展,使得不同学科知识除了向纵深发展之外,同时又相互渗透,相互转化,相互启迪。仅就化学而言,化学变化虽千姿百态,但它与其他学科之间的联系却是非常的密切的。在化学发展史中无处不渗透着物理的、数学的、生物的乃至天文地理的知识;而当今时代中的知识爆炸和更新,更使化学与其他学科的关系达到了水乳交融的地步,因此,在教学过程中重视这一关系,并使学生感受到各学科之间的关系的必然性和重要性,可对学生自身素质的提高起到相当重要的作用。

总之,在科学技术迅猛发展、教育改革不断深化的今天,面对"3+X"高考综合测试,特别是对学科间综合内容的要求,化学教师必须不断学习吸取新的科技信息,特别是知识交叉点相关学科的知识,与其他学科教师加强交流,努力熟悉化学与其他学科知识规律上的个性和共性,不断钻研新教材,探索教法,努力做好化学科与其他学科的教学衔接,才能使我们的教学跟上新课程改革的脚步、高考改革的脚步。

二、化学科教学与相关学科的衔接

要搞好化学科与其他学科的教学衔接,教师就要善于以物理、生物知识为工具,以历史、语文、政治知识为依据,以数学知识为载体,达到知识间的相互渗透。

(一)重数学"载体"的优势,促进化学学科的综合能力

数学学科可谓之工科的"工兵"学科。对化学学科来讲,化学计算是化学知识与数学计算的有机结合……而且在数学学科方面,学生的思维方式和解决问题的能力已基本形成,因此,在教学过程中恰当、巧妙地引导学生运用数学的知识和数学的思维方式及解题技巧来解决化学问题,可以收到事半功倍的效果,学生能否将化学问题抽象成数学问题,并用数学工具结合化学概念解决实际问题,将成为考查学生能力的一个重要方面。因此,在教学过程中,把化学与数学相

结合势在必行,而且它们的结合点很多,不仅在计算方面,其他方面亦有很多。例如:教师要指导学生在必要时要借助于数学的思维方式,或是证明方法,或是运算过程的某些技巧来解决化学问题。诸如此类的问题很多,只要我们善于发现,勤于引导,学生在解决问题时就一定会综合思考的。

在教学中将某些化学信息,进行加工、抽象归纳、逻辑统摄成规律从而转化成数学问题,进行学科方法渗透,可以有效地提高学生思维能力和解决复杂化学问题的能力。在实际教学过程中,利用数学方法解决化学问题的时候很多,例如用函数图像,列方程组解决化学问题,都非常方便,同时对于学生来说,解决以上问题的思维方法是一个创新过程,当然这个过程是综合应用了跨学科知识,通过数学的思维方法实现的,有利于培养学生的综合能力。

(二)强化物理"工具"学科的作用,提高化学研究能力

化学和物理有着密切的相互联系而且相互完善的。例如,化学中的喷泉实验、阿伏伽德罗常数、阿伏伽德罗定律、气体摩尔体积、反应热、电解质溶液、电化学原理与物理学中的压强、分子运动理论、气体性质、热力学、电力学有着密切的联系,而质量守恒定律、能量守恒定律、热力学定律和反应速率等可以说是"理化是一家"。在化学发展历史上,很多元素及化学定律的发现都出自于物理试验之中,不少的学者既是物理学家同时又是化学家,因此素有层次愈高,理化愈不可分之说。"理化是一家",物理在某些方面可谓之化学的"助手",所以在中学阶段,强化物理与化学的关系是必要的,适当的引导,巧妙的结合,会使学生自然而然地了解化学和物理的必然联系,会为学生今后从事化学研究奠定一定的基础。化学与物理之间是相互联系的,在不同的课堂中从不同的角度对比讲授,既可结合共性中的系统方法,又可嫁接个性中的专门方法。这将对培养学生的综合应用能力是大有裨益,有助于培养学生的综合能力,尤其是在化学科中借用物理的方法往往能起到事半功倍的效果。

(三)利用生物知识,渗透促进化学学科的综合应用

21世纪是生化的世纪,生物科学和化学科学之间更是形影不离的。如溶液的pH变化与植物根毛区的离子交换,化学变化与沼气发酵池中的生物知识,化学变化与光合作用,化学元素与生物细胞的化学成分,有机化合物与生物遗传,元素化合物与生物的新陈代谢等

都密切相关,物理中的扩散,化学中的渗析与生物中的原生质的知识也是相通的。

1.化学与光合作用

证明"光合作用需要二氧化碳的实验"可利用如图所示的甲(玻璃缸中盛 NaOH 溶液),乙(玻璃缸中盛清水)两个装置,将这两个装置同时放在黑暗处一昼夜,然后一起放到阳光下,几小时后分别取下甲、乙装置中的叶片,分别在酒精中热水浴脱色,用水漂洗后分别加碘,发现甲装置中的叶片不变蓝,而乙装置的叶片却变蓝。加碘后甲装置中的叶片不变蓝,说明其叶片没有(淀粉)生成,其原因是甲装置里的二氧化碳(被 NaOH 溶液吸收),反应的化学方程式为（$CO_2 +$ $2NaOH = Na_2CO_3 + H_2O$ ）。加碘后乙装置中的叶片变蓝,则细胞中变蓝的结构是(叶绿体)其原因为(植物利用二氧化碳在叶绿体中进行了光合作用,合成了淀粉,淀粉遇碘变蓝)。

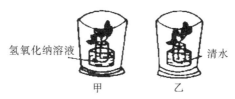

氢氧化纳溶液　　　　　　　　　　　　　清水

甲　　　　乙

本题为生物学科中光合作用进行的场所,实质综合性的题目,应充分利用生物学的原理解决化学问题,通过对实验现象的观察分析,考察学生的观察能力、分析能力。

2.化学与生命

生命运动与化学反应紧密相连,许多生命现象蕴藏化学反应。例如,人体内血液的 pH 值一般在 7.35－7.45 范围内,如果超过这一范围,便属于病理现象。医疗上测定血液等的 pH 值可以帮助诊断疾病.这是因为血液中存在如下平衡:

$$CO_2 + H_2O \rightleftharpoons H_2CO_3 \ H^+ + HCO_3^- , HCO_3^- + Na^+ \rightleftharpoons NaHCO^3$$

生物是与化学关系最为密切的学科之一,许多生物现象都与化学知识有关。例如糖类等氧化释放能量与 ADP、ATP 的转化和化学组成;臭氧层的破坏和保护与紫外线的辐射增强,导致皮肤癌等多种疾病等。

教师在教学过程中要注意通过化学知识点建立与其他学科知识点的联系,相互渗透,交叉和综合,培养学生综合运用知识分析和解决问题的能力,又能真正培养学生分析问题,解决问题的能力,这是值得我们教师思考的问题。跨学科综合能力培养应是多途径和多渠道的,在教学中,精心设计问题是目前跨学科综合能力培养的重要途径之一。例如以下的例题:

某学生为了测定种子的呼吸作用,设计了如图所示的实验,广口瓶盛有正在萌发的种子及一装有 NaOH 溶液的小烧杯。经过一段时间后,U 形管的 a、b 两端液面有什么变化。请结合生物、化学、物理知识解析其原因。

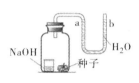

这是一道典型的学科综合题,综合了理、化、生三门自然科学的知识,看似复杂,实则简单,在这里,教师只要引导得当,相信有不少学生都会解决这个问题。如在解答之前,进行了简单的提示:此题应用了物理学中的压强知识和生物学中的呼吸作用的知识。

化学和数学密不可分,化学与物理共同发展,化学与生物共生存,科技领域中各个学科间都会存在着千丝万缕的联系,或是直接的,或是间接的,或是思维方式上的,或是解决问题的方法上的,只要你潜心挖掘,必会找到它们之间的联系,必会巧妙地运用于你的教学之中。今天我们在课堂教学中实现横向联系,明天我们的学生必能纵横于科技的疆场,成为科技界的精英。只要我们能够积极协作,共同探讨研究各学科间的关系,促进我们的教学改革,素质教学全面实现的步伐必将加快,我们必将会培养出更多、更好、更全面的适应时代发展需要的合格人才。

三、化学科教学与相关学科的衔接中的矛盾与对策

高中新课程的困惑之一是:高中新课程所用新教材,科与科之间没有合理的整合,加上各科所用版本不同,导致"学生学习物理,部分必备的数学知识还没学;学习化学,部分必备的物理知识还没学;学习生物,部分必备的化学知识还没学……",给教师的教学、学生的学习造成障碍,化学科教学与相关学科的衔接带来了矛盾,如果不能妥善解决,将严重影响学生对相关知识点理解、掌握,影响学生综合能力的培养,以致激化教学课时与教学进度的矛盾。对于衔接中出现的问题,我们不能忽视,必须正面应对,积极探索相应的对策。以下是我们的一些设想。

1.对中学教科书进行重新整合、编排

既然问题出在教科书上，我们建议重新编排或继续修订教科书。将相关联的学科教科书进行调整，使各个学科更好地相互融合、相互渗透。甚至将整个中学的教学体系做一个全面的彻底的革新。但是，各个学科在很长的时期互相辅助，已经形成了中学教学的学科体系。因此，要对中学的所有教科书进行重新的编排，这不是中学教师能够办得到的。只能寄希望于课程专家团队。

2.调整模块开设时间与教学进度

不同模块、不同教学内容所必备的数学、物理知识是不同的，我们可以通过调整学段和模块内的教学内容和进度，待相关学科知识学习完再教。如"物质结构"模块需要大量的立体几何知识，一般排在高二年的最后一个学段进行教学；又如"化学反应原理"模块需要大量的物理知识，一般也应该排在高二下学期开设。这样处理可以缓解化学科教学与相关学科的衔接中出现的一些矛盾。

3.自己动手授予"知识支持"

在上述两种方法都不能解决时，遇到化学科教学中需要使用而学生相关学科知识还没有学习的情况下，化学教师只能自己动手。化学教师自己解决的办法有两种：一是教师换个方法来讲解，学生换个角度来理解；二是教师简单授予学生相关学科必备知识，类似鲁科版教材的"知识支持"，注意这样做是将相关学科必备知识"拿来"用，重点在"用"不在"教"。

要在化学教学中渗透"学科综合"，搞好化学科教学与相关学科的衔接，需要提高教师素质。高素质的教师才能培养出高素质的学生。作为一个教师，不仅要了解所掌握的学科的知识和理论，而且还要更广泛地学习和了解其他相关学科与领域的知识和理论以及各个学科和领域知识之间的关系。教师必须重视自身的学习：学习广博的科学文化知识；学习系统的科学专业知识；学习坚实的教育专业知识。教师在教学过程中，要成为学生成长的引领者、学生潜能的唤醒者、教育内容的研究者、教育艺术的探索者、学生知识建构的促进者。

综上所述，新课程处处有衔接：初中与高中化学教学的衔接、选修模块和必修模块教学衔接、学科与学科的教学衔接，甚至章节的衔接、课时的衔接。研究并科学处理教学衔接，是新课程教学顺利进行的保障。衔接应做到知识与方法的衔接并重，衔接应渗透于教学的始终。新课程以提高学生的科学素养为宗旨,同时许多反映社会、经济、文化、科技新进展的时代性较强的新内容的增加。这些大量新内容与新要求的出现,对教师的知识结构提出了巨大挑战,这就要求化学教师不仅是一个学科知识专家,更是一个有着渊博知识的复合型人才,以其广泛而全面的知识,深邃地洞察,丰富的社会阅历,高尚的审美情趣,健康的人格来影响,指导学生的发展。

第四项修炼：评价
——给"发展"定向引航

第一节　新课程 新理念 新评价

一、评价就是给学生成绩吗

自智力测验问世以来，学校教育的评价就一直深受智力测验的影响，学校中的所有学生必须尽可能地学习相同的课程，教师要尽可能地以相同的方式将学科知识传授给所有的学生。衡量学生学习优劣的最佳手段是频繁的正规考试，如纸笔测验（它更多的是采用标准化考试的形式），这些考试应在划一的条件下来进行。通过这种考试，学生可以得到表明学生进步或退步的量化的成绩单。这些考试必须是统一的、标准化了的，以便具有最大范围的可比性，从而使教师可以甄别出谁是好学生，谁是差学生。

加德纳认为，这一评价思想的危害颇深，它把学生进行了分类并贴上了标签，用来判断学生的弱项和短处，而非学生的强项和长处。传统的教育评价花费了大量的时间给学生排出名次，而很少考虑如何帮助他们或花些时间来帮助他们。虽然，人类一般都具有强烈的测量事物和评估人的爱好,但评价的主要目的在于帮助学生,并有责任为学生提供有益的反馈,如识别学生的强项和弱项,提出该学生今后应怎样继续学习或发挥其强项的建议,指出哪种学习方式具有创造性以及评价学生未来的发展潜能等。因此,加德纳说智力并不是一个容易"被测量"的东西,目前所能够测量的东西仅仅是主要体现语言智力和逻辑—数理智力的"知识"。

许多认知心理学家对知识的性质进行了研究,他们发现能够测量的知识主要是陈述性知识。在日常生活中,我们会发现某些知识可用语词表述,某些知识可用脑中的形象来进行表征,有些知识无须刻意提醒,就能流畅地进行表述,有些知识则需要根据不同的条件才能决定使用的方法和途径。于是认知心理学家区分了两类知识,即陈述性知识和程序性知识。这两类知识的根本区别在于它们表征的方式不同,即知识在人脑中记载和呈现的方式不同。陈述性知识是回答世界是什么的知识,程序性知识是回答如何做的知识。前者主要以命题网络的形式来进行表征,后者主要以产生式系统(图式)来进行表征。虽然,陈述性知识是程序性知识的基础,但并非所有的陈述性知识都可以转化为程序性知识,因为图式是一种有组织的知识结构,它涉及人们对一个事物的典型特征及其关系的认识,而这种认识需要人们掌握一般的方法和策略,如工作计划或人际交往的原则等。因此,陈述性知识可以用一般的方法来加以测量,而程序性知识则不能轻而易举地加以测量。

斯腾伯格和加德纳等人将英国哲学家波拉尼所提出的"默会知识"运用于学校的课程开发中。波拉尼(1958)用了"默会知识"(tacit knowledge)一词来表达那些不可言明、不可解释的但在一定的情境中能更好地发挥作用的知识。在教育实践中,默会知识要远远多于明确知识,它有许多显著的特征:默会知识是镶嵌在实践活动中的,是情境性的、个别化的。随后,耶鲁大学的瓦格纳(Richard Wagner)和斯腾伯格(1986)进一步分析了默会知识的概念。他们提出,默会知识包含三种具体的形式:有关自我的知识、有关任务的知识和有关人际关系的知识,他们通过研究证明,默会知识的水平是对工作表现、学业水平的良好预测。波拉尼提出"我们所知道的多于我们所能言传的",并据此将知识划分为两类,"明确知识"和"默会知识"。那些能言传的,即通常所说的用文字等来表述的知识是"明确知识"

(explicit knowledge)；而不能言传的，即不能系统表述的是"默会知识"。从知识的量来看，"默会知识"远远多于"明确知识"，且有不同于"明确知识"的显著特征：不能通过语言、文字或符号进行逻辑说明；不能以正规形式加以传递；不能加以批判性反思。在论及"默会知识"与"明确知识"的关系时，有人用"知识的冰山模型"来加以概括。就知识量来说，"明确知识"只是冰山中露出水面的一小部分，而大量的"默会知识"则隐没于水中。也有人认为，"默会知识"是智力资本，是给大树提供营养的树根，"明确知识"不过是树上的果实。虽然表面上"默会知识"不为人所知，但对人的学习却产生深刻的影响。当然，"明确知识"和"默会知识"是联系在一起的，它们共同构成了知识的连续体"默会知识"是"明确知识"的基座，没有"默会知识"的存在，也就没有"明确知识"。因而，只有借助于"默会知识"的力量，人类所有的"明确知识"才成为可能，人类的知识创新才成为可能。"默会知识"与"明确知识"之间存在一种相互转换的关系，这种转换需要借助一定的方法才能达成。这两种知识之间共存在着 4 种转换关系："明确知识"向"明确知识"的转化通过口耳的言传来完成，以听讲为主；"明确知识"向"默会知识"的转化通过学生的内化来完成，以对"明确知识"的融会贯通为主；"默会知识"向"明确知识"的转化通过外显的方法完成，以"默会知识"逐步清晰化为主；"默会知识"向"默会知识"的转化，通过意会完成，以做中学为主。因此，从评价的角度来看，只有"明确知识"到"明确知识"才可以用纸笔测验或标准化考试来进行，而由"默会知识"到"默会知识"、"明确知识"到"默会知识"、"默会知识"到"明确知识"则需要通过人们融会贯通或深刻的理解才能实现，根本无法用测验的形式来进行衡量。斯腾伯格和瓦格纳提出，"默会知识"包含的三类知识是在特定的情境中实现的，如果一定要对"默会知识"进行评价，那么，让学生从事项目学习，对学生在项目中所创作的产品(作品)或表现出的行为进行评价是最有效的手段。

从知识的性质中，我们可以看出，纸笔测验或标准化考试只能测量出学生"知道"了什么（陈述性知识、明确知识），而无法测量出学生"能做"什么。为此，加德纳提出，如果一定要去评价学生的学习，那么应当侧重于学生解决问题或在解决问题过程中所表现出来的创造力。加德纳本人就把智力看作是个体解决实际问题的能力和生产或创造出具有社会价值的有效产品的能力。因此,问题解决要求学生执行或制作一些需要高层次思维或问题解决技能的事或物。这样,评价的重点就由知识性的内容转变到解决问题的过程或结果上,这一评价取向可以让教师了解学生对问题的理解程度、投入程度、解决问题的技能、自我表达的能力,能较完整地反映学生的学习结果等。这些正是真实评价的核心思想。

二、高中化学新课程的评价理念

新课程要培养全面而个性发展的人,要为学生的终身发展奠定基础,这实际上就给高中学生评价提出了新的要求。高中学生评价改革必须紧紧围绕着这一核心目标,在评价功能、目标、主体、内容、标准以及过程和方法等各个方面做出相应的调整,使评价不仅有利于高中生在科学素养方面的共同提高,还要有利于高中生在不同课程方向的个性发展;并从对学生进行综合评价设计的高度,努力实现评价观念的四个转变。

1. 评价目标由过分强调评价的甄别与选拔向促进学生全面发展转变。淡化评价的甄别与选拔功能,将化学教学从选择"适合教育的学生",转变为"适合学生的教育",树立为学生的成长与发展提供优质教育的服务理念。

2. 评价内容由单纯重视知识的学习评价向重视学生综合素质的评价转变。改变以往以知识学习为主的单一评价;强调与课程目标吻合,从知识与技能、过程与方法、情感态度与价值观三个维度对学生进行综合素质评价,挖掘和发展学生多方面的潜能。

3. 评价方式由单纯重视纸笔测试向综合运用多元化的评价方式转变。提出了与新课程相应的3种评价方式,即纸笔测验评价、学习档案评价和活动表现评价。由于纸笔测试仍然是高中化学新课程评价的有效形式,但在评价功能和评价结果的使用上将重点放在考核学生分析和解决问题的能力上,强调过程性、多样性和开放性的综合;学习档案评价是学生自主进行的一种学习和反思的过程,学生可以从多方面收集档案的内容;活动表现评价是在学生完成一系列任务(如实验、调查、设计等)的过程中进行的,它通过观察、记录来分析学生在各项学习活动中的表现。在具体的评价过程中,注意定量评价与定性评价的有机结合,提高评价的有效性。

4.评价主体由学生的被动参与评价向学生主动参与评价转变。高中化学新课程评价,特别要强调学生主体在评价中的地位和作用,强调学生在评价活动中的主动参与程度;建立开放宽松、师生互动的评价氛围,鼓励学生个人和小组进行自我评价、小组互评,促使他们对自己的学习过程进行反思,发挥元认知的调控作用,优化学习过程。

三、高中化学新课程评价的设想

"促进每位学生的发展"是新课程评价的核心理念。高中化学课程评价既要促进全体高中学生在科学素养各个方面的共同发展,又要有利于高中学生的个性发展。积极倡导评价目标多元化和评价方式的多样化,坚持终结性评价与过程性评价相结合、定性评价与定量评价相结合、学生自评互评与他人评价相结合,努力将评价贯穿于化学学习的全过程,以促进学生在知识与技能、过程与方法、情感态度与价值观等方面都得到发展。

1.课堂教学评价

新课程要求"建立促进教师不断提高和评价体系。强调教师对自己教学行为的分析与反思,建立以教师自评为主,校长、教师、学生、家长共同参与的评价制度,使教师从多种渠道获得信息,不断提高教学水平"。所以新课程需要以发展性教师评价为指导思想,构建新的教师化学课堂教学评价体系,创立包括教师自评、学生评价、同行评价(包括专家评价)在内的量化和质性(即定量和定性)相结合的教师化学课堂评价方案。

与新课程相匹配的教师化学课堂教学评价方案必须改变评价只以奖惩为目的的倾向,要使评价过程成为评价者与被评价者之间通过"协商"而达到"心理构建",从而对教育现象作出价值判断并达成共识的过程。化学课堂教学评价的过程,就是参与课堂教学的教师、学生以及评价者等对教学过程中的现象、教学效果等进行沟通、交流、形成共识的过程,在进行化学新课程的课堂教学评价时,既要认定教师的专业发展水平,又要充分考虑化学学科特点,教学资源的充分利用情况,和教师个人在工作条件、经验上的差异。评价内容应突破仅从教师的教进行评价,还应重视学生的学,应综合评价课堂中学生主动参与学习的意识、合作学习的意识、获得信息的能力、用科学探究的方法解决实际问题的能力等。教师在自评中应加强反思,充分吸收学生、同行的意见。评价结果的表述要有利于老师的专业发展,充分发挥课堂教学评价的发展、激励和调控功能,不要把评价等同于简单的等级和分数评定。

2. 单元教学评价

(1)要注重单元教学评价对学生发展的作用。单元评价是对学习过程及其结果的过程性评价,并通过这种评价来影响学习过程。单元评价的目的是对学生在一个单元学习过程中的表现、所取得的成绩以及所反映出的情感、态度、策略等方面的发展做出评价,也对教师的教学效果做出诊断。

(2)单元教学评价的内容要力求全面。评价内容除关注学业成绩以外,还要重视学生多方面潜能的发展,注重对学生综合素质的考查,强调评价指标的多元化,尤其是创新精神和实践能力的发展。

(3)单元教学评价的方法要注意多样性和灵活性。教师应注意根据学生的特点采取灵活、多样的评价方法。除考试或测验外,还可以采用描述性评价、等级评定或评分等评价记录方法,另外还应探索便于教师普遍使用的评价方法,提高教学评价的有效性。

3. 模块教学评价

高中化学每个模块学习时间约为 36 学时,修完模块达到规定要求即可获得 2 学分。模块教学评价相对单元教学来说是终结性评价,而相对整个高中化学学习的过程来说是形成性评价,它属于整个高中化学学习的一部分。

高中化学课程需要多种评价方式和策略的相互配合,应充分考虑不同课程模块的具体特点,有针对性地选择合理有效的评价方式和评价策略。例如,对于必修课程模块及《物质结构与性质》、《化学反应原理》、《有机化学基础》等模块,应综合使用纸笔测验,学习档案和活动表现等方式对学生进行评价。《化学与生活》、《化学与技术》课程模块的纸笔测验试题应提倡开放性、应用性,密切结合生活实际,提倡通过开展研究性学习、社会调查等活动对学生进行表现性评价。《实验化学》课程模块的学习评价应在实验过程中进行,从实验设计、实验探究、实验操作、实验报告、交流讨论、合作意识以及实验态度等方面予以考查。

模块终结性测验是用于衡量学生实际水平的参照性测验,而不是用于确定学生在群体中相对水平位置的甄别性选拔考试,测验的重点应放在重要知识技能的理解和掌握以及科学探究能力的形成上。

高中化学新课程以相对独立的各个模块作为学习基本单元并认定相应学分,因此,学生学习过程的评价必须围绕着模块来进行。基于课程模块的化学学业成绩评价,由学校自行组织,主要由过程性评价和模块终结性测验两个方面构成,其结果作为学分认定的主要依据。应根据学生相应课程模块的修习时间、纸笔测验的成绩、表现性评价和学习档案记录等方面进行综合评定,以此决定学生是否获得相应课程模块的学分。

4.学业水平考试评价

新课程中,对学生化学学业水平的评价主要是为了促进学生的成长和发展,而不是为了对学生进行甄别和选拔。因此高中化学新课程倡导评价主体的多元化和评价方式的多样化,以促进学生在知识与技能、过程与方法、情感态度与价值观等方面都得到发展。

评价方式主要包括纸笔测验评价、学习档案评价和活动表现评价等。以书面作答方式进行的纸笔测验应将重点放在评价学生化学基础知识和基本技能掌握情况、获取信息的能力、分析和解决化学问题的能力上,而不是评价学生对知识的简单记忆和重现。学习档案评价是学生自主进行的一种学习反思过程,教师应指导和鼓励学生在学习档案中收录自己参加学习活动的重要资料,如实验设计方案、探究活动的过程记录、单元知识总结、疑难问题及其解答、有关学习方法和策略的总结、自我评价和同学评价的结果等。活动表现评价是在学生完成一系列任务(如化学实验、调查等)过程中进行的,它通过观察、记录和分析学生在各项学习活动中的具体表现,如参与意识、合作精神、实验操作技能、探究能力、分析问题的思路、应用知识的能力及表达交流能力等进行评价。

对学生化学学业水平的评价要重视评价的促进、激励、反馈、调控功能,坚持终结性与过程性相结合,定性与定量相结合,学生自评与他人评价相结合,将评价贯穿于化学学习的全过程,实现评价的多元化和全程化。

高中化学课程评价的现状,与国际课程评价的发展要求相去甚远。由于高考目前仍然是高中化学教学的主要评价指标,所有实质性的教学评价,主要还是纸笔测验;不同水平的考试,不仅用来评价学生的学习过程和结果,而且用来评价教师的教学过程;这种单一的评价手段、片面的评价功能、落后评价观念,已经严重地阻碍了高中化学课程改革。新的高中课程改革,能否得到全面、有效的实施,考试制度的改革是关键。只有改革现有的高中毕业生选拔方式,为学生提供更多的选择机会,重视学生学习过程的表现,并能以相应的机制保证选拔的客观性、公正性,我们才能真正改变只关注选拔、只关注结果、只关注优等生、只关注知识掌握的倾向,实现真正的发展性评价。

——— 第二节 创建一种激励性的教学 ———

一、兴趣是最好的老师

众所周知,学生知识的掌握、能力的发展都离不开学习主体——学生自身的智力活动的内化,这是其他任何因素都无法替代的一种特殊的认识活动。因此,课堂教学中教师必须充分发挥其主导作用,精心组织教学过程,激发学生积极思维,努力使教学过程的每一个环节对学生具有一种极大的吸引力,从而使学生产生对这一学科的极大兴趣,积极参与探究知识、获得知识的过程。心理学家认为,兴趣是学生渴求获得知识,探究某种事物或参与某种活动的积极倾向。学习兴趣是推动学生学习的有效动力,是学习动机中最现实、最活跃的心理因素。实验证明:一些智能不高但学习兴趣浓厚的学生,成绩会大大高于智能高却没什么兴趣的学生。那么如何才能有效的提高学生的学习兴趣呢?

二、活用激励性评价引航

激励性评价就是提高学生学习兴趣的一种非常有效的手段。首先,实施激励性评价可以增进师生感情,融洽师生关系。而良好的师生关系是师生共同满足教学需要,协调教学活动,实现教学目标的基本保障。它有助于形成无拘无束、和谐的课堂气氛,激发起学生高昂的学习情绪;它不仅会引起学生对老师的信任与尊重,还会使学生把对老师的爱迁移到其所教学科上来,正所谓"亲其师,信其道"。其次,实施激励性评价可以培养学生对这一学科的兴趣,让学生体验到成功的愉悦,感受到自身价值的存在,从而满足学生健康的心理需求,树立对学习、生活的自信。老师先为学生制定短期的目标,学生通过努力,达到短期目标。接着,通过激励,再为他们制定中期目标。这样,通过层递式的目标激励评价,逐步激励,逐步引航,直至达到目标。

在实施激励性评价过程中,教师必须始终把学生作为一个能动发展的主体来看待,通过各种外部诱因来满足学生兴趣、情感的需求,点燃他们的求知、进取、发展的火花,促进学生的主动学习和主动发展。在实际教学中,我们主要分两种形式运用激励性评价:口头激励和书面激励。

运用激励性评价,要求老师必须始终关注每一名学生在学习中的情感变化和心理需求。课堂上,注意提问不同层次的学生,做到不偏爱优等生。对后进生的提问适当降低难度,回答正确后,适时给予肯定和鼓励,如:"你的理解能力很强,如果能够及时记忆化学知识、规律,水平会很高的";"你接受得很快,只要多练练,会学得很好的。"记得有一年我刚接手一个高三毕业班,第一次考试就发现班上一个男同学考了一个特别低的分数,据了解,该学生高一阶段成绩还可以,高二成绩一直滑坡,导致失去自信,不与老师配合,甚至有点逆反心理,如果直接找他谈,可能造成他反感,事与愿违。因此我闭口不谈他的成绩,而是找机会请他当我的面为其他同学解答问题,然后及时表扬了他。几次以后,该学生学习化学的积极性空前高涨,他的化学成绩上去了,他开始主动问化学问题了,主动找我谈心了,慢慢地其他各科成绩都在提高了,他与其他科任老师的关系也逐步得到改善,不仅如此,他的进步还带动了班级一大批中下生。成功是最好的激励,成功来源于自信,也增强了自信。对于少数优等生,又要适当加大难度以增加语言的新颖性。一次,一名化学得奖的优秀学生连续两次没能答对问题,半节课一直低着头,显得有些沮丧,我有意设计了一个难度比较大的问题进行抢答,让他在其他同学之前抢答成功,及时找回了信心。总之,课堂上老师除了要进行授课,还要善于观察学生们的心理变化,随时使用适当的评价来调节课堂气氛。在课下解答同学们的疑难问题时,也要有足够的耐心并进行适当的激励。如:"你提的问题表明你的思维很活跃";"你的问题有些钻牛角尖,但是你确实动脑筋思考了"等。

在给学生们批改作业时,有的老师只用笔标明题目的对错。这时,如果写上一些激励性评价效果就更好了。如"你的思路很好"、"你方法很灵活"、"你解法很巧,如果书写再规范些就更好了"等。写激励性评语要求老师要正确客观地分析学生的实际情况,了解学生心理状态,根据真实需要进行表扬和鼓励。而不能因为为达到某种目的而牵强地赏识,这不仅对该生本人起不到真正作用,而且会影响周围的学生,让他们感觉到老师表扬的一种虚伪性,同时失去对教师的信任度。同样激励性评语也不能过度,这样会导致学生对自己认识不足,会产生自满自傲的心态,稍遇不顺就会一蹶不振。最后也是最应该引起注意的一点:运用激励性评价时教师的态度一定要真诚。任何人都希望得到他人的肯定和发自内心的赞美。我们的学生是十七、八岁的年轻人,他们的心是敏锐的,他们可以从老师的声调、表情上感觉出老师的赞美、激励是否真心。如果学生感觉出来自老师的激励是虚情假意,那么对他们的伤害将更大,不仅达不到我们的教育效果,还会适得其反。教师的评价的有效性、运用的时机与想要达成的方向是紧密结合的,多了会占用学生学习时间、缺了不利学生学习,教学效果必然不佳。只有恰如其分的评价才能拨打学生学习的心弦,才能激励学生的学习积极性,才能保持学生高度的学习热情和激发学生的积极情感,课堂的高效才会有落脚点。

陶行知先生说过:"你的教鞭下有瓦特,你的冷眼里有牛顿,你的讥笑中有爱迪生。"因此,正确地对待学生,评价学生。寻找合理的教育方式是教育者应该认真思考对待的问题。

三、奉献给学生的都是爱

兴趣是最好的老师。教师不仅要依据教学内容,设置悬念、联系生活、演示趣味实验、讲故事等来激发学生的学习兴趣,更应该相信"每个学生都是有用之才"。教学上提倡多激励、少指责,把全部爱心倾注在学生身上,热情帮助每一位学生。在课堂上,应尽可能多地给予学生发言的机会。学生回答问题时，不论正确与否，教师都应认真倾听，对学生思路的每一个火花都加以肯定，及时作出恰如其分的评价。落后生由于长期知识匮乏导致学习困难，他们一般具有较强的自卑心理。教师不能歧视他们，应主动接近他们，尊重他们的人格。一方面，要看到他们的不足之处，帮助他们分析原因，提出改进方法。另一方面，要善于发掘他们身上的闪光点，只要有点滴的进步，就要及时给予表扬和肯定，使他们感受到自己被承认，精神得到满足，从而增强学习兴趣，提高学习的自觉性和刻苦性。这样的评价，比量化的评价更有效果，更能激发学生再接再厉，燃起学生奋发的欲望。

总之，教师要面向全体学生，对每个学生抱有信心、寄予厚望，希望他们在自身原有的基础上不断进步，健康成长，要求他们今天比昨天好，明天比今天更好，并以此作为评价的依据，特别是对后进生更应多一分宽容、体贴和关怀，对他们的哪怕是微不足道的进步也应加以鼓励和赞扬，比如偶尔一次作业整洁和正确也可以成为表扬他们的机会，使他们看到一分劳动一分收获，一分努力一分肯定。只要教师在与学生的交往中能以亲切的态度、殷切的话语、深切的爱心和多用"我相信你"、"你能行"、"你真行"等激励的语言去启迪他们的潜能，伴随他们的学习过程，就会使他们在爱的体验中肯定自己，在爱的沐浴中克服困难，战胜逆境，获得成功的体验，从而在今后的学习和生活中取得更大进步。

第三节　促进学生发展的评价策略

一、学生成长记录袋评价是促进学生全面发展的一种有效评价方式

成长记录袋是 20 世纪 80 年代中期在美国教育实践中出现的一种专业成就评定方法。有的学者译为学习档案袋。它主要收集、记录学生自己、教师或同伴做出评价的有关材料，学生的作品、反思，还有其他相关的证据和材料等，以此来评价学生学习和进步的状况。可以说是记录了学生在某一时期一系列的成长"故事"，是评价学生

进步过程、努力程度、反省能力及其最终发展水平的理想方式。

学生成长记录袋评价是一种充分体现发展性学生评价理念的评价方法,显现出与众不同的功效,受到老师和学生的认可,表现出相当大的生机与活力。转变了教育评价单一的观念与做法,使教育评价更科学化、公正化、过程化。学生通过建立自己的成长记录袋,反思自己的化学学习的情况和成长的历程,可以使学生比较全面地了解自己的学习过程,找到适合自己发展的途径,凸现个性,展示自我,特别是感受自己的不断成长与进步,有利于培养学生的自信心,有利于学生真正实现自主发展、主动发展、可持续发展。同时,它为教师最大限度地提供了有关学生学习与发展的重要信息,既有助于教师形成对学生的准确预期,方便教师检查学生学习的过程和结果,更是评价与教育、教学融合在一起,与课程和学生的发展保持一致,提高了评价的效度。

(一)学生成长记录袋评价的特点

具有目标性、计划性与自主性。教师依据教学目标与计划,有组织、有目的地组织学生收集一系列表现或作品来展现其能力和进步,使学生的学习更具目标性、计划性与自主性。

具有成长性。建立成长记录是学生开展自我评价的一个方式,既注重学习结果也重视学习的过程,更能显示学生成才的历程、进步与成就的现况,获得关于学生发展的更真实的表现与成果,激发学生的学习兴趣,让学生体验成功,感受成长与进步。

具有激励性。建立成长记录注重的是学生自己前后学习过程的比较,避免像有些评价无意间造成学生间的横向比较现象,保护学生的自尊心和自信心,发挥评价的激励作用,让每个学生在化学学习上得到不同的发展。

具有反思性。引导学生适时反思自己的成长情况。如实现了哪些学习目标、获得了哪些进步、自己作品的特征、解决问题的策略、还需要在哪些方面努力等,并组织学生在班上进行展示和交流。这样不仅可让学生更深入地了解学习内涵,而且能培养学生具有自我评价、自我反省、自主成长的能力与品质,培养学生主动积极、相互沟通、相互合作的精神,有利于学生对自己的学习负责。

具有发展性。成长记录袋是用来记录学生学习的踪迹,描述学生的发展与变化的写真集。同时,成长记录袋本身也随着学生的成长而不断丰满和完善。

（二）明确使用学生成长记录袋的目的与用途

不同的成长记录袋对应不同的评价目的，一般而言，学生成长记录袋主要有三种用途：

1.展示最佳成果。用于这种目的的成长记录袋所包含的内容一般是由学生选择的，但这并不意味着学生可以不考虑同伴的意见或者教师所提出的建议。这种成长记录袋的内容是非标准化的，学生将其最好的或最喜爱的作品收集起来，并说明选择这些作品的理由或进行反思。这种成长记录袋的一个重要目的是让学生学会根据特定的评价领域和展示对象的情况，确定收集那些最能够证明他们知道什么和能够做什么的作品。

2.描述学生学习与发展的过程。用于这种目的的成长记录袋不仅收集不同时期学生的作品，还收集观察或测试的结果、家长信息等一切过程性的东西。学生的自我评价与自我反思也可以放入其中。这些材料可以为教师及时提供关于学生每日进展的丰富信息，同时还可作为一种手段为学生提供形成性的反馈，是一个典型的形成性评价过程。

3.评估学生学习发展水平。这种成长记录袋的内容通常是结构化或半结构化的，多用于终结性评价，其结果可以作为成绩评定和证明成就的依据，也可以作为学生升级、留级与否的参考。学校、学区和地方教育行政部门要解释和证实对某一教育方案评价的结果，也可以把这种成长记录袋作为附加的或主要信息来源，以反映方案的效果或课程的改进。

（三）学生成长记录袋评价的方法

为了保证评价的相对公正和客观，学生成长记录袋评价也要有一个评价标准。评价包括两个方面：一是给学生成长记录袋中所收集的材料评价，即分项目评价；二是对学生成长记录袋进行总体评价，即综合评价。第一个方面的评价一般在收集材料时进行，与日常教学评价的方法相同；第二个方面的评价是在学生成长记录袋中所需的材料全部收集完后进行。力求对化学知识和技能、科学态度、情感和价值观等多维度的评价，在评价方式上宜采用等级制，以便在一定程度上模糊个体之间的差异。

在实施学生成长记录袋评价过程中，学生是评价的主体，教师应把学生当作平等合作的伙伴来对待,充分发扬民主,尊重学生评价的权利,可采用学生自评、小组互评、家长评、老师评等多种评价形式相结合,克服传统评价中评价者与被评价者之间紧张、对立的现象。

二、在教学实践中创建学生成长记录袋的过程、内容及评价

(一)设计成长记录袋封面

要求学生自己准备一个成长记录袋(可以买现成的,也可以动手做)。成长记录袋的封面可自行设计,但应包括本人的姓名、年级、班级、学科等。

(二)确定成长记录袋目录

对于新高一,学生成长记录袋可选择描述学生学习与发展过程的,我们希望通过成长记录袋,改变学生的学习方式,培养良好的学习习惯,使学生认识自我、发展自我。学期初由老师与学生一起结合学生特点、教学目标、教学实际列出收集材料的目录表。但实施初期,主要以教师为主来确定目录,以后可以把主动权还给学生,由学生根据自己的爱好和学习情况自己选择,制定出充满个性的收集目录。

(三)组织学生参与学习记录材料搜集与评价活动

由于学生对新的化学课程、新的评价观非常陌生,对学生成长记录袋评价不了解,所以不感兴趣或不愿意参加。在实施过程中,有些学生由于受升学考试的影响,或嫌苦怕烦,也会产生抵触情绪。为此,教师要运用多种手段,充分调动学生的积极性,引导学生主动参与。例如,教师可对学生做好课程改革的宣传和观念转化工作,告诉学生化学新课程的考评内容和办法,说明考评内容不以一次的期末笔试为终结,还要容纳平日的学习表现、学习态度、个性品德、学业能力和收获等,让学生做好充分的思想、心理准备及评价工具准备(如学生成长记录袋等)。在实施学生成长记录袋评价过程中教师必须及时对学生参与的活动进行指导。

由于学生间存在个体差异,加上受时间和精力的限制,全面实施成长记录项目的各项内容,对学生来说,存在相当大的困难。所以可把学生成长记录袋分为必做和选做项目两大部分,选择既能反映学生的知识与技能等发展水平,学生又易操作的评价内容作为必做项目;而选做项目则收录反映学生根据自身特点与兴趣自主学习化学方面的作品。

1.指定必做项目

(1)每日作业情况记录

开学初,发给学生作业情况记录表,记录每次化学家庭作业,作业后的自我评价。指导学生自评主要可以从完成作业的时间、习题的难易、自己能找出的一些问题等方面表述。

如:2006—2007学年第一学期高一化学自我作业情况记录表

高一_____班_____号姓名_____老师

日期	作业	完成情况自评及要求	教师评价

注:教师每次改作业时对学生的作业情况都要做好简要的评价记录。

(2)疑难问题及其解答——难题错题本

每周末须完成一份作业,对一周来化学学习中出现的疑难问题、出错的习题进行摘录、整理、分析。一般可从正确答案、错选答案、错选原因和正确思路四个方面分析,既可将这些知识加以辨析巩固,又是知识积累的一种手段,也可算是对每周学习的反思。单元复习时做小组交流。

在实施初期教师需要说明该作业的目的和要求,如学生可自主选择作业中的习题,在本子上有题目有答案,更重要的是要有分析过程。教师做好督促工作,对学生的完成情况进行简单的点评和记录,对完成情况好的作业本在全班展示、表扬。让学生作业能规范化,真正达到其作业目的。

(3)单元知识整理

要求学生准备一本知识整理本,专题的每个单元结束后,要对所学知识进行梳理。为了提高学生的积极性,初期可组内组织评价后,推选后代表在全班交流评价,将较好的在教室展示,以示鼓励。教师对学生单元知识整理情况,从完成的态度、整理知识的科学性等方面评价,在整理本上写上恰当的评语和建议。

(4)自我反思

学生的自我评价与反省,是成长记录袋的一个重要特点与要求,但也是学生较为薄弱之处,没有具体、细致的指导,只一味要求学生去反省,会使这项可以促进学生发展的活动变成学生的负担。

一个好的评价内容应是具体的、明确的、易操作的。根据学生特点与发展要求,提出了具体的反思的要求。如测试反思在每次测试后书写,要求包括:①主要从知识、能力、解题策略、心理四方面分析;②记录测试中的错题并重做,理清出错原因;③自己应得的分数是多少? 实际得分是多少? 从差距找原因,明确下一阶段的努力方向;④在试卷上写上一句激励自己的话,定期阅读自己以前的反思,自查能否保持优势、改进不足。测验反思与测试卷一起收入成长记录袋。阶段性反思是每月总结一次,要求:①自查完成课堂学习任务的情况;②进行学习方法和策略总结。

2.推荐选做项目

(1)学习笔记:包括预习笔记、随堂笔记、课下笔记。

(2)高质量完成课堂、课后作业及课后感。

(3)信息与资料:查阅或调查获得的信息资料

(4)探究活动资料:课内或者课外学生选定一些课题进行课外阅读或实践探究,提出问题与猜想,探究方案,实验或调查记录,探究结果,最后完成研究报告。

(5)实验记录:对学生实验、教师演示实验、家庭小实验等的观察记录。

(6)其他有关的学习活动资料:小制作、成绩单、图片、图表、光盘等等。

成长记录项目分为必做和选做两大模块,是为了尊重学生的差异,为学生提供了自由选择的机会,学生有了更大的自主性,他们能根据自己的兴趣、特长、需要、能力等选择某些项目作专项学习探究,这充分调动了学生的学习积极性,在这一过程中,学生的独立性和聪明才智得到了更好的发挥。促进学生的自主学习,改进和发展了学生的学习方式。为了鼓励更多的同学能有个性化的成长记录,选做项目每月要进行评比,展示。

（四）取得成就与综合性评价

通过学生记录袋的建立过程,学生逐渐从依赖教师的指导和解释转向于独立自主地学习。在学期开始时,每个环节教师要精心指导,学生熟悉这一过程后,就可以独自或合作选出最好的作品并在小组、班级中讨论。学生能够逐步独自地对作品进行反思,充满信心地展示给其他同学、老师、家长。由于学生的作品、各个阶段的评价表都装在记录袋里,学生个人保管自己的记录袋,这样,就很方便他们随时翻看、查阅,以便复习改进。学生成长记录袋可在期中或期末将进行展示和综合性评价,按照评价的具体要求进行自评、学生评、老师评、家长评,主要采用以鼓励为主的等级制评价。

三、化学学科学生成长记录袋评价的反思

学生成长记录袋评价尚处于起步阶段,大家都在努力探索较成功的模式,以我看来,成长记录袋评价实施要结合本校学生的实际情况,根据评价的目的、教师的工作安排和学生的精力等种种因素,确定学生成长记录袋类型,确定学生成长记录袋评价是集中应用于某一学习阶段、某一专题,还是贯穿整个学期或学年。在实施初期,成长记录袋的内容不宜大而全,不要为了收集而收集,成长记录袋要与明确的教学目标相呼应,收集学生在实现教学目标过程中自然生成的各种作品和资料。教师要经常性地与学生一起回顾作品,对作品进行分析和解释,从中发现学生的优势与不足,为形成性评价和终结性评价提供丰富的信息。

学生成长记录袋评价的应用,增加了教师的工作量,付出了更多的时间和精力。特别表现在记录袋评价的初期,在实施过程中会出现各种各样的问题和现象,学生往往很难一下子达到教育教学目标指定的要求,这就要求老师也要在教学过程中收集学生各种各样的材料,这样才能为学生提供有针对性的指导和帮助,评价才能给学生带来发展的机会。但随着学生对成长记录袋评价的理解和把握程度的不断提高,教师应把握自己在成长记录袋应用中的作用和角色。在建立学习记录袋过程中,教师需解决好两个环节的操作,首先是内容的收集、编排和保存等工作主要应由学生自己来完成,教师主要负责指导学生如何去操作,并监控整个过程。我们应该相信学生的能力,放手让学生自己去做,以指导和监控学生为主,不要具体介入到

学生操作的每一个环节和每一项内容之中。其次,成长记录袋鼓励的是学生的自省与反思,教师主要负责定期主持召开成长记录袋的反思、交流与评价工作。教师在这个工作中,应发动学生自评、互评,充分发展学生的自省能力。

提倡新的评价方法,并不是否定已有的评价方法如纸笔测验的作用,考试仍然是一种有效的评价方式,发展性学生评价是将多种评价方法相结合,所追求的是促进学生达到目标,而不是检查评比,不是给学生下一个精确的结论,更不是给学生一个等级分数与他人做比较,而是更多地体现对学生的关注和关怀,不但要通过评价促进学生在原有水平上的提高,更要通过对学生过去和现在状态的了解,发现学生的潜能,了解学生发展中的需求,帮助学生认识自我,建立自信。这也是我校学生特别需要的,所以应用学生成长记录袋能调动学生的学习积极性,养成良好的学习习惯,找到自己的学习方法,在学习过程中找回自信,同时纸笔测验的成绩也会有相应的提高,真正地促进学生全面发展。

第五项修炼:反思
——为"教改"铺路架桥

第一节 不可放任自流的课后反思

一、反思而后奋进

一堂课结束了,对教师而言,其实并不意味着教学的结束。教师只有在课后勤写教学反思、教后记,总结经验教训,才算真正意义上完成了一节课。

（一）教学反思的含义

教学反思就是教师自觉地把自己的课堂教学实践,作为认识对象而进行全面而深入的冷静思考和总结,从而进入更优化的教学状态,使学生得到更充分的发展,是一种有益的思维活动和再学习活动;教学反思是教师通过对其教学活动进行的理性观察与矫正,从而提高其教学能力的活动;教学反思是分析教学技能的一种技术,是对教学活动的深入思考,这种深思使得教师能够有意识的,谨慎地经常地将研究结果和教育理论应用于实践。教学反思的目的在于指导教学实践,经常进行教学反思可以促使教师从经验型教学走向研究型。

教学反思是对教育背景,教育观念的深入思考。它是一种用来改进教学实践,提高自身业务的学习方式。

这里所说的反思与通常所说的静坐冥想式的反思不同,它往往不是一个人独处放松和回忆漫想,而是一种需要认真思索乃至极大努力的过程,而且常常需要教师合作进行。而且,反思不是简单的教学经验的总结,它是伴随整个教学过程的监视、分析和解决问题的复杂活动。

(二)教学反思的意义

如果一个教师只满足于经验的获得而不对经验进行深入的反思,那么他的旧有理念及不适当的行为就很难改变,其结果是他的教学将可能长期维持在原来的水平而止步不前。现代教育所面临的最大挑战不是技术,不是资源,首先是教育者的理念。教育理念正确与否是教师是否成熟的重要标志。有什么样的教育理念就会有什么样的教学行为。正确的理念导致正确的行为,错误的理念导致错误的行为。如果一个教师的教育理念陈旧、教育方法等方面落后的话,那么,他的工作精神越投入,对学生的伤害往往越大。为此,教师首先需要反思的就应该是自己的教育理念。理念不转变,只是对行为加以矫正,当然这对行为也起修正作用,但是,往往原有习惯化的不合理行为还会经常出现。教学反思的意义在于它着眼于教师知识结构中的实践性知识的获得、拥有和改善,反对和批判传统教师培训模式中只注重对教师的一般性知识的传授,如对公共知识、专业知识,教育学、心理学知识的占有和相应学历的提高。更为重要的是实践性知识——指教师在面临实现有目的行为中所具有的课堂情境知识及与之相关的知识。而这类知识的获得,因为其特有的个体性、情境性、开放性和探索性特征,要求教师通过自我实践的反思和训练才能得到和确认,靠他人的给予似乎是不可能的。美国心理学家波斯纳提出了教师成长的公式:成长=经验+反思。相反,如果一个教师仅仅满足于获得经验而不对经验进行深入的思考,那么、即使是有"20年的教学经验,也许只是一年工作的 20 次重复;除非善于从经验反思中吸取教益,否则就不可能有什么改进。"他永远只能停留在一个新手型教师的水准上。

实践证明,凡是善于反思,并在此基础上不断努力,提高自己教学效果的教师,其自身的成长和发展的步伐就会加快。在教学中,一旦教师熟悉教材,就特别容易陷入机械重复的教学实践中,处于经验性思维定式、书本定势、权威定势和惰性教学之中。因此,开展教学反思,加强教师自我评估和自律学习对教师主体的发展特别重要,教师只有把自我的发展看成是必需的和必要的,才会努力地去建构自我,发展自我,对自己的发展形成整体性的看法,进而不断促进自我学会教学,教会学生学会学习。

教学反思可以进一步地激发教师终身学习的自觉冲动,不断的反思会不断地发现困惑,"教然后而知困",不断发现一个个陌生的我,从而促使自己拜师求教,书海寻觅。学习反思的过程也是教师人生不断辉煌的过程。教学反思可以激活教师的教学智慧,探索教材内容的崭新表达方式,构建师生互动机制及学生学习新方式。

反思是一种手段。反思后则奋进。存在问题就整改,发现问题则深思,找到经验就升华。如此说来,教学反思的真谛就在于教师要敢于怀疑自己,敢于和善于突破、超越自我,不断地向高层次迈进。你可能在灯光下静夜思,回顾和展望。你可能倚着窗口,遥望星空,夜不能寐。正因为教学反思具有别人不可替代的个性化特征,你就有可能形成个性化的教学模式。多进行教学反思,就像在本来没有窗的墙上开了一扇窗,你可以领略到前所未有的另外一面风光。你会觉得不但多了一双眼睛、一对耳朵和一条舌头,甚至还多了一个头脑!

二、课后反思的制度化

既然教师的教学反思如此重要,那么我们就要仔细探讨一下如何进行反思,反思什么,怎样使反思更有效等问题。而在实际教学中能够针对自身的教学实践和教学行为进行真正意义上的反思,开展反思性教学的教师并不多,好多教师还是凭着自己有限的经验进行简单重复的教学实践。教师的教学重点是放在教学内容,教学大纲和考试形式上呢,还是将教学注重点转移到学生的性格、兴趣、情绪等方面的培养和控制? 这是现代教育思想转变的重大原则问题。这就更使得反思的内容和方法等问题显得尤为重要。

教师对教学活动的反思不可能存在一个标准的模式,因为反思本身就具有情境性和不确定性,反思只能针对具体问题、根据实际情况而在可能的条件下展开。比如同样是一节课,听课的教师和教课的教师反思的内容就一定不尽相同。所以教师不仅要会教课还要学会听课和评课,进而才能进行不同的反思活动。

新课程理念下教师如何听课评课?

听课、评课是教师在日常教学活动中经常性的不可缺少的教研活动,是促进教学观念更新、教学方法探讨、教学水平提高、教学艺术展示、研究成果汇报等的重要途径和手段。听课、评课也是教师在互动中获取经验、自我锤炼、自我提高的过程。因此,听课、评课是教师研究课堂教学,提高业务能力的有效途径。同时也是学校工作的一个重要环节。学校工作都是以教学为中心,而课堂教学是关键。怎样来认识课堂教学规律和抓好课堂教学质量呢?听课评课则是一种行之有效地研究课堂教学的重要方法和手段。并且通过听课、评课,领导可以推广经验,发现不足;专家可以了解教学动态,发展教学理论。

(一)怎样听课

1. 课前要有一定的准备工作

俗话说,处处留心皆学问。教师要想通过听课真正学习点东西,就必须做一个听课的有心人。要有心,听课前就要做点准备工作:事先问问授课教师的教学内容,把教材找来预习一下,看看本节课的重点、难点、疑点,并千方百计去了解、研读与教学内容相关的教学理念、教学理论;同时自己设想一下,假如自己上这一节课,会采用怎样的教学方法,以便听课时有个对比。如果听课不做准备,匆忙走进教室,不熟悉教材,不理解开课教师的教学意图,懵懵懂懂地听,就不会有较大的收获。

2. 听课中要认真观察和记录

教师听课要注意力高度集中,全身心的投入,要有虚怀若谷的态度。教师在课堂上不仅要听,还要看。一看教师的教,要仔细捕捉讲课者的语言和表情,记下他每个教学环节和教学方法、对教材的钻研、重点的处理、难点的突破、教法学法的设计、教学基本功的展示。二看学生的学,要看学生的课堂表现,看学生参与的情绪是否高涨、是否具有良好的学习的习惯、本节课是否具有良好的教学效果等等。

3. 听课后要思考和整理

听课是为了使自己吸取别人的长处与经验,使自己在教学上能有所提高,所以在听完课后不能一听了之,应进行反复的琢磨。在分析总结开课教师的课时要注意比较、研究、取长补短。因为每个教师在长期教学活动中都可能形成自己独特的教学风格,所以不同的教师会有不同的教法。听课的老师就要善于进行比较、推敲、研究,准确地评价各种教学方法的长处和短处,并结合自己教学实践与实际情况,吸收他人有益经验,改进自己的教学。

(二)如何评课

1. 从教学目标上分析

教学目标是教学的出发点和归宿,它的正确制订和达成,是衡量公开课好坏的主要尺度。所以评课时首先要分析教学目标。从教学目标制订来看,是否全面、具体、适宜。全面指能从知识、能力、思想情感等几个方面来确定;各目标的制定要以大纲为指导,体现阶段、年级、单元教材的特点,符合学生年龄实际和认识规律,难易适度。其次,从目标达成来看,要看教学目标是不是明确地体现在每一教学环节中,教学手段是否都紧密地围绕目标,为实现目标服务。还要看课堂上是否尽快地接触重点、难点内容,重点内容的教学时间是否得到保证,重点知识和技能是否得到巩固和强化。

2. 从处理教材分析

评析老师一节课上的好与坏不仅要看教学目标的制定和落实,还要看执教者对教材的组织和处理。我们在评析教师一节课时,既要看教师知识传授的准确性、科学性,更要注意分析教师对教材的处理和教学方法的选择上是否新颖、是否突出了重点、攻破了难点、抓住了关键、吸引了学生以及和学生是否有互动。

3. 从教学程序上分析

教学目标要在教学程序中完成,教学目标能不能实现要看教师教学程序的设计和运作。因此,评课其中一个重要的环节就是要对教学程序做出评析。教学程序评析包括以下几个主要方面:

(1)看教学思路设计:教学思路是根据教学内容和学生水平两个方面的实际情况设计出来的。它反映一系列教学措施怎样编排组合,怎样衔接过渡,怎样安排详略,怎样安排讲练等。教师课堂上的教学思路设计是多种多样的。我们评教学思路,一是要看教学思路设计符不符合教学内容实际,符不符合学生实际;二是要看教学思路的设计是不是有一定的独创性,超凡脱俗给学生以清新的感受;三是看教学思路的层次、脉络是不是清晰;四是看教师在课堂上教学思路实际运作的效果。

（2）看课堂结构安排：教学思路与课堂结构既有区别又有联系，教学思路侧重教材处理，反映教师课堂教学纵向教学脉络，而课堂结构侧重教法设计，反映教学横向的层次和环节。它是指一节课的教学过程各部分的确立，以及它们之间的联系、顺序和时间分配。课堂结构也称为教学环节或步骤。课堂结构的不同，也会产生不同的课堂效果。可见课堂结构设计是十分重要的。通常一节好课的结构是结构严谨、环环相扣、过渡自然、时间分配合理，密度适中，效率高。计算授课者的教学时间设计，能较好地了解授课者授课重点、结构安排授课时间设计包括：教学环节的时间分配与衔接是否恰当。

4. 从教学方法和手段上分析

教学方法是指教师在教学过程中为完成教学目的、任务而采取的活动方式的总称。它不是教师孤立的单一活动方式，包括教师"教学活动方式，还包括学生在教师指导下""学"的方式，是"教"的方法与"学"的方法的统一。评析教学方法与手段包括以下几个主要内容：

（1）看是不是量体裁衣，优选活用：我们知道，教学有法，但无定法，贵在得法。教学是一种复杂多变的系统工程，不可能有一种固定不变的万能方法。一种好的教学方法总是相对而言的，它总是因课程，因学生，因教师自身特点而相应变化的。也就是说教学方法的选择要量体裁衣，灵活运用。

（2）看教学方法的多样化。教学方法最忌单调死板，再好的方法天天用，也会令人生厌。教学活动的复杂性决定了教学方法的多样性。所以评课既看教师是否能够面向实际恰当地选择教学方法，同时还要看教师能否在教学方法多样性上下一番工夫，使课堂教学常教常新，富有启发性、艺术性。

（3）看教学方法的改革与创新。评析教师的教学方法既要评常规，还要看改革与创新，要看课堂上的思维训练的设计，要看创新能力的培养，要看主体活动的发挥，要看新的课堂教学模式的构建，要看教学艺术风格的形成等。

（4）看现代化教学手段的运用。现代化教学呼唤现代化教育手段。看教师教学方法与手段的运用还要看教师是否适时、适当、高效地使用了多媒体电脑等现代化教学手段。

5. 从教师教学基本功上分析

教学基本功是教师上好课的一个重要方面,所以评析课还要看教师的教学基本功。通常,教师的教学基本功包括以下几个方面的内容。

(1)看语言:教学也是一种语言的艺术。教师的语言有时关系到一节课的成败。教师的课堂语言,首先,要口齿清楚,抑扬顿挫,生动形象富有激情。其次,教学语言的语调要高低适宜,快慢适度,富于变化。

(2)看板书:板书这是一个不可省去的环节(现在好多老师一用多媒体,板书就消失得无影无踪了)。好的板书,首先,设计科学合理,符合大纲要求;其次,重点突出、一目了然;再次,条理性强,字迹工整美观。

(3)看教态:据心理学研究表明:人的表达靠55%的面部表情+38%的声音+7%的言词。教师课堂上的教态应该是大方、庄重,语调富有感染力。仪表端庄,举止从容,态度热情。

(4)看操作:看教师运用现代化教学仪器的熟练程度。

6. 从教学效果上分析

看课堂教学效果是评价课堂教学的重要依据。巴班斯基说:"分析一节课,不但要分析教学过程和教学方法,而且还要分析教学结果。"课堂效果评析主要包括以下几个方面:一是教学效率是否高,学生思维是否活跃,气氛是否热烈;二是学生受益面是否大,不同程度的学生在原有基础上是否都有进步。知识、能力、情感目标是否达成;三是时间利用率是否高效,学生学得是否轻松愉快,积极性是否高,当堂出现的问题是否当堂解决,学生的作业布置是否合理。

总之,听一堂好课,是一种美的享受;评一堂课,也是一种美的享受。但是,只有会听,会评,才能得到这种享受。要做到会听、会评,有两个基础:一是要有教育理论的学习基础;二是要有多听、多评、多实践的基础。有了这两个基础,再加上自己的教学经验积累,就会有听课、评课水平的飞跃。

三、课的反思

(一)听课者的反思

听课者的反思就是听课教师在听课后自觉地对自己的听课内容

进行全面而深入的冷静思考和总结。它是一种用来提高自身的业务，改进教学实践的学习方式。在传统的听课方式下，听课者重点反思的是别人，很少主动结合自我的教学实践进行系统反思。新课程下的课后反思是教师从事教学和研究时的基本手段，教师在实践中掌握了这种手段，无疑会获得自己专业成长与发展的重要工具。

1.新课程理念对听课反思的要求

一些听课老师即使有了明确的需要反思的问题，也常常苦恼于无处着手，觉得没什么内容好反思，导致听课反思往往停留在表面水平，不得要领，难以深入。这样的听课反思就难以真正成为教师专业成长的手段。

(1)把新课程理念作为听课后反思的着眼点

新课程倡导教学要回归学生的生活世界。如何从生活实际中选取合适的素材供学生学习，又如何使学生在课堂上体验的生活与实际的生活状态相一致，应该说是当今教学中仍没有解决好的问题。听课教师在撰写听课反思时，应对照新课程的理念来审视授课教师的课堂教学，思考授课教师的课堂教学在多大程度上体现了新课程理念的要求，还需要反思如果自己来上这节课，又将如何落实新课程的课堂教学理念。这样的反思会使得新课程的理念逐步在课堂上得到体现和落实。

(2)把相关经验和理论作为听课后反思的重要参照

进行听课反思时，并不见得只是就问题而谈问题，在对教学中存在的问题作深入思考时，需要回忆、整合原有的经验，借用某些已有的理论来分析。在反思时联系自己以往授课的经历，并且把有关教育专家关于课堂教学的论述作为反思的基本参照，使听课反思成为联系听课教师以往经验与现有做法的桥梁，成为贯通既定理论与实践的中介。这样的反思摆脱了纯粹经验的说教，是对课堂实际行为的有效提升。

(3)把整体反思与局部反思相结合

听课后反思，既可以是对课堂教学的各个方面的整体思考，也可以是对课堂教学某个环节的局部思考。有的时候需要从整体层面来反思，有的时候需要"就其一点而不及其余"。两种反思的方式都是允许的，视具体情况而定。两者的结合，使听课反思在整体中把握局部，在局部上认识整体。

（4）把听课反思贯穿授课教师课堂教学的全过程

我们常常说教学反思要体现在教学的始终，反映在教学的全过程，但可能缺乏有益的直观经验。听课前的反思集中在授课教师对教学的定位、设计理念和方法上，听课中的反思集中在授课教师的课堂动态生成的事件上，听课后的反思集中在反思授课教师教学效果与设计意图是否一致上。如果反思能成为引导教学的基本手段，成为教学中的有机组成部分，那么也就成了不断提升教学质量的动力和源泉。

（5）把听课后反思的结果运用于自身教学实践、改进自身教学实践

听课后的反思不是事不关己的玄思，而是需要将反思得到的启示、体会、对策转化为听课教师改进和提高自身教学实践的具体措施。

2.听课后反思的基本内容

根据新课程教学理念的要求，听课教师对课堂教学的课后反思，应该着重围绕以下十个方面进行反思。

（1）从教学目标、内容、重点、方法等的协同程度方面反思

反思教学的目标是否明确，主要看师生是否都明确各自的教与学的目标；反思教学重点是否突出，难点是否突破，主要看是否把握了知识规律和应用知识的规律的教学，是否遵循了同化、顺应的规律，是否讲清了理解知识的关键点；反思教学方法组合是否得当，主要看所采用的基本的教学方法，教学方法组合的原则，教学方法选择的依据等；教学目标是统领性的，是教学展开的依据和核心，它只有与内容、重点、方法相互协调，才能最终落到实处。

（2）从课堂教学结构的适宜程度方面反思

课堂教学是按照一定的序列展开的，有着这样或那样的步骤，表现为若干个不同的环节。这些环节安排的适宜程度直接涉及教学目标的达成程度。反思课堂教学结构的适宜程度，主要是看课堂教学程序的展开是否符合学生认知的一般规律，是否符合既定学生认知的特点。

（3）从师生关系中"两主"作用是否协调方面反思

主要看教师对教材的组织，对学习任务的表达、解释与顺序安排是否适于既定的学习者；学生对教材和教师指导的理解是否透彻；学

生参与教学过程的动机是否强烈；课堂上教师与学生是以一种什么样的关系出现的，师生互动是如何展开的，互动的类型有哪些；学生有没有主动发言、提问的机会，有没有表达自己情感和观点的机会等。

（4）从教材的示范作用是否得到发挥方面反思

教材是教师与学生相互交往的媒介，教师并不能一味讲授课程标准以及教材中的内容，而是要对教材内容进行选择或者说"二度加工"，主要看授课教师是"用教材教"还是"教教材"。

（5）从时量分配容量是否合理适中方面反思

时量分配主要看重点、难点的教学与教学高潮的呈现是否一致；各教学环节的时量与教学任务是否匹配；是否安排了充分的学生活动时间。容量主要看教学是否做到有张有弛；知识呈现是否有密有疏。

（6）从教学手段的运用是否适当方面反思

教学手段要服务于教学方法和教学组织形式，主要看在当时当地条件下，是否充分运用了能够运用的教学手段，效果是否尽可能最好。

（7）从反馈矫正的实施是否有效方面反思

主要看教师收集学生学习成效的反馈信息的意识是否强烈，教师反馈学生学习情况是否及时；矫正应尽量避免雷同，尽可能以不同的方式处理教材，从不同的方面、不同的角度，采用不同的教学方法和教学媒体，打不同的比喻，列举不同的例子，教学同一知识内容。

（8）从训练是否贯穿课堂教学的始终方面反思

主要看课堂教学是否始终在进行对学生的观察能力、表达（口头表达和书面表达）能力、操作能力、思维能力（核心）的训练。

（9）从教学效果是否显著上反思

主要看学生的学习积极性是否高涨；学生答问和练习的正确率高不高；师生的情感体验是否愉悦、欢畅。

（10）从教师的基本功是否扎实方面反思

主要看教师的导入、讲解、课堂教学语言、提问、板书、变化、反应、反馈、演示、结束等教学技能是否得到充分发挥。

3.听课后的反思要处理好的几个问题

（1）听课后要尽可能及时地同被听者进行交流

听课后,听课教师要抱着虚心、诚恳的态度,要尽可能及时与授课教师交流课堂教学的相关内容,最好先听授课教师讲自己的授课体会,然后再有针对性地提出自己的存疑问题。例如,对经验不足的青年教师,不要把存在的问题讲得太多,应有重点地指出存在的突出问题,并以建议的形式提出,要尽可能挖掘他们教学中的闪光点,让他们多一些成功的感觉;对有经验的教师,要实事求是地指出存在的问题和需要改进的地方,提出更新更高的要求,使他们认识到还有改进的地方和提高的空间,让他们继续努力,向专家型教师的方向发展。这种交流虽然也需要指出成功和不足或改进的地方,但交换意见时要抓住重点,多谈优点和经验,明确的问题不含糊,存在的问题不回避,要尽可能以平等商量的语气,以鼓励为主,在通常情况下,一般不是去做定性的分析和评价。

(2)虚心学习他人课中的闪光之点

有位哲人曾说,世上最聪明的人是那些善于发现别人长处,并能学习别人长处,最终使其变为自己的长处的人。可是每次听过课后,总有人会说,这节课哪儿不怎么样,哪儿还没有谁讲得好,如果我们听课时,只抱着这样一种挑刺的态度去听课,那就很难让我们有所长进了。可以说,每一节公开课,哪怕从整体上来看是失败的,只要我们认真去捕捉,至少都会有一两个闪光点。因此,我们在听课时,一定要首先抱着一种虚心学习的态度,要积极调动自己敏锐的眼光,善于去发现人家课堂上的每一点闪光之处,然后慢慢品味,细细揣摩,再将其拿到自己的课堂上去实践印证,这样久而久之,自然就会不断提高自己的教学水平。

(3)正确对待他人课中出现的问题

白璧无瑕之玉总是少见,实践中的每一节课绝非是尽善尽美。针对他人课中出现的问题,我们该持什么态度呢?是发出他这一点还不如我的感慨,还是做出这一点究竟该怎样处理才会完美的反思呢?答案不言而喻。要想使我们自己在听课中真正得到提高,就不要去无视、轻视、蔑视甚至是嘲笑人家课堂上的疏漏之处,一定要静下心来认真思忖,究竟是什么原因导致他的课堂出现了这样的问题,我以后在实践中针对这一问题应该怎样去做。只有这样,我们才能站在前人失败的肩膀上去获取成功。

(4)在分析总结他人课时要注意比较、研究,取长补短每个教师在长期教学活动中都可能形成自己独特的教学风格，不同的教师会有不同的教法。听课的老师就要善于进行比较研究、准确地评价各种教学方法的长处和短处，并结合自己的教学实际，吸收他人的有益经验，改进自己的教学。

（二）教课者的反思

通过备课、上课的前后比较，教师会认识到课程改革后教师课前备课固然重要，课后备课（回头看）更利于教师的教后反思，及时反馈教学实践的信息，提高自身教学水平，不断丰富自己的教学经验，从反思中感悟，实践中出真知。课后反思可从以下几方面入手：

一思"情景创设"：教完每节课后，应对教学情景创设进行全面回顾总结，要考虑你所创设的情景是否与学生实际生活联系紧密？是否与上课内容相符？在引入过程中还存在哪些不和谐之处？等等这些，都是我们应思考的问题。同时根据这节课的教学体会和从学生中反馈的信息，考虑下次课的情景创设，并及时修正教案。

二思"上课效果"：备课的最终目的是收到好的教学效果。因此，一节课下来，我们应认真从每一位学生的上课表情、课堂作业、回答问题、板演以及教师的课堂观察等环节反思本节课的实际效果如何？做到心中有数。效果好要有经验积累，效果差要找出原因，并在教案的反思一栏中作好详细的记载以便及时修正。

三思"教法学法"：上完一节课，静心沉思，摸索出了哪些教学规律；教法上有哪些创新；知识点上有什么发现；组织教学方面有何新招；解题的诸多误区有无突破；启迪是否得当；训练是否到位等等。及时记下这些得失，并进行必要的归类与取舍，考虑一下再教这部分内容时应该如何做，写出"再教设计"，这样可以做到扬长避短、精益求精，把自己的教学水平提高到一个新的境界和高度。

四思"评价体系"：每堂课后认真思考一下本节课的评价内容是否更多地指向有价值的教学任务、教学活动；评价的方式是否多样、是否激起学生的学习兴趣，唤起他们的自尊心和自信心；评价的主题是否面向全体学生、是否因材施教等等。

五思"疏漏之处"：俗话说："人非圣贤，孰能无过"。教学中的疏漏与失误在所难免，如教学内容安排欠妥，教学方法设计不当，教学重点不突出，教学方式单调等等，这些问题都需要教师拿出勇气去面对。如果我们能做到每一堂课进行这样的反思，及时客观的找出教学过程中的不足与失误,并能虚心接受学生的批评意见,正确的面对这些问题,做好及时查漏补缺工作,我们的课堂便会越来越完美。

只要我们每一节课都能认真反思,及时修正,何愁我们的教学水平得不到提高呢。因此,课后反思是提高课堂教育教学水平的有力法宝。

第二节 后记与随笔

一、后记

(一)教后记

教师在教学课后还要勤写教后记,总结经验教训,才算真正意义上完成了一节课。那么什么是教后记,如何写教后记,以促进自身的发展呢?

教后记,又称为教后小结或课后小结,是指教师上完一个课题之后,及时分析总结这一课的成败得失并简明扼要的写在教案上(大多写在教案末尾或教案首页"课后小结"一栏内)的一种明快而短小的文体。教后记有别于教学小结,它不是一堂课教学主要内容的浓缩和概括,不是课堂上提出问题得到阶段性的结论,也不是师生教与学活动得到阶段性的成果,而是教师对自己上完一课之后的回顾思考,重新认识和作出评价。教后记是教学上的一个重要环节,也是教师教案有机整体的一个重要组成部分。写教后记对于提高教学质量和提高教师自身素质作用极大。首先,写教后记实际上就是教学上的再备课,是对原来教学设计和实施过程的梳理和再思索,是对教学效果的检查和评价。上课之前教师所作的教学设计和教学操作是否能达到预期的目标,需要经过教学实践的检验才能得出结论。教师通过写教后记进行自我小结,肯定成绩,找出存在问题,分析具体原因,提出改进教学的措施,这对今后的教学无疑是大有好处的。其次,写教后记是教师积累教学经验的有效途径。对于青年教师来说,需要多多积累教学经验,才能不断提高自己的教学能力和课堂教学质量,逐步胜任教学工作。青年教师通过写教后记，日积月累，教学经验就会丰富起来。对于老教师来说，坚持写教后记，也有利于自己更新知识，吸收他人的经验，在教学上精益求精。再次，坚持写教后记，还可以提高教师的教学科研能力。写教后记，能经常反馈教学信息，分析成败得失的原因，研究改进教学的对策，久而久之，教师就会增强传递处理信息的能力、总结教学经验的能力、学科的教学测量及评价的能力和教学研究的能力，从而逐步成为学者型的教师。

1. 教后记的写作内容

教后记是从教学实践中产生的，它是教师思想智慧的结晶。教后记写作内容涉及教学工作的方方面面。它包括对教材内容的取舍或补充，对课时计划的安排，对教学目标的确立，对教学策略的抉择，对教学重点难点的确定，对教学内容的组织，对教学程序的编排，对教学方法的选择，对教学媒体的运用，对教学现象的分析，对典型问题的探讨，对学生学习的设计，对学生反映的思考，对教学效果的检评，等等。比如可以记成功之处——教学设计的奇思妙想，灵机一动；教学方法的精心安排，巧妙之举；师生交流的精彩发言，火花显现……教学中还往往出现精彩难忘的片段，如新颖有趣的导言，直观形象的演示，生动得体的比喻，教师适时巧妙的设问，突发事件的处理，简洁明了的板书等，这些教学设计，教学方法，学法指导，信息技术方面的独到见解，都是教学成功的重要因素，课后将这些课上发生的点滴花絮记录下来，日后进行整理归纳，经验就会越积累越多，教法会越来越灵活，驾驭课堂的能力和综合素质也会有大的飞跃。记失败的教训——对教学过程中的节外生枝，要进行系统的回顾、梳理，并对其作深刻的反思、探究和剖析，使之今后在教学上吸取教训，更上一层楼。记教学中的应变——课堂教学中，随着教学内容的展开，师生的思维发展及情感交流的融洽，往往会因为一些偶发事件而产生瞬间灵感，这种"想法"要比自己平时想的要高明得多。这些"智慧的火花"常常是不由自主、突然而至，若不及时利用课后反思去捕捉，便会因时过境迁而烟消云散，令人后悔莫及。记学生的见解——在课堂教学过程中，学生是学习的主体，学生总会有"创新的火花"在闪烁，教师应当充分肯定学生在课堂上提出的一些独特的见解，这样不仅使学生的好方法、好思路得以推广，而且对学生也是一种赞赏和激励。同时，这些难能可贵的见解也是对课堂教学的补充与完善，可以拓宽教师的教学思路,提高教学水平。记教案的修正——一节课下来,静心沉思:摸索出了哪些教学规律?教法上有哪些创新?知识点上有什么发现?组织教学方面有何新招?解题的诸多误区有无突破?启迪是否得当?训练是否到位等等。及时记下这些得失,并进行必要的归类与取舍,考虑一下再教这部分内容时应该如何做,若将其记录下来,可以作为今后教学丰富材料的养分。记下学生的课后提问——下课后,学生会提些问题,有些是学生没听懂的,有些是学生的一些误区,有些是学生对内容更深层次的思考,这些都记下,可以使自己在以后的教学中具有一定的针对性,减少偏差。写出"再教设计"——这样可以做到扬长避短、精益求精,把自己的教学水平提高到一个新的境界和高度。课后写日记,随想等——对这些一手的资料及时地整理、思考和研究,可以更好地掌握学生的需要、兴趣和发展现状,客观地评价学生,同时反思也有助于进一步改进教学行为和提高教学水平,为下一步的教学规划提供依据。这些内容,也可根据教学的实际情况,择其一二进行小结,或批注点评,或连缀成篇。

2.教后记的写作形式

教后记的写作形式不拘一格,常见的有如下几种:

批注式:又称点评式,即在教案上各个栏目内容相对应的地方,针对实施教学的情况,言简意赅地加以批注、评述。批注又可分为眉批、夹批、尾批三种。

提纲式:比较全面地评价教学上的成败得失,经过分析与综合,提纲挈领和条分缕析地一一列出,写在教案末尾或首页的"课后小结"一栏内。

摘记式:抓住教学过程中存在的主要问题,或抓住其中最成功的一点,进行实事求是的分析总结,并从中引出自己的见解,写在教案末尾或教案首页的"课后小结"栏内。

随笔式:把教学过程中最典型的、需要探讨的教学现象集中起来,对它们进行较全面深入的剖析和研究、整理和提炼,写出自己的认识、感想和体会,形成特定的思路,构成有头有尾的完整的篇章,成为随笔式的教后记。这是一种要求较高的教后记,也可写在教案末尾或教案附页上。写这种随笔式教后记,对搞教研最有用处,许多好的见解,往往就是从这种日积月累的随笔式的教后记中提炼出来的。

3.教后记常见类型

从内容性质与形式的结合上来看,教后记有如下十种常见类型:

(1)小结得失型。对一堂课或一个课题的教学效果进行实事求是的小结评价,肯定成绩,找出主要存在问题,提出改进教学的可行性措施。这是教后记最常见的一种类型。

(2)反馈信息型。把课堂上通过观察学生表情、情绪所发现的情况,或提问、检查作业、课堂练习、测验等方面发现的存在问题,以及学生听课后的反映,如哪些问题学生疑惑不解,哪些知识学生还未掌握,哪些学生学习还未达标等,将其记录在"案",以便对症下药。

(3)探讨问题型。把教学过程中发现的典型问题和需要探讨的问题及时记录下来,并把自己对这些问题的分析和研究结果及独到的见解写出来。

(4)分析原因型。对教学过程中出现的一些异常的教学现象进行思考,分析其产生的原因,指出它的后果和影响,寻找克服它的对策。

(5)拾遗补漏型。对教学过程中没有考虑周全的问题进行补充,对遗漏的内容进行增补。

(6)纠正过失型。如实记录教学上的失误,重点研究采取什么措施来补救,以对学生高度负责任的态度来帮助学生获取正确的知识。

(7)取长补短型。用自己的教学设计和实施方案以及教学效果跟教学最优化方案进行比较,取人之长补己之短,改进自己的教学设计和实施方案。

(8)研究学生型。对学生的学习情况进行分析研究,找出"教"与"学"双向活动的最佳结合点,指导学生有效地学习。

(9)拓展扩充型。在教学内容方面,补充最新研究成果和最新知识信息,以开阔学生视野,使教学内容跟上时代步伐。

(10)抓住"亮点"型。"亮点"即成功的闪光点。一堂课之所以成功,其关键是什么,用"沙里淘金"的态度去寻找这个"亮点",并对其进行深入分析研究,写成富有创意的教后记。

4.教后记的写作要求

一要迅速及时。把课堂上所见所闻所想所感的内容迅速及时的记录下来,并整理成文,不让它们成为稍纵即逝的过眼烟云。

二要实事求是。不虚美,说实话。要从实际实例出发,既要找出成功点,也要找出缺陷,并分析其原因,提出切合实际的对策。

三要有的放矢。要针对教学中的实际情况，因人因事有感而发，目的是为了解决实际问题，进一步提高教书育人的效果，如果目的不明确，无的放矢，教后记就会失去灵魂，失去价值。

四要就事论事。教后记要力求从理论和实践的结合上说明问题，不要就事论事，要就事论理，要把对一件事情的分析推广至对某一类事情的分析，使其具有典型性和可迁移性。

五要集中简明。教后记篇幅短小，容量不大，故主旨要单一，内容要集中，有所侧重，语言要简练、明了。

（二）考后记

为了检察学生的学习情况，要对学生进行阶段性的测试，而教师对每次考试的总结显得尤为重要，因此教师还要写考后记。主要就是试卷分析。那么怎样才能让试卷分析做到有效果呢？我们认为应该从以下三个方面来阐述：

1. 用试卷分析出全班本学科的教学情况

用试卷分析出全班本学科的教学情况，应该有以下四个环节。

一查，也就是通过分析试卷上的试题，查出本次考试的目的是什么，考试的知识范围有哪些，试卷中有哪些题型，哪些题型学生已经见过，哪些题型学生是初次见面，哪些题型考察基础知识和基本技能，哪些题型是考查能力等等。

二统，也就是数据统计的定量分析。这是试卷分析的主体部分，也是最为关键的一个环节。具体操作是先统计出每个学生每一道小题的得分情况，算出得分率和失分率，统计出全对全错的数，从中了解学生对每一个知识的掌握情况。

三找，即找出学生出现的知识错及其引起错误的原因。试卷普遍存在的问题是什么问题，个别问题出现在哪些个别学生身上。知道了存在的问题，教师在后面的教学自然就更有针对性了。

四改，即根据找出的错误及其引起错误的原因提出改进措施，是思想和教育方面的就订出思想教育方面的改进措施，是学习习惯方面的问题的就订出培养良好学习习惯方面的措施，若后进生多就提出如何转化后进生的措施。例如通过对高三毕业班数次考试的质量分析，统计出学生在解题规范方面存在的问题，制成备忘录在下次考试（尤其是高考）前进行考前指导。

【案例】

2009届高三毕业班化学科高考考前指导

一、要沉着冷静

考试的最终目的是把每道试题正确解答出来,考试成功的关键是你的解题质量高。因此,你在考试时应把质量放在首位,在保证质量的前提下,追求速度,而不是倒过来。你在考试过程中要始终保持质量意识,不放弃任何一道自己会做的试题,不做错任何一道会做的试题。会做的题不丢一分,不会做的题能拼几分是几分。第 I 卷要稳第 II 卷要规范。

二、要认真审题

细心的审题,正确理解和把握给信息,充分挖掘隐含信息是正确解题的前提。"磨刀不误砍柴工",审题时不能急于求成,马虎草率,必须理解题意,注意题目中关键的字、词、句。切忌不看全题,断章取义;看一段做一段,做到后半题时才发现前半题做错了,只得从头再来,占用了考场上宝贵的时间。须知,一道题包含完整的内容,是一个整体。有的句与句之间有着内在的联系;有的前后呼应,相互衬垫。所以必须总观全题,全面领会题意后,才动笔作答。审题是"审"而不是"看",边审题要边做标记。在化学学科的考试中,审题主要应该注意以下几个方面:

1.审关键字:关键字往往是解题的切入口,解题的核心信息。关键字可以在题干中,也可以在问题中,一个题干下的问题可能是连续的,也可能是独立的。关键字多为与化学学科有关的,也有看似与化学无关的。常见化学题中的关键字有:"过量"、"少量"、"正确"、"不正确"、"无色"、"酸性(碱性)"、"短周期"、"质量"、"物质的量"、"正极"、"负极"、"阴极"、"阳极"、"能大量共存"、"不能大量共存"、"长时间"、"小心加热"、"加热并灼烧"、"流动的水"等等,对同分异构体的限制条件更应该注意,如:分子式为 $C_8H_8O_2$ 含有苯环且有两个对位取代基的异构体"含有苯环且有两个对位取代基"就是这一问题的关键字。

2.审数据、图表:例如:有机分子结构式中有几个苯环要看清楚,千万不要认为六边形一定是苯环;

又如:计算题中往往出现"将样品分为两等份"(或"从 1 000

mL 溶液中取出 50 mL"),最后求的是"原样品中的有关的量",切莫只求了每份中的有关量。另外怎么分、分几份、是否等份也要注意。

3.审表达要求:题目往往对结果的表达有特定的要求。例如:写"分子式"、"结构式"、"结构简式"、"名称"、"化学方程式"、"离子方程式"、"数学表达式"、"现象"、"目的"。这些都应引起足够的重视,养成良好的审题习惯,避免"答非所问"造成的不必要的失分。此外,要注意试题中小括号内的话,要专门看。

4.审突破口——常见的解题突破口有:特殊结构、特殊的化学性质、特殊的物理性质(颜色、状态、气味)、特殊反应形式、有催化剂参与的无机反应、应用数据的推断、框图推断中重复出现的物质等等。对于有机推断题,题干或框图中出现的结构简式、分子式往往都是解题突破口。

5.审有效数字——有效数字的三个依据:

①使用仪器的精度如,托盘天平(0.1 g)、量筒($\geqslant$0.1 mL)、滴定管(0.01 mL)、广泛 pH 试纸(整数)等。

②试题所给的数据的处理,例如"称取样品 4.80 g……",根据试题所给有效数字进行合理的计算,最后要保留相应的有效数字;

③题目的明确要求,例如:"结果保留两位有效数字",就按照试题的要求去保留。

6.审题给信息:例如:某化学兴趣小组的同学买来一瓶"84"消毒液,请大家与他们一同来研讨以下问题:

(1)此瓶"84"消毒液的说明书上这样写道:"本品为无色液体,呈碱性……",请你推测它的有效成分_____(填序号):

A. Cl_2 B. H_2O_2 C. $NaClO$ D. $KMnO_4$

(2)该化学兴趣小组的同学在瓷碗中盛放 20 mL 的"84"消毒液,露置在阳光充足的室内,他们对"84"消毒液的消毒效果和组成成分的变化进行了研究。得出数据如下:

已知 25℃时有关弱酸的电离平衡常数:

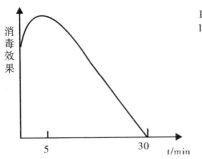

图1

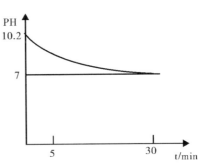

图2

弱酸化学式	HClO	H₂CO₃
电离平衡常数(25℃)	$2.95×10^{-8}$	$K_1=4.30×10^7$ $K_2=5.61×10^{-11}$

从数据图1和图2可得知"84"消毒液暴露在空气中半小时后,"84"消毒液中的主要溶质是_____,用化学方程式或离子方程式表示其中变化的主要原因_____、_____、_____。

(3)该化学兴趣小组的同学备选了紫色石蕊试液对"84"消毒液的性质进行实验检验请你帮助他们完成实验报告:

实验操作	预期现象	结论

(4)该化学实验小组同学上网查询有关"84"消毒液的信息时,发现这样一则消息:有一家庭主妇把抗 SARS 用的"84"消毒液和清洁剂(呈酸性、含 Cl^-)都倒出一些混合在一起,进行刷洗。一会儿,她就晕倒在房间里。这几位同学感到迷惑不解。请你用离子方程式帮助他们解开这一悬念_____

答案:(1)C (2)氯化钠(或 NaCl) $NaClO+CO_2+H_2O=HClO+NaHCO_3$

$$2HClO \xrightarrow{光照} 2HCl+O_2\uparrow \qquad HCl+NaHCO_3=CO_2\uparrow+H_2O+NaCl$$

（3）（操作、现象、结论各 1 分，共 3 分）

实验操作	预期现象	结论
取一干净试管,加入 1－2 毫升"84"消毒液,然后滴加几滴紫色石蕊试液	先变蓝后褪色	"84"消毒液具有碱性和氧化性（或漂白性）

（4）$ClO^- + Cl^- + 2H^+ = Cl_2\uparrow + H_2O$

特别提醒:根据电离平衡常数判断 NaClO 与碳酸反应只能生成 $NaHCO_3$ 不能生成 Na_2CO_3。（但是 $NaAlO_2$ 与碳酸反应如果 CO_2 过量生成 $NaHCO_3$,如果 CO_2 不足则生成 Na_2CO_3。）

三、要先易后难

先易后难,拿下基本分。可以稳定情绪,增强信心。要明确易、难题的考分是不等值的。易题一分易得,难题一分难争.故不要把兴奋点放在难题上,与其难题多得一分,不如易题少丢五分。确保中档题的准确率是得高分关键。答卷的宏观策略是抓总分。对低档题,要志在必得。绝不丢分;对中档题,要抓住不放,会作就要对,不丢不该丢的分;对综合卷中的高难题要量力而行,一般考生不花大力气,尖子生要在此做文章(特别提醒:根据可靠消息今年的省、市质检及高考化学科题目多属于低档题和中档题,所以我们的口号是:力求高分)。其次,先易后难有利于对有把握的题目一次成功(如对于"书写有机物的分子式"及"判断有机物的同分异构体数目"的题目至少要计算两遍,两遍都一样才能填入),不能寄希望于最后检查。解题的微观策略是生题不慌,熟题不懈(我难人难我不难,我易人易我不麻痹)。争取急中生智,避免忙中出乱。小题易题快作,大题难题分步作,争取一分是一分。另外,要正确对待难易问题,未见过的题目未必是难题,而一些似曾相识的题目却往往会使你掉以轻心以致错解失分。

四、要严格规范

1.要注意化学用语书写规范,特别是注意写清楚像 Cu 与 Ca 这样易出差错的元素符号;不要把氯的元素符号"Cl"写成"Ce"、把镁的元素符号"Mg"写成"mg"、铜的元素符号"Cu"写成"Ca"、一氧化碳的分子式"CO"写成"Co"、磷化氢的分子式"PH_3"写成为"H_3P"、亚硫酸钠化学式"Na_2SO_3"写成 $NaSO_3$。不要漏写离子的电荷等等;

书写有机物的结构简式,短线连接什么元素要准确,醛基、酯基、羧基、硝基的书写要规范:"—CHO、—COOCH₃、—COOH、—NO₂";注意苯环等环状结构要书写准确,如苯环是六元环不要写成五元环

或七元环,对位的有机物()不要写成间位的形

式。()。

2.要注意化学专用字的准确,不要把"氯气"写成"绿气"、"溶解"写成"熔解"、"蓝色"写成"兰色"、"苯"写成"笨"、"褪色"写成"退色"、"硝化"写成"消化"、"磺化"写成"黄化"、"油脂"写成油酯、"酯化"写成"脂化"、"铵盐"写成"氨盐"(反之氨气、一水合氨、氨基酸、银氨溶液中的"氨"也不能写成"铵")、"金刚石"写成"金钢石"、"阴"写成"阳"、"坩埚"写成"钳锅"、"砝码"写成"法码"、"熔化"写成"溶化"、"过滤"写成"过虚"、"萃取"写成"卒取"。

3.要注意化学方程式的书写不仅要配平正确还须"零件"齐全(如反应条件、气体和沉淀的符号、热化学方程式中物质的状态等等),没配平、条件错、有机反应少写物质(水等)会造成该空不得分【要防止漏写取代反应、缩聚反应生成物中的小分子(H₂O,HX 等)或没有配平】。反应物和产物之间的连接,无机反应用等号"＝"、有机反应用箭头"→",可逆反应要用"⇌";气体符号和沉淀符号要标清,点燃、加热、高温有区别,催化剂不能简写为"催",这些问题出现会被扣分。电极反应式不仅要考虑得失电子数与离子的电荷关系,还要考虑电解质中自由移动的离子是什么,情况不同写出的电极反应式也可能不同。

3.计算填空题要防止漏写单位(如溶解度的"g"、摩尔质量的"g/mol"、△H 的"kJ/mol"等等)或写错单位(例如上次省质检的考试就有许多同学将相对分子质量的单位写成"g/mol",要知道相对分子质量的和相对原子质量的单位都不必写出;还有许多同学将△H 的单位"kJ/mol"中的"k"写成大写"K",请注意 kJ 、kg的"k"是小写的,另外"/mol"也不能漏掉;速率的单位不能写成"mol /L/s"等,应该是"mol /(L·s)"或"mol ·(L·s)⁻¹",还应该注意时间单位是"min"还是"s"、"h"等。计算题要求写出计算过程的尽可能分步写,因为分步写往往步步有分,如果只有一个式子,则只要有一点

小小的错误，整题就会没有分数。此外，还要让计算数据尽可能与题目所给的有效数字吻合（特别提醒：单位和有效数字不能只顾结果不顾过程，要知道只要计算过程有一点不够规范就要被扣分）。

4.语言表达要准确、完整，尤其是简答题，有几个要点就要答几个要点，不要以为有回答就行。此外，量器（如量筒、容量瓶）书写时要注明规格，滴定管书写时要注明酸、碱式，"打开活塞和止水夹"之类的描述不可忘。化学实验题还要注意描述活塞"关"还是"开"、导管口在液面上还是在液面下、把导管浸入水中或把导管从水中取出、操作顺序的先后……；检验气体纯度时，采用向上排空气法收集气体还是向下排空气法或是排水法（特别提醒：CO、C_2H_4 等密度与空气接近的气体不能用排空气法收集）。

总之，要规范书写力争一分不丢。

五、要按题作答

题目要求写元素名称不要错写成元素符号，题目要求写元素符号不要答成元素名称或分子式；题目要求画离子结构示意图不要错答为原子结构示意图；题目要求写物质名称不要错写成分子式；题目要求写有机物的结构简式不要错写成分子式或名称；题目要求写离子方程式不要错写成化学方程式；题目要求热化学方程式不要错写成化学方程式，热化学方程式不仅要标明物质的状态（"g"表示气体、"l"表示液体、"s"表示固体、"aq"表示稀溶液），还要注意热量数值的换算和正、负号及单位（$\triangle H$ 单位"kJ/mol"、放热为"—"、吸热为"＋"），标物质的状态也应该根据题目要求标，如 N_2H_4 是标"l"还是标"g"、$C_6H_{12}O_6$ 是标"s"还是标"aq"都必须根据题意斟酌清楚。总之，一定不要因答非所问导致丢分。

六、要充满信心

高考既是智能的竞争也是心理素质的较量。因此，要取得高考成功，临场必须有自信心。相信老师已经把考试所需要的知识都全面系统的教给了你，相信你自己三年的艰苦努力已经使你具备了轻松应对高考的能力。我们比别人更认真，我们比别人更努力，不是吗？我们的考试必将获得丰硕的成果！

2.用试卷分析出个体学生的学习情况

这是统计全班学生每小题的统计表，左列是姓名，上排是每一题的番号,每一题的得分率、失分率。这张表就能知道全班学生的薄弱的题型,也能和上次的题型做比较,还可以看出教师经过改进教学的效果。

分析个体学生最好的方式是教师当面对单个学生的学习进行分析,从以下几个方面进行。

(1)分析出该生在本学科的薄弱板块或题型。是基础知识差的就帮助学生拟出弥补措施,比如每天小测十个化学方程式或离子方程式或电极反应式等。

(2)分析出该生在本学科上的生长点,增加自信。如,拿出学生的卷子,对错题一一分析。因粗心大意或审题不清失了 3 分,下次就增长了 3 分,或方法没掌握丢分 5 分,现在学习了方法,下次就应该增 5 分,是书中基础知识丢分的,通过努力,某 5 分的题,能做来的下次就应该增长 5 分。几项合在一起增长点就是 13 分。就给学生提出目标,下次考试就增长 13 分。学生想到通过努力也能达到这个目标,就增强了信心。

(3)做到靠后 100 分(即满分)。我们有的老师是叫学生准备了改错本,错题重新独立地正确地做在改错本上。有的老师采用的试卷重新考的形式。总之,都能促使学生理解掌握所学过的知识点。当然全班每个学生都进行试卷分析,教师的精力是不够的。但挤出时间对实验班的优生和普通班的后进生这样去做效果是明显的。

3.试卷讲评应该得法

(1)试卷讲评应该及时。若隔了两三周再去讲评,学生就忘记了内容,迫切心情就淡化了。

(2)试卷讲评应该有针对性。一种形式是对试卷从头到尾"炒一遍",或者像磨子推磨重新磨一遍。这种对试卷难度大,学生普遍考得差是有实效的,普通班还是可以用,但太费时间了。另一种形式是对学生普遍性的问题或者疑难问题重点突破,让学生充分去探索去发现去比较,最后才得出正确结论。错题学生印象就会深刻一些。

打个比方,如果教学是一场足球赛,试卷分析及其讲评就是这场球赛当中的临门一脚。只有又准又狠,方能有收获、有成果。老师们,让我们踢好这临门一脚吧!

二、随笔

除了教后记,考后记外,教师也要经常写随笔。所谓教学随笔,也可以说"教学一得"、"教学随感",主要是写教学过程中体会最深的某一点心得、感想、感悟。写随笔好处有三:

一是能真实地记录身边世界。写教学随笔,就不会让我们的老师只留下模糊的记忆,我们不能让过去的智慧,思想火花随着年龄的继续增长淡出这个美丽的世界。

二是用教学随笔促进教师专业成长。因为要写,所以要阅读;因为要写,所以要去做;因为要写,所以要思考。写作,是一种拉动自己读、做、思的最有效的方法,是作为教师的最好的教育研究,教师行为研究的最好依托。

三是通过教学随笔,让每个教师成为新课程的成功实践者。新课程改革,对教师提出这么多的,实质性的要求,这些要求不可能一下做到,但边做边思,边思边写,边写边做,螺旋前进,每个老师肯定会把新课程要求转化为自己的本领,尤其是理科教师的随笔,更相当于是对教学、作业、做题、考试反思的升华。

耕耘于教学一线的教师,掌握了大量教育教学的第一手资料,积累了丰富的实践经验,在教学之余,及时把心得记录下来,不仅对自己日后工作有促进作用;如果发表,对广大同仁也具有借鉴意义。

正因为教育随笔彰显着一种求真务实的教育情怀,因而它正受到了越来越多的有识之士的厚爱与青睐。

随笔的主要特点是题目小、篇幅短;层次和结构比较简单;内容单纯,涉及面比较小,写作材料便于收集、整理和使用。

（一）捕捉题材

对于一线教师来说,不敢说每一节课都有体会最深的心得,但每天都要教学不同的内容,面对不同的学生,只要我们善于发现,做个有心人,随感的素材就有很多。

1. 成功的喜悦。在教学中,每一位教师都会有令人欣喜的、成功的实践。成功了,静下心来想一想:为什么会取得成功? 主要收获在哪里? 抓住自己的成功之点,深入地想,好题材就这样诞生了。

2. 失败的教训。教学中的失误是不可避免的。面对失误我们应该冷静地想一想:为什么会失误? 主要症结在哪里? 用什么方法弥补？应该吸取什么教训？……好题材又产生了。

3.教材的分析。教材是我们的教学依据,但它不一定是完美的,只要我们深入而冷静地研究思考,你也许会有新的认识或新的疑点,那么请及时把它写下来。

4.讲课的心得。在讲课过程中,感觉上得心应手,学生思维火花不断迸发……你也许会突然得到某种悟性与启示,产生平时没有想到的观点,发现平时没有注意到的东西。对此,我们要及时记录下来。

5.听课的感悟。作为教师,听课的机会是很多的,而且大多数情况下,听到的多数是优质课。在听课过程中,通过比较,找出差异。差异就是思维之源,就是产生新观念和新思想的导火线。

我们还可以从课后师生交谈中、学生学习的成功或失败中捕捉教学随感的题材;也可以通过阅读别人的教育教学论文或从浏览教育教学报纸杂志中捕捉。

(二)锤炼题材

有了题材,如何得到一篇高质量的随感?你可能通常会觉得有话说不出、说不好,这是因为尚缺乏理论积累,还不能从理论高度对手中的素材进行加工、整合,形成并表达出自己独到的视角。而这个至关重要的锤炼过程要求我们:注重积累相关理论。理论积累并无任何捷径,只有平常扎扎实实地研读并作好摘抄,久而久之,再处理起素材来自然会得心应手。

【案例】

随笔:目标——为成功导航

1998年秋的一个傍晚,我第三次给01届高一化学竞赛辅导班的同学上课。课堂上我又一次看到了那双特别亮的眼睛,这双眼睛的主人是一个胖乎乎的男生,他听课相当专注,和以往一样,在课的后半段我要求学生自由提问,互相答疑,培养他们发现问题、分析问题和解决问题的能力,我则在一旁观察以便从中发现竞赛的好苗子,这个男生连续回答了几位同学的问题后,又提出了自己的问题,他的答与问让我感到一阵阵的惊喜,他素质好,他肯钻研,他善钻研,他爱化学,他懂学法,他会自学,他很自信,这不就是一个好苗子吗?

下课后,我们不约而同地留了下来,他要继续与我讨论问题,我要与他订目标。

"罗佗平同学,到目前我校还没有同学夺得过高中学生国际奥林匹克竞赛金牌,你的素质很不错,相信你能够为我们学校夺一块国际化学奥林匹克竞赛金牌。希望寄托在你的身上。"

从此,我们师生有了一个共同的目标——为学校实现国际奥赛金牌零的突破而努力。为了这个目标我们经常放弃节假日的休息遨游在化学知识的海洋中;经常把"问与答"、"讲与练"持续再持续,图书馆、阅览室关门了就到办公室,天黑了就开开灯,不觉得饿,不觉得累,不考虑牺牲了多少休息时间,不考虑放弃了多少娱乐活动,只考虑距离目标还有多远。

朝着目标努力再努力,终于罗佗平同学获得了第33届国际化学奥林匹克竞赛金牌。不能说在佗平之前我们学校没有好的苗子、好的竞赛选手,为什么佗平能超越他们获得金牌呢? 我想是目标唤醒了佗平的大脑,使佗平的潜能像原子反应堆里的原子那样充分地释放出来。

【案例评析】

作为教师在给学生写评语时,经常都会来那么一句"学习目的明确",但很少有人包括我自己意识到"目标"能产生如此巨大的激励作用,它不仅激励了学生,也激励了教师本人;它可以使我们忘却辛苦和疲劳,使学生的潜能像原子反应堆里的原子那样充分地释放出来,它可以增强师生的自信,它是成功的"航标灯"。看来我们今后还要给学生给自己多定定目标,让目标——为成功导航。

第三节 教学总结与教学论文

一、教学总结与教学论文的重要性

教育教学论文是指针对某一教育现象、问题发表自己的见解看法或对教学原理、方法、心得等进行论述以便总结教育教学规律和经验的文章。教育教学论文是教育教学研究成果的一种书面表达形式,它反映文章作者所从事的研究课题,已做的研究工作和研究过程中所采用的研究方法和手段,以及通过研究所获得的结论,因此,这些文章是教研成果的记录,是教育教学研究的工作总结,也是教师辛勤笔耕的结晶和能力的体现,它是衡量一个教师学术水平高低的重要标志。

开展化学教学研究、撰写教学论文和经验总结,是新时代的要求,也是新世纪对广大教师继续教育学习的重要内容。同时也是教师提高教学水平,迅速成长的重要途径。

论文的学术价值在一定程度上可以反映作者的专业水平、科学研究能力和创造能力,因此,随着教育教学改革的深入开展和科研兴校战略的广泛实施,论文数量的多少和质量的高低已经成为评价学校、教师教学和科研水平的一个重要指标,也越来越受到教育主管部门、学校和教育工作者的重视。

另一方面,对于文章的作者和自己的专业提供机会,使自己在撰写的过程中出现"饥饿感"(如某些材料不足,某些论据还不够充分,某些经验上升不到理论高度去认识),从而促使作者进一步开展研究,加强学习,或查文献,或做实验,或进行调查研究等等。从中获得更多的素材,使研究工作更趋完善。通过写教学论文,教师把自己对某些教学问题的深入思考外化为书面文字——教学论文,既使认识条理化、系统化、深刻化,又使自己的教学实践更科学、更自觉、更有效。为今后的教学工作的腾飞总结经验,为自己人生的旅程增添一个崭新的高度、一条闪亮的起跑线。因此,论文写作能优化教学实践,提高教学质量。写与教相辅相成,理论与实践相互促进,教师撰写教学论文有助于优化教学实践,提高教学质量。发表文章目的是为了参与问题研究、学术讨论,促进学术交流,并通过文章的发表受到激励,使理论水平和业务水平双提高。

二、教学论文的常见类型

教学研究方面可写的内容很多,可分为调查研究,实验报告,经验总结,理论研究专论等多种类型。对我们从事教学第一线的教师来说,可以从以下几个方面去写:

1. 基础理论方面的研究。例如:对课本上某些概念的引入过程或某些定理、公式的证明过程作适当的改进和更新;对已有的命题作适当的推广或移植；对课本上某些错误进行分析校正或站在新的理论高度、用新的观点来分析和研究某些问题。

　　2. 对教学实践经验的总结方面。教师在日常的教育教学工作中，总有这样那样的，或大或小的体会，总有自己的得意之处，要善于及时总结，去粗取精，去伪存真，由感性认识上升到理论认识。

　　3. 对学生心理研究方面。如职业高中学生学习的思维特点和规律，差生的转化；各科教学的课外工作（课外作业、课外辅导活动、学科竞赛、技能竞赛等），常见解题错误分析。

　　4. 学科思想方面。如某些学科问题的特殊解题思路或巧解妙证，及一些学科思想和方法的运用等。

　　5. 课程、教材、教法的试验性研究方面。目前，我国城乡有许多学校的教师都在参与各种课程设置、新教材试用和教法改革以及作业批改等方面的研究，这些方面的体会、成果很值得一写。

　　6. 激励学生非智力因素方面的研究。

　　7. 当今应试教育向素质教育转轨的研究。

三、教学论文的格式

　　教学论文的完整结构通常包括论文的题目、作者、摘要、关键词、正文和参考文献等部分。有的文章格式不规范，有的文章标题不醒目，让编辑一看就不顺眼，没有一点吸引力，更不会去看论文的质量如何了。

　　从写作的技巧来看，论文的题目应该简明扼要，必须能反映论文的中心，并易于理解和吸引读者。论文摘要是指提纲挈领地将论文所要论述的问题，概括地介绍文章的主要思想、主要的研究过程、方法和成果。绪论是论文的引子部分，它向读者介绍文章的背景、目的、意义，并提出论点，引出下文。一般限制在 500 字左右。论文摘要内容的前面一般应有"摘要"的字样出现，用醒目的字体区别开来。关键词也叫主题词，与论文摘要相比，关键词更有概括性。关键词字数一般不超过 15 个字。关键词是几个词汇的松散排列，不是一句完整的语句。关键词可以从论文题目中进行提炼。正文部分必须条理清楚、逻辑严密、语言精练，不能用比喻、夸张、拟人等文学性的修辞手法来表述。结论是对前文的高度概括和总结，要做到观点鲜明，前后呼应。参考文献一方面是对他人研究成果的尊重，另一方面也为其他读者核实和深入研究提供方便。参考文献要注明文章的作者、文章名称、出版社名称、引用材料的页码,如果是运用了网上的资料,还应该注明网址。

常用的论文格式书写如下:

综合研究类论文(一)

题目

作者

一、课题的由来

二、研究的目的

三、研究的方法、步骤

(一)具体的方法 :1. 2.……

(二)具体的步骤 :1. 2.……

四、研究的过程和结果

(一)研究的过程 :1. 2.……

(二)研究的结果 :1. 2.……

五、研究的结论

六、参考文献

研究性论文的样式(二)

题目

作者

一、引言

二、试验的原理

三、试验的过程 :1. 2.……

四、讨论分析 :1. 2.……

五、前景展望

六、参考文献

调查报告的书写样式(三)

题目

作者

一、调查目的

二、调查范围

三、调查方法 :1. 2.……

四、调查结果 :1. 2.……

五、结论与建议

六、参考文献

设计类论文的书写样式(四)

课题

作者

一、课题的由来

二、研究的目的、意义

三、研究设计的理论依据

四、计划完成时间

五、研究过程

1.初步设想 ;2.初步试验 ;3.调整计划 ;4.成型设想 ;5.验证过程 6.成果

六、其他 :1.可能出现的问题 ;2.需要解决的问题 ;3.……

四、教学论文写作中的注意事项

(一)观点要正确

写文章的第一要素:观点要正确。搞教育教学研究也不能只看到问题的一个方面,而忽视另一个方面。否则,这样的文章是经不起任何推敲的,当然也就不具有什么学术价值了。如果对搜集的大量资料不加以任何甄别,见到所谓有用的资料就照搬照用,难免有非理性、甚至是错误的思想观点充塞其中。这不仅不利于引导人、教育人、激励人,相反会对我们的教育教学产生不良的导向。同时写论文,作者要能有自己的观点,提出自己独到见解的文章才能称得上一篇好论文。好文章的核心在于有新的观点。

(二)选题要得当

"选题"就是通常所说的"写什么"。一个好的选题将是文章成功的一半。选题要注意几个原则"口子小,点子新,挖掘深"。"口子小"即在有研究价值的前提下选择较小的题目。抓住一个重要的小题,能够深入本质,切中要害,从各个方面把它说深说透,有独到的新见解,那论文就一定有分量。相反,如果题目太大,则写起来容易空泛,无法面面俱到,写少了像蜻蜓点水,如浮光掠影;写多了则显得又臭又长。"点子新"即观点要新颖。要有自己的想法,要有创新性。有无创新关系到论文价值的大小,论文选材应突出一个"新"字,即内容的新颖性。即便选择老生常谈的观点与主题,也要在新颖和创新上有所突破,将老题目谈出新意来。"挖掘深"即就一个小的问题,进行深入的研究,这需要教师长期积累、沉淀而后逐渐升华出新的有意义的文章。

【论文】

化学教学中悬念的设置和应用

教学悬念,就是教师在正式讲授教学内容之前,根据所授内容和学生的认识水平,精心设计一种孕育着疑难问题而又引人入胜的情境,使学生进入"心求通而未得,口欲言而不能"的"愤悱"状态,从而激发兴趣,唤起学生的求知欲,使之思维处于"活化"状态,然后因势利导地指导学生去追根寻源,进行探索,动脑动手发现规律,汲取知识。

悬念的设置是一种教学艺术,它需要老师灵活多变不断创新,实验、模型、图片、板书、幻灯、录像、电影、故事、谜语、古诗、新闻、矿物、标本及学生熟悉的生活、生产实际中的例子和自然现象,甚至气球、纸片等都能成为构筑悬念的素材,关键在于教师的巧妙设计和用自己的艺术语言去创设那种悬而未决,叫学生钦答不能、欲罢不忍的教学情境。教师设计的悬念应紧扣教材,能把握好知识的内在联系;应符合青少年学生的心理特点,能造成学生急切期待的心理;应具有新颖性和一定的难度,能产生一石激起千层浪的效果。

悬念可用于引入新课,以其一开始就紧紧抓住学生的注意力,使课堂气氛很快进入活跃的高潮。如讲授"水的电离和溶液的 pH 值"一节时,事先设计一用灵敏电流计测定水导电性能的实验,分小组由学生自己试测。实验结果发现指针发生明显偏移。这时,学生的思维立刻活跃起来,产生了一连串悬念:"指针为什么发生偏移?"这不与"电解质与非电解质"一节的实验事实相矛盾么? 在那个实验中水被视为不导电的物质,到底哪个结论正确? 水中导电粒子是什么? 怎样产生的? 存在着怎样的运动规律? 等等。继而议论纷纷,争相发表看法,不时向书本寻求答案。这样有关"水的电离"知识的传授也就水到渠成了。

悬念可用于课堂过渡,将此问题与彼问题巧妙地衔接起来,起到承上启下作用,有利于学生形成完整的知识体系。如讲完"硝酸跟金属的反应",向"王水"过渡时,这样设问:"有没有比硝酸的氧化能力更强,能溶解金、铂的液体呢?"稍停又说:"确有这么一种液体,第二次世界大战中丹麦物理学家玻尔被逼迫离开被德国占领的祖国时,为了表示他一定要返回祖国的决心,就是将诺贝尔(金质)奖章溶解在这种液体中,在纳粹分子的眼皮底下巧妙地藏了好几年,直至战争结束,玻尔又重返家园,从溶液中还原提取出金,并重新铸成奖章。"在学生惊叹之余,又追问:"你们知道这种液体的组成吗?"……经历这一悬念之后,"硝酸和王水的氧化性强弱及王水的成分"这几个知识点在学生头脑中留下的印象特别深刻。

悬念可用于课的结尾,借此激起学生对新知识的强烈渴望、追求,使此课的"尾"为彼课的"头"作了准备,以引导新课的预习。如在"水的电离和溶液的 pH 值"一节课的后一阶段,教师演示完 pH 试纸的操作方法后,让学生马上练习用 pH 试纸测定几种溶液的 pH 值,当学生发现醋酸钠、氯化铵和氯化钠三种盐溶液酸碱性不同时,立刻产生了疑问,而这时恰好下课的铃声响了,教师就势用提问作为课的结束语:"它们都是正盐,怎么其水溶液显不同的酸碱性呢? 要想知道,且听下回分解。请同学们先预习一下'盐类的水解'。"这样,自然给学生留下一个强烈的悬念,使学生课后自觉、主动地去预习、去讨论、去探索,为上好下一堂课埋下了伏笔。

悬念可用于讲评纠错,加快学生摒弃错误的速度,如开始进行"关于物质的量浓度计算"时,有些学生求溶解、稀释或混合后溶液的体积,往往不借助密度,而是简单地将体积直接相加,针对这类错误,讲评练习时,教师先不动声色地板书:"$1+1\neq2$"。在学生疑惑不解之际,教师问:"你们想一想,将一筐篮球和一筐乒乓球混合后,重新装筐,还是两筐吗?"稍停又问:"分子像球一样也有大有小,相混合时,小分子是否会钻入大分子的孔隙中呢?"然后要求学生再次阅读高一课本"气体摩尔体积"部分,最后师生一起得出结论,:"无论是求气体溶于水后溶液的体积,还是求稀释、混合后溶液的体积,都必须根据质量守恒定律先求出溶液的质量,再利用密度求得相应的体积"。从那以后,学生中就很少再出现类似的错误了。

悬念可用于复习巩固,使师生避免炒冷饭的感觉,活跃课堂气氛,激发学生对复习课的兴趣,增强复习效果。如复习氮元素及其化合物知识时，教师首先设问："假设 N_2 分子中不存在 $N\equiv N$ 三键。请想象一下世界将是一个怎样的景象？你们能写出几个可能发生的反应的方程式呢？"学生们开始跃跃欲试，却又有些为难，在教师的点拨下，终于你一言我一语地描述起来："那么 N_2 应该有非常活泼的化学性质，能迅速跟氧气化合成 NO，NO 又迅速被氧化成 NO_2，充满着红棕色的气体，毒雾弥漫，生命将不复存在⋯⋯"对悬念吸引着他们兴致勃勃地复习了氮元素的单质及化合物的主要性质，并进一步理清了它们的相互转化关系。

悬念可用于沟通第一课堂和第二课堂的联系，把课堂教学与课外活动有机地结合起来，不仅有利于课内知识的理解和掌握，而且还能激发学生的学习热情，培养创造意识。训练动脑动手的能力。如在教完"原电池"后，教师有意抛出一连串的悬念：（1）为什么沿海地区的自行车比内地的容易生锈，人们通常采用哪些措施来防止自行车生锈的？（2）为什么电工操作中规定，不能把铜线和铝线拧在一起连接线路？（3）你们经过海边时，是否注意到一端浸在水里的铁柱在什么位置最易生锈，并想过这是为什么吗？（4）天津某毛纺织厂生产了一种呢料，因技术原因着色不一，出现白点，影响了销路，该厂采用变消灭白点为扩大白点的方法开发出雪花飘呢新产品，投放市场后掀起了一股"销售旋风"。这种故意夸大事物的某种缺点，从而达到物极必反的正面效果的创造技法能否应用到铁生锈中呢？你或你的家人使用过"热敷散"吗？它发热的原因是什么？它的配方中铁屑、炭粉、精盐和水是否缺一不可呢？使用前为什么要打开来，轻轻搓一搓呢？课后大多数学生都主动自学了"金属的腐蚀和防护"，纷纷结合社会实践活动对上述问题进行了深入的探索，有的还自制了"热敷散"带到课堂上。边示范边对化"铁生锈"的弊为利作了生动的阐述。经过自学和探索，学生们既巩固了"原电池的原理"，又掌握了"金属的腐蚀和防护"，还了解了"缺点逆用法"这一创造技法。

教师在教学过程中善于使用悬念，将使教学内容产生巨大的诱惑力，使学生的思维不断地拼发出智慧的火花，学生在有着对新知识的渴求和急于破悬揭答的双重心情下，汲取知识，自然更富于成效。

上述论文就属于"老题出新意"的情况，以往写"悬念在教学中应用"的文章，多数侧重于悬念用于引入新课，而对于悬念的其他方面的应用几乎没有涉及,而本文则就"悬念在教学中应用"谈出了新意,用翔实的例子论证了"悬念可用于引入新课"、"悬念可用于课堂过渡"、"悬念可用于课的结尾"、"悬念可用于讲评纠错"、"悬念可用于复习巩固"、"悬念可用于沟通第一课堂和第二课堂的联系",给人耳目一新的感觉,真正有所创新、有所突破。

(三)材料要充分

选材是否合理是文章成败的关键。搞教学研究、撰写教研文章,必须有较为丰富的参考资料。因此,报纸杂志要经常阅读,然后根据文章内容详细分类:解题技巧类、教学改革类、教案实录类、教育理论探索类、迎考复习类、高考试题评析类等。填写在目录索引中,以备在教学备课时查找方便。

写论文从整体构思,到题目确定到论证过程等等,都不能离开选材——客观的资料。选材的目的是采众家之长,成一己之见。教师要想写出教育教学文章需要有充足的原材料和创造性的思维加工过程。只有勤于积累,精于思考,才会有东西可写,并能写出具有一定水平的文章来。因此要善于学习,养成积累资料的习惯。积累多了,就有可能成为很有价值的写作素材。积累资料的途径很多,可以从阅读中扩大知识面,发现理论与实践的结合处,更重要的是在阅读的过程中发现新课题,产生素材的灵感。也可以通过深入学生,对于教学第一线的教师,课堂教学与课外辅导是素材积累和产生的重要场所,学生询问的问题,反映出来的问题是我们的第一手资料,这些资料往往引发我们去思考、去研究,深入学生是我们进行教学教研论文创作的原动力和策源地。最重要的是要坚持写教后感。教后感是对课堂教学中教师的教与学生的学以及课堂上所反映出来的问题和教学效果的评析及总结。总之,材料的收集一是靠平时的研究成果的积累,二是从大量的参考文献、资料去寻找,三是从报纸杂志中去摘录,四是从工具书中去查看。在积累资料的过程中,要精于思考,积累到一定程度时,要做整理和综述工作。思考的过程,就是对思维材料进行加工的过程,在思考中发现新课题,产生素材灵感,使表面的东西得以深化,零散的东西变为整体,孤独的东西变得联系起来。

在大量积累资料的基础上,教师在写作的同时,还需要注意如何从新的视角对所收集的资料予以新的观察,提出新的科学的论点,做到独树一帜。

（四）论证要清晰科学

确定了题目，即确立了主论点后，内容应当以一定的次序或逻辑按分论点依次展开叙述和论证，最主要做到有理有据，既有教育教学理论，又要有实际鲜活的实践与实例进行论证。所以平日里要注意在工作中积累有价值的教学实例，或是报纸杂志中的名家名篇的教学实例或课堂实录、教学思路，反复加以揣摩、思考，将其中的精华与不足之处研磨透彻，在撰写论文时才能恰当有力地为我所用。

确定了题目，并有了充足的素材和论据，也不要急于动笔，可以在深思熟虑的基础上先拟写论文的详细提纲，提纲是帮助作者整理思路，指引你如何取舍文章的内容，是将要写成的文章的骨架，它是起着疏通材料、安排材料形成文章基本结构的作用。提纲可以帮助我们树立全局观，从整体出发去检验每一个细节所占的地位、所起的作用，展现相互间的逻辑联系是否得当，各个部分之间的比例是否和谐，每一个部分、每一环节是否都是为全局所需要，是否丝丝入扣、配合默契，是否都能为主题服务。接下来完成初稿，初稿是提纲的进一步完善，在写初稿的过程中，很可能发现原来提纲中某些设想有不恰当之处，这时就应加以调整或修改；对于有错误的论点、论据，或发现新的论点、论据，还应及时抽掉与增补，使之逐步完善。

（五）注意一些写作技巧

尽管有好的选题和新的观点，但如果不在写作技巧上下一番工夫，那么这个好的选题仍可能夭折，即文章发表不了。因此掌握写作技巧是非常重要的。

1. 命题

论文题目的拟定是教学论文写作的重要因素，就如画龙点睛。题目要有吸引力，以激发编者"目欲"，否则一篇有价值的论文也可能被搁置、无人问津而失去应有读者。题目应该确切、新颖。确切指的是题目要符合论文的中心内容，以简明精炼的文字将主题独立地表现出来，具有论文内容提要的作用。新颖是指题目要标新立异，有独特的风格和特色，不落俗套。题目宜小不宜大。题目过大，往往由于水平有限，材料不足，造成顾此失彼，意多文乱。甚至会产生写不下去的困难，很可能半途而废，即使成了文，也只能是蜻蜓点水或虚有其表、华而不实。尤其是我们初学写作的青年教师，最好抓住一个小题目，进行深入研究，努力探讨，把它讲深讲透，写出有独特见解的论文。所以,题目一定要命得好,命得巧,要引人注目,要吸引人,要让人一读题目就产生一种急于看内容的渴望,其中要特别注意题要切文,文要贴题。

2.语言修辞及写作文体

一篇好文章,除了要数据可靠、结论正确外,还要求它表达明确、文字通顺,使人感到言有理,易于理解接受。这样才能达到沟通信息、交流经验、扩大知识来源的目的。如果文笔甚差,语言晦涩难懂,篇幅冗长乏味甚至杂乱无章,难以让人看懂,就起不到广泛交流的目的。因此,良好的语言修辞是每个撰稿者的基本功。只有经过反复推敲出佳句,精心修改得华章。只有反复推敲和字斟句酌,文章才会显得具体、准确生动,才能恰如其分地表述自己的教育教研成果。

教学论文写作中应该注意以下几个方面的问题:

(1)语言的学术性:用科技文体写作,文中必然会多次出现专门性科学术语,这种术语必须保持其意义的专一和稳定。

(2)语言的书面性:我们写出的文章,是让人用眼睛看的,要具有严谨、庄重的风格,故而要多用书面语而少用口头语。语法、语句要完整,要特别注意不能随意简化字句造成意思不完整。文字力求准确、精炼、简洁、专业,努力做到字字珠玑、句句充实。

(3)语言的严谨性和准确性:撰写理科文章,要求文中句子严谨明晰,语意确切。因此它的句子结构就十分讲究规范、完整,多用它的句子结构就十分讲究规范、完整,多用主谓句、陈述句而简略、倒装、抒情等句式几乎不用。由于文章以表达意思简明为准,所以对偶、反复、排比、层递等句式也应尽避免。

(4)文章中的插图。文稿中的插图按书中应有的大小来画,画图时,要用碳素墨水画,线条粗细均匀,对图上所有的注字(包括中文、外文或数字等),要标在相应的位置上。并在图的下面标上图的序号,如图1、图2……一定要将图画规范,不要随手画成草图。

(5)对一些学术价值比较高的文章,应将文章的题目和关键词、作者姓名译成英文,附在文章的后面。

老师们,让我们经常拿起笔,在写作中寻找方向(教学研究、教学改革);在写作更新知识(学习理论、捕捉信息);在写作中提升自己(教学水平、教研水平)。

第四节 反思:教师成长的 必由之路

一、新课程呼唤反思型教师

新课程赋予了教师工作新的内涵和要求,需要教师改变自己的教学观念和习以为常的教学方式、教学行为。随着教师这种角色的重新定位,需要教师成为一名反思实践者。在实践中,在研究中反思,改变固有的观念、工作方式,在新课程中不断自我更新和自我发展,这是新一轮课程改革成败的关键。

首先,教育改革呼唤反思型教师。在知识经济时代,教育改革日渐深入,使得广大教师不得不经常面对一些新的教育思想、教育课程、教育手段与方法。因而要将新课程进一步推向深入,不仅要求教师知识结构上的不断更新,也要求教师情感意志上的不断调适,更要求教师能不断反思自身的教学实践,对教学持分析的态度;那种把教师只是作为别人思想的被动实施者的自上而下的改革,是注定要失败的。教师应在确定其教育工作的目的方面发挥更积极的作用,课程改革必须在教师掌握之中。有鉴于此,新一轮课程改革也让教师在教学、课程等方面拥有了更多的自主权和责任:这些自主权和责任为教师的反思提供了现实的基础,抛弃了让教师照本宣科和遵循教学常规,不容许教学个性发挥的传统课程要求,让教师有了更多的自由空间。教师对新课程的理解与参与是推行新课程的前提,因为他们决定了新课程实施的走向。众所周知,在传统的课程模式中,作为课程主体的教师只是被动、消极地执行课程计划,包括课程目标、课程内容、课程实施步骤直至课程评价方法等,缺乏应有的自主选择或重组,没有可能去广泛和创造性地开发校内外的各种课程资源。而这次课程改革充分调动教师作为课程主体的积极性,包括对新课程的研究、开发、设计、实施等一系列创新活动都将融入教师的创新精神和创新智慧。所以在新课程改革中需要教师形成并保持终身学习、研究教学的意识,掌握反思。研究教学的能力,以开放的心态在新课程改革实践中对自己的知识和经验进行重组,适应新课程改革的需要。

其次,反思型教师符合培养创新人才的需求。21世纪的人才是具有创新精神和实践能力的人才。而有创新精神和实践能力人才的产生又必须以具有反思、创新精神的教师的存在为前提。新课程关注学生个性的发展,而教师的独特教学风格和人格魅力,将影响和感染学生,有助于学生创新个性的养成。教师要学会反思自己的教学实践过程,对自己的教学行为、决策及由此产生的后果进行反思,充分发挥个性特长,为个性化教学创造条件,努力形成鲜活的教学风格。传统教学过分强调预设和封闭,从而使课堂教学变得机械、沉闷和程式化,缺乏生气和乐趣,缺乏对智慧的挑战和好奇心的刺激,使师生的生命力在课堂中得不到充分发挥。"教师即课程"的教育理念,将使教师的教学创造才能伴随着新课程的健康成长而得到自由释放。"课程改革纲要"明确要求教师"创造性进行教学",这就意味着在课程的动态展开中,教师应从教无定法的基本法则出发,以激发学生超越于知识之上的智慧、灵感、激情和创造性生命活力为宗旨,改善和优化整个教学流程,使每个教学环节和片段都充溢生机和活力,使学生最大限度地突破知识体系的"茧缚",而焕发出生命个体所特有的灵气和才情。

再次,反思型教师是教师专业化发展的需要。教师不断进行专业学习是教师角色适应与发展的必要条件。本次课程改革非常重视教师的课程参与,强调改变教师的课堂专业生活,并通过这种课程参与提升教师的课程意识,掌握课程开发的技术,促进教师的专业发展。一个理性而成熟的教师,不但能对自己的教学过程进行不断反思,在教学过程中表现自身的价值,而且能进行团体的合作与协商,也有能力不断地学习。反思能力的养成可以说是确保教师不断再学习的最基本的条件。教师在个人反省或集体反省中可以发现他人的优缺点,从而拓宽专业视野,激发不断追求超越的动机。新课程改革提出了许多生动、鲜明的教育理念,教师也感受到有许多问题需要探索、尝试,普遍觉得自己的专业知识、专业能力、专业创新、专业成长等方面还需要进一步发展、完善和提高。教师要实现专业的深入发展,就必须不断反思自己的教学实践、教育理念,"关注自我更新",构建具有个人特点的专业知识结构,这样才能使自己的专业视野更加宽广,进而扩充个人的专业实践理论内涵。

反思型教师是教育研究与新课程实践的桥梁。新课程改革涉及教育观念、人才培养目标、课程结构、课程内容、课程评价、课程管理等整个教育的全过程，是一项复杂而细致的系统工程；身负新课程具体实施重任的教师，要适应这些根本性的变化，首先应成为学习者和研究者，对动态的新课程主动参与，全身心地"体验"，不断对新课程进行"解读"、选择和创造，因为教育是一个需要创造和充满创造可能的职业。"教师即研究者"已成为时代对每一位教师的基本要求。对学生的研究、对知识的重组和活化的加工，对学习过程和教育工作的事先策划，对课堂教学过程的动态生成性的把握以及对自己教育、教学行为的反思都离不开教育研究。教师不仅是新课程的实践者，同时也是一位新课程的研究者。在课程改革中，由于教师更多地享有课程的开发和决策权力，教师能更多地对自己的教育教学过程表示关注，对学生学习发展情况、对自己教学活动的质量、对自己与学生的对话与互动进行思考与探索，并提出改进的建设性意见，教师的主体将能得到充分的发挥。我们要克服在教学中的教育惰性与习惯，以一名"反思实践者"和"反思的研究者"的身份投入到新课程的实践中去，从而不断生成"反思"能力。

二、反思与教师的专业成长

"反思"能体现生命存在的价值，也是"教学"发展的灵魂。有反思才会拥有自身独特而鲜明的教学风格；有反思才会打破思维定式，进行创造性地教学；有反思才会使我们从"教书匠"走向"教育家"。新课程给我们带来了挑战，也带来了不可多得的机遇。作为改革一线的教师必须从观念、素养和方法等各个层面做出战略性调整，重构面向未来教育的发展性的反思型教师角色，在实践中学习，在反思中提高，不断提升自身专业水平，就可以融入新课程，与新课程共同发展。

【论文】

追求极善　勇为最先

—— 我的专业成长

教师是太阳底下最神圣的职业，我热爱教育事业，已经为此奉献了二十二个春秋，奋斗了二十二个春秋。自 1984 年从福建师大化学系毕业，分配到双十中学工作以来，我有幸遇到了许多十分优秀的同行,得益于良好的工作环境、老教师的无私帮助,继承了双十中学优良的传统,加上自身的虚心学习和不断努力,我的业务水平得到迅速提高。1991 年 6 月就通过中学一级教师资格,同年被评为市属中学教坛新秀,1993 年获市教育系统优秀教师称号,1994 年被评为厦门市百名优秀教师,1996 年获市教委颁发的教育科研创优奖,1998 年2 月起任中学高级教师,1999 年起任校化学教研组组长。2000 年起任厦门市化学教学研究会理事会常务理事。2001 年再次获厦门市教育系统优秀教师称号。多次任市高三化学中心组成员。2002 年 5月被正式确认为厦门市学科带头人。2001 年 7 月—2002 年 7 月参加中学化学学科骨干教师省级培训班学习。2004 年 7 月—2006 年10 月参加福建省中小学中青年学科带头人培养对象研修班学习。2006 年 5 月被正式确认为学者型专家型教师培养对象。2006 年 9月被福建省人民政府授予特级教师称号。在这二十二年间,我的专业成长经历了从好读书到好教书、从好教书到好教研、从好教研到好创新三个逐步提升的阶段。而这一变化过程恰恰离不开的是——反思。

一、从好读书到好教书

20 世纪 80 年代的第一个夏天我从福建省重点中学厦门一中高中毕业,由于高考发挥不佳,以 2 分之差与重点大学失之交臂,凡事随缘的我放弃了来年再考的机会,多少带点无奈地进了福建师范大学化学系。大学的我,再次把中学时代那种"好读书、读好书、读书好"充分地展现了出来,学习成绩一直名列年段前茅。1984 年我以优异的成绩从福建师大化学系毕业,被当时双十中学到大学选拔教师的校长选中,直接分配到厦门双十中学任教。

刚毕业的我,自我感觉特好,可是一踏入双十校门,我的优越感很快就消失殆尽。1984 年的厦门双十中学已经是一所蜚声全国乃至港澳东南亚的名校,用当时的话说是全国教育战线的一面红旗。双十校园藏龙卧虎,众多名师熠熠生辉。化学组更是强手如林:特级教师郭竞雄、反馈快手杨东升、周爱珍、张志瑶、洪雪玲……10 人中就有 5 人在第一次职称评审中被确认为特、高级教师。在众多高手的陪衬下,学生和家长投向我这个刚毕业的青年教师的目光多了几分怀疑、几分不信任,我别无选择,只有提升自己的教育教学水平。于是,我进入了"备课→听课→再备课→上课→反思"的循环,郭竞雄老师的课像极了散文,形散而神不散;杨东升老师的课特像说明文,严谨而简洁;周爱珍、张志瑶、洪雪玲的课则像记叙文,优美而抒情……我博采众长、我受益匪浅、我茁壮成长,我的课开始受到学生的欢迎,我有点点满足了。我感谢双十,感谢她带给我这么多良师益友。

但是,在"追求极善、勇为最先"的双十精神的鼓舞下,我周围的一些年轻教师相继脱颖而出,有的担任备课组组长、有的成了高三毕业班的教学骨干。当时的双十中学有这么一个潜规则"如果你没有教过高三毕业班,你就还没有完全被学校认可",有些教师因此而离开了双十。我请求教高三毕业班,校长给我一句话:"你得先把初三到高三的每一节化学课都备出来,把中学阶段的化学题都解出来"。为此,我把铺盖搬到了学校,我找来了中学化学全套的教材与教辅,天天挑灯夜战,大纲上、教材上留下了各种记号,密密麻麻地将所有的空白都填满了;资料卡片做了一摞又一摞;习题解了一本又一本。我的功夫没有白费,我上起课来越来越得心应手、越来越游刃有余,课堂上精彩的片断越来越多,在我进入双十的第六个年头,我终于成了高三毕业班的教学骨干,而且当年所教班级化学科高考成绩省、市名列前茅,甚至超过了同年段的老教师。这时的我才真正体会到校长的良苦用心,我感谢双十,感谢她教会我厚积而薄发。

我渐渐进入"好教书、教好书、教书好"的佳境。"追求极善、勇为最先"的双十精神也渐渐渗透到我的骨髓中去。

二、从好教书到好教研

1990年教完第一届高三毕业班后,我成了"年轻的老教师",学校除了分配我教高一年段两个班外,还给了我另外三项任务——理科实验班班主任、备课组组长、带教老师(当时的我职称还是二级,不能被称为指导老师,而且确实年轻,因为化学组除了我的徒弟外,再没有比我年轻的老师了)。从普通教师到年段一个学科的把关人,很快我就发现,要做到"最先"就必须超越"自我",要超越"自我"就必须"教改",要"教改"就必须"教研"。

首先,理科实验班的任务之一是培养特优生、培养各科竞赛的苗子。学校之所以把这个班交给我,是因为我在教1990届时出人意料地把一个年段最弱的班级带成了一个在同年段数、理、化、电脑、作文、棋类等竞赛得奖级别最高、人数最多的班级。反思1990届的种种，我觉得自己的成功秘诀只是："不断地激发学生的拼搏意识，不断鼓励学生大胆超越"；反思让我意识到还有许多积极因素没有被调动，假如我教给学生科学的方法、假如我能够根据每个学生的特点为他们制定合适的目标、假如我为他们创造更多有利的条件，他们就不会停留在学校的"最先"，而一定能够达到省、市的"最先"。不满足学校的"最先"，我再次走进图书馆，找来了培养发明与创造能力的书籍、培养成功学生的书籍、培养竞赛选手的书籍。这时的我不仅研读化学专业的书，数学、物理、心理学、教育学、自然辩证法，甚至是智力测验的书，只要是对我的工作有启发作用的都涉猎，为工作而教研，为教研而读书；我敲开老教师的家门；我到厦门大学化学系拜师；我主动请教育学院老师指导；我找机会与兄弟学校老师进行交流。苦心人天不负，这个班到了高三时，数、理、化、电脑、作文、棋类等竞赛中，均有多人获得省级、市级的一、二、三等奖，得奖级别之高、人数之多均名列省、市前茅。尤其是化学竞赛所获省、市级奖是双十中学有史以来最高也是最多的。

其次，在学科教学方面，我着重研究如何将当时流行的布鲁姆目标教学理论、发现法教学与杨东升老师的经验"及时反馈、全面落实"结合起来，带领何靖老师，师徒两人一起编写、使用了两个系列的提纲：一是"学习提纲"，其形式与内容就像时下流行的学案，目的是使学生明确每一节的学习目标与主要知识点，用一个个精心设置的问题带动预习、启迪思维、教会自学、提升能力；另一系列是"达标检测"，每教完一节就有一份 10～15 分钟的检测题，通过检查，督促学生达成学习目标，及时补缺补漏；帮助教师了解教学目标的达成情况，以便及时改进教学，并在以后的单元考、半期考、期考中再检查、再落实。三年后的高考证明了这一做法是成功的，93 届高考，在我校生源较差的情况下，化学科保住了全市第一，在省里再次名列前茅。

那几年教研、教改的成功跟市教育学院化学科的指导与帮助是分不开的。那几年学院请来了各地的专家讲布鲁姆、讲发现法教学、讲高考复习。那几年我们一上公开课，学院老师就亲临指导、就请来各校的老师听课、评课、交流、研讨；那几年我们缺少资料，学院老师无偿地为我们提供，甚至为我们借来整套的各地高考模拟题。那几年的经验告诉我，不能关起门来教研，应该多与兄弟学校交流、多吸收他人的经验、多取得专家的指导。从此,我养成了经常向学院老师请教的习惯,为了一节公开课,我曾反复请教郑子曲老师;为了一次高中学生化学竞赛,我曾与苏伯群老师通了无数次电话;初三毕业班教学有疑难,请教付兴春老师;高中教学有问题,请教林玲老师。我感谢学院老师,感谢他们及时的指导与无私的帮助。

三、从好教研到好创新

1993届是成功的,但我心里仍然存有遗憾。遗憾之一是化学竞赛没有获得国家级的奖励,离国际金牌还很远;遗憾之二是高考总复习阶段,学生的求知欲远不如高一、高二,毕业后,有些学生告诉我,他们的化学知识主要是在高一、高二学的,这意味着,我们总复习阶段的教学不能吸引学生。不仅如此,96届的情况也没有改观,难道我的专业成长不能"更上一层楼"? 我在心里问自己千千万万遍"为什么"与"怎么办"。正当我困惑、苦恼、彷徨时,北京22中的孙维刚老师来到了双十中学,他的一节"换个角度看问题"的课使我深受启发,唤醒了我的创新意识。正是"换个角度看问题",促使我不断用新的视角来审视自己的教育、教学与教研工作,导致我开始自觉地追求创新,自然地找到了"更上一层楼"的方法。

"换个角度看奥赛"让我看到:"我在竞赛指导方面的教学一直没有达到'不教'的境界"。我意识到,如果参赛学生的化学知识都要依靠教师授予的话,那么他或她就不能超越老师,不能超越老师的学生,势必难于达到国际奥赛的层次。为追求更高层次的"最先",我的创新是从"三变"入手的。一变"教师讲座为主"为"学生自主学习为主",即"教师布置任务→学生自学→学生自由提问,互相答疑→教师指导、总结"。二变"大班上课"为"小班合作学习",分层指导。三变"齐头并进"为"你追我赶",鼓励学生不断比速度、比能力,强者优先,优先得到教师的指导、优先参加各种培训。这一创新在2001年夏终于开花结果,2001届的罗佗平同学获得了第33届国际化学奥林匹克竞赛金牌,实现了双十中学奥赛金牌零的突破。

"换个角度看问题"启发我开始了引导高三学生"换个角度来探究"的尝试。在化学总复习教学中,通过精心设计的案例,设法让高三学生看到有疑,再度把学生置于"发现者"和"探索者"的位置上,把双基复习镶嵌在一个个探究的案例之中,使学生的学习由接受学习变为探究学习。把引导探究渗透到复习教学的每一个环节,贯穿于高三化学总复习的始终,如课堂引导探究、辅导引导探究、出题引导探究、说题引导探究等。自从"引导探究"应用到高考化学总复习中后,我不再为复习课上不出新意而苦恼,学生的学习兴趣和参与程度显著提高,复习效果越来越佳,我从2000年至2006年所带的连续六届毕业班省质检和高考化学科成绩一直名列福建省前茅。我认为,这些成绩的取得不是偶然的,因为探究可以启动学生思维,可以激发学习兴趣,可以将知识转化成能力,可以培养创新意识。这一切让我强烈感受到创新的魅力。

创新不应该是"任意的新",而必须是"有效的新"、"更优的新"。创新对教师的知识与能力是一种挑战,它迫使我们更新知识、提升能力、完善自我。创新再次激起我的学习热情,当我到厦门大学参加中学化学学科骨干教师省级培训班学习,当我参加福建省化学学科带头人培养对象研修班在专家、教授们的指导下"充电",我是那么的如饥似渴。一场场热情洋溢的讲座、一次次理念上的冲击,教会我如何作学习的先行者和示范者、作校本教研的引领者、作学科教学的示范者、作课程改革的探索者、作青年教师的培养者、作校本课程的开发者。"问渠哪得清如许,为有源头活水来。"我感谢教授们、专家们教我开辟了新的思维之渠,为我的创新引入了清亮如许的活水。

如今,我已经处在新课程的第一线,成为深化教育教学改革的排头兵,唯有不断创新,与时俱进,如教授们、专家们所说的,不要满足于做一名优秀教师,而要努力做新课程的领头羊,做科学教学的领军人,力争成为真正的教育家,才能达到新的"最先"。

我的专业在反思中成长,反思是教师成长的必由之路!

参考文献

1. 中华人民共和国教育部.普通高中化学课程标准(实验).北京:人民教育出版社,2003

2. 教育部师范教育司.教师专业化的理论与实践.北京:人民教育出版社,2003

3. 教育部基础教育司.化学课程标准研修.北京:高等教育出版社,2004

4. 教育课程纲要(试行)解读.上海:华东师范大学出版社,2001

5. 刘知新.化学教学论.第3版.北京:高等教育出版社,2004

6. 刘知新.化学教育测量和评价.北京:中国轻工业出版社,2003

7. 钟启泉编著.现代课程论(新版).上海:上海教育出版社,2003

8. 钟启泉,张华主编.世界课程改革趋势研究.北京:北京师范大学出版社,2001

9. 钟启泉,崔允漷等.新课程的理念与创新.北京:高等教育出版社,2003

10. 钟启泉,崔允漷,吴刚平.普通高中新课程方案导读.上海华东师范大学出版社,2003

11. 钟启泉,崔允漷,张华主编.为了中华民族的伟大复兴,为了

每个学生的发展基础钟启泉.研究性学习:课程文化的革命.教育研究,2003(5)

12. 钟启泉,岳刚德.课堂教学中教师课程意识的回归.中国民族教育,2004(2)

13. 朱慕菊.走进新课程.北京:北京师范大学出版社,2001

14. 朱慕菊.走进新课程—与课程实施者对话.北京:北京师范大学出版社,2002

15. 毕华林.化学新教材开发与使用.高等教育出版社,2003

16. 毕华林.化学新课程理念与实施.济南:山东教育出版社,·2004

17. 毕华林.化学教育科研方法.济南:山东教育出版社,2000

18. 徐玉珍.校本课程开发的理论与案例.北京:人民教育出版社,2003

19. 范杰.化学教学论.太原:山西科学技术出版社,2000

20. 郭东岐.教师的适应与发展.北京:首都师范大学出版社,2001

21. 刘旭东,张宁娟等.校本课程与课程资源开发.北京:中国人事出版社,2003

22. 严先元.课程实验与教学改革.成都:四川大学出版社,2002

23. 李雁冰.走向质性课程评定:从理论到实践.上海教育,2001(11)

24. 陈琦,刘儒德主编.当代教育心理学.北京:北京师范大学出版社,1997

25. 仇忠海,霍益萍.开放性主题活动课程.上海:上海科技教育出版社,2003

26. 王小明,化学教学实施指南.武汉:华中师范大学出版社,2003

27. 高剑男,王祖浩主编.化学教育展望.上海:华东师范大学出版社,2001

28. 裴新宁,化学课程与教学论.杭州:浙江教育出版社,2003

29. 张启伟,王桂仙.多媒体技术在化学课堂教学中的应用研究.中学化学教学参考,2003(7)

30. 韩清林,自主学习教改实验的若干问题.教育研究,2000(5)

31. 张建伟.基于问题解决的知识建构.教育研究,2000(10)

32. 李莉.用非预设性策略进行元素及其化合物教学.当代教育科学,2003(10)

33. 魏国栋,吕达.普通高中新课程解析.北京:人民教育出版社,2004

34. 熊川武.反思性教学.上海:华东师范大学出版社,2000

35. 张立昌.试论教师的反思及其策略.教育研究,2001(12)

36. 庞维国.论学生的自主学习.华东师范大学学报(教育科学版)2001(2)

37. 包朝龙.模块设置下的教学困惑与对策—高中化学新课程必修教材教学实践与思考.化学教育,2007(10)

38. 孙琼兰.新课程理念下化学教材的使用.四川教育学院学报,2008(4),第24卷,第4期

后 记

　　教育是一个使教育者和受教育者都变得更加完善的职业。新课程在福建省的实施已历经三年,学习新课程的第一届学生即将走进大学的殿堂。三载修炼,我们虽曾有过短暂的迷茫与困惑,但更多的是进取不懈的坚实步伐;虽曾有过多次面红耳赤的争论,但更多的是配合默契、同舟共济的努力;虽曾有过背负旧习重轭一时的无奈,但更多的是拥有探索创新的惬意与满足。五项修炼,我们收获的不仅仅是高考后遍开在学生脸上的笑靥,更多的是应对新课程化学教学有效策略、经验,是一支茁壮成长的化学教学团队。我们的理念反复更新,我们的认识一再飞跃,我们的水平不断提升。

　　为了让更多的人加入到我们的修炼队伍中来,与我们分享教学策略的研究成果,与新课程同成长。在"新课程背景下的高中化学教学策略"课题结题之际,笔者将三年的研究所得编成《成长中的五项修炼》一书,以期起到抛砖引玉的作用。由于我们研究团队的力量有限,我们的水平和视野有限,我们的研究还有待深入,我们对新课程的理解和把握难免有偏颇之处,敬请专家、同行们不吝赐教。

　　本书之所以被命名为《成长中的五项修炼》是因为教学策略

研究是无止境的,所谓"活到老学到老"对教师来说,也应该是"教到老教改到老",所以本书的付梓之日,不是我们教学策略研究的终结之时,而是我们"追求极善,勇为最先"的新起点,我们的研究没有句号,我们的修炼将继续成长。新课程改革任重道远。

　　在本书的编写过程中,得到了学校领导的热情关怀与支持;得到了北京师范大学教育学院一批专家、教授的精心指导,尤其是我的导师——康永久教授耐心细致的全程指导;得到了来自省普教室的陈启新、黄丹青和厦门教科院的付兴春等老师以及广大同行们的启发;得到了课题组其他老师的支持与配合。书中引用了许多专家学者的研究成果;课题组成员叶德标、冯岩、刘青凤、苏芹、窦卓等老师为本书提供了部分原稿。在此一并表示衷心的感谢。

刘艳丽

2009 年 7 月于厦门

图书在版编目(CIP)数据

成长中的五项修炼:新课程背景下的高中化学教学实践/刘艳丽
著. —厦门:厦门大学出版社,2009.9
(杏坛匠意:福建省厦门双十中学教师文丛)
ISBN 978-7-5615-3351-2

Ⅰ.成… Ⅱ.刘… Ⅲ.化学课－教学研究-高中 Ⅳ.G633.82

中国版本图书馆 CIP 数据核字(2009)第 172060 号

厦门大学出版社出版发行

(地址:厦门市软件园二期望海路 39 号 邮编:361008)

http://www.xmupress.com

xmup @ public. xm. fj. cn

厦门市明亮彩印有限公司印刷

2009 年 9 月第 1 版 2009 年 9 月第 1 次印刷

开本:787×960 1/16 印张:15 插页:2

字数:225 千字 印数:1~1 600 册

定价:30.00 元

本书如有印装质量问题请直接寄承印厂调换